中等职业教育课程改革国家规划新教材
经全国中等职业教育教材审定委员会审定通过

语 文

（拓展模块）

（第四版）

总主编　倪文锦　于黔勋
主　编　陆迎真
主　审　苏立康　陈日亮

高等教育出版社·北京

内容简介

本套教材是中等职业教育课程改革国家规划新教材，经全国中等职业教育教材审定委员会审定通过。本套教材根据教育部2009年颁布的《中等职业学校语文教学大纲》编写，分为基础模块（2册）、职业模块（2册）、拓展模块（1册），全套书共5册。

为了更好地落实立德树人根本任务，提升教材的思想性、科学性、时代性和系统性，编写组根据时代发展对教育教学提出的新要求，对教材进行了数次修订。本书为《语文》（拓展模块）（第四版）。

本书由6个单元组成。每个单元包括阅读与欣赏、表达与交流、语文综合实践活动等部分。课文分为必读和选读两类，体现了教学内容的提高性和拓展性。本书在基础模块、职业模块的基础上，进一步提高学生的语文应用能力，以满足学生个性发展和继续学习的需要。本书从历史与进步、命运与人生、艺术与修养等角度进行选材，从散文赏析、小说赏析、古诗文赏析等方面安排学习重点。全书注重学习方法的指导、基础知识的应用，通过口语交际、写作、语文综合实践活动的相关训练，提高学生的语文素养。

本书选文注重经典性、时代性，活动侧重情境性、实用性，符合中职学生的年龄特点和兴趣爱好，适应当前中等职业学校教学改革的需要，可供中等职业学校教师及各专业学生使用。

本书配有学习卡资源，请登录Abook网站http://abook.hep.com.cn/获取相关资源，详细说明见本书"郑重声明"页。

图书在版编目（CIP）数据

语文：拓展模块 / 陆迎真主编；倪文锦，于黔勋总主编. -- 4版. -- 北京：高等教育出版社，2019.8（2023.7重印）
ISBN 978-7-04-052292-1

Ⅰ.①语… Ⅱ.①陆… ②倪… ③于… Ⅲ.①语文课－中等专业学校－教材 Ⅳ.①G634.301

中国版本图书馆CIP数据核字(2019)第150230号

YUWEN

总 策 划	贾瑞武 王素霞	策划编辑	李术蕊	责任编辑	李术蕊	封面设计	张 楠
版式设计	李彩丽	责任校对	刁丽丽	责任印制	朱 琦		

出版发行	高等教育出版社	网 址	http://www.hep.edu.cn
社　　址	北京市西城区德外大街4号		http://www.hep.com.cn
邮政编码	100120	网上订购	http://www.hepmall.com.cn
印　　刷	唐山市润丰印务有限公司		http://www.hepmall.com
开　　本	787mm×1092mm 1/16		http://www.hepmall.cn
印　　张	17.75	版　　次	2010年2月第1版
字　　数	260千字		2019年8月第4版
购书热线	010-58581118	印　　次	2023年7月第21次印刷
咨询电话	400-810-0598	定　　价	34.90元

本书如有缺页、倒页、脱页等质量问题，请到所购图书销售部门联系调换
版权所有 侵权必究
物 料 号 52292-B0

中等职业教育课程改革国家规划新教材出版说明

为贯彻《国务院关于大力发展职业教育的决定》（国发〔2005〕35号）精神，落实《教育部关于进一步深化中等职业教育教学改革的若干意见》（教职成〔2008〕8号）关于"加强中等职业教育教材建设，保证教学资源基本质量"的要求，确保新一轮中等职业教育教学改革顺利进行，全面提高教育教学质量，保证高质量教材进课堂，教育部对中等职业学校德育课、文化基础课等必修课程和部分大类专业基础课教材进行了统一规划并组织编写，从2009年秋季学期起，国家规划新教材将陆续提供给全国中等职业学校选用。

国家规划新教材是根据教育部最新发布的德育课程、文化基础课程和部分大类专业基础课程的教学大纲编写，并经全国中等职业教育教材审定委员会审定通过的。新教材紧紧围绕中等职业教育的培养目标，遵循职业教育教学规律，从满足经济社会发展对高素质劳动者和技能型人才的需要出发，在课程结构、教学内容、教学方法等方面进行了新的探索与改革创新，对于提高新时期中等职业学校学生的思想道德水平、科学文化素养和职业能力，促进中等职业教育深化教学改革，提高教育教学质量将起到积极的推动作用。

希望各地、各中等职业学校积极推广和选用国家规划新教材，并在使用过程中，注意总结经验，及时提出修改意见和建议，使之不断完善和提高。

教育部职业教育与成人教育司
2009年5月

前 言

  本套教材是中等职业教育课程改革国家规划新教材，根据教育部 2009 年颁布的《中等职业学校语文教学大纲》（以下简称为"教学大纲"）编写。对应"教学大纲"，全套教材分 3 个模块，即基础模块、职业模块和拓展模块。

  根据中等职业学校语文课程一要"培养学生基本科学文化素养"，二要"服务学生专业学习"，三要促进学生的"终身发展"的整体功能定位，3 个模块是一个整体，但相对而言，这 3 个模块的教学内容各有侧重：基础模块侧重"培养学生基本科学文化素养"，职业模块侧重"服务学生专业学习"，拓展模块侧重促进学生的"终身发展"。这种既立足整体，又有相对独立性的模块式教材体现了鲜明的职教特色。

  本套教材严格按照"教学大纲"对各模块学时数的规定进行编写：

基 础 模 块

教学内容		学 时
阅读与欣赏	现代文	80~90
	文言文	16~22
表达与交流	口语交际	20
	写 作	20
语文综合实践活动		24~28
总 计		160~180

职 业 模 块

教学内容		学 时
阅读与欣赏	现代文	12~14
表达与交流	口语交际	12~14
	写 作	
语文综合实践活动		8
总 计		32~36

  "教学大纲"对拓展模块学时不作规定。为便于选用拓展模块的师生开展教学活动，我们设计了拓展模块教学内容的学时数，详见下表，谨供参考。

拓 展 模 块

教学内容		学 时
阅读与欣赏	现代文	42~44
	文言文	24~32
表达与交流	口语交际	6~12
	写 作	18
语文综合实践活动		12~24
总 计		102~130

根据各模块的学时数，本套教材共编写5册。作为必修内容的基础模块共2册，作为限定选修内容的职业模块（工科类）、职业模块（财经、商贸与服务类）各1册，作为任意选修内容的拓展模块共1册。本册教材为《语文》（拓展模块）（第四版）。

本册教材第一版自2009年出版以来，得到了中等职业学校广大师生的充分肯定，并受到广泛欢迎。根据时代发展对教育不断提出的新要求，编写组分别于2017年、2019年对教材进行了修订，不断提升教材的思想性、科学性、时代性和系统性，以更好地落实立德树人根本任务。

本册教材坚持以下指导思想：一是突出价值导向，注重以文化人；二是强化言语实践，彰显职教特色；三是遵循学习规律，促进学生发展。

本册教材共6个单元，每个单元包括单元导语、阅读与欣赏、表达与交流、语文综合实践活动等部分。

1. 单元导语

单元导语着眼于激发学生阅读的兴趣，帮助学生领悟本单元蕴含的人文精神。

2. 阅读与欣赏

每单元选编5篇课文，其中，必读课文4篇，选读课文1篇（带"*"）。每课由课文导读（选读课文为"阅读提示"）、课文、练习与思考（选读课文为"问题与讨论"）3个部分组成，并且围绕阅读方法指导及阅读能力训练组织实施。

3. 表达与交流

一般先提供口语交际、写作案例，再介绍口语交际、写作的相关知识，然后提出注意事项，最后布置口语交际、写作练习。

4. 语文综合实践活动

语文综合实践活动由活动的目的和任务、活动流程和活动指导三个部分组成。实践活动以"生活"（学生生活、社会生活、职业生活）为载体，以活动为形式整合知识与方法，实现工具性与人文性的统一，提高学生语文综合应用能力。

每单元还设置了课外古代诗词诵读，以引导学生多读经典。

本套教材由教育部 2009 年《中等职业学校语文教学大纲》制定专家组负责人倪文锦、于黔勋担任总主编。本册教材主编为陆迎真，参加编写的人员有何忠、张艳、魏燕琪、钱和生、阎朝荣、梅亚萍、林旭芳。

本册教材经全国中等职业教育教材审定委员会审定通过，由北京教育学院教授苏立康和福建省福州市第一中学特级教师陈日亮审稿。教材在修订过程中，得到了西南大学教授董小玉、南开大学教授周志强、上海师范大学教授郑桂华的悉心指导，在此一并表示感谢。

由于编者水平有限，书中难免存在疏漏和不当之处，敬请批评指正，反馈意见请发至邮箱：zz_dzyj@pub.hep.cn。

编　者
2019 年 5 月

目　录

第一单元

阅读与欣赏 ········ 3

一　胡同文化 ········ 汪曾祺　3
二　废墟的召唤 ········ 宗　璞　9
三　过万重山漫想 ········ 刘　征　14
四　西安这座城 ········ 贾平凹　20
*五　把栏杆拍遍 ········ 梁　衡　25

表达与交流

口语交际 ········ 34
　　讨论 ········ 34

写作 ········ 38
　　审题与立意 ········ 38

语文综合实践活动

认识历史　珍爱青春　编织梦想
　　——"设计未来"主题讨论会 ········ 41

课外古代诗词诵读

氓 ········ 《诗经》44
登高 ········ 杜　甫　46

第二单元

阅读与欣赏 ········ 49

六　过秦论（上） ········ 贾　谊　49
七　鸿门宴 ········ 司马迁　56
八　寡人之于国也 ········ 《孟子》64
九　兰亭集序 ········ 王羲之　68

*十　阿房宫赋 ························· 杜　牧　73

表达与交流
写作　　　　　　　　　　　　　　　　　　77
（一）应用文　总结 ·························· 77
（二）构思与布局 ····························· 80

语文综合实践活动　　　　　　　　　　　　83
雅言传承文明　经典浸润人生
——古诗文赏析会 ···························· 83

课外古代诗词诵读　　　　　　　　　　　　85
马诗（其五） ························ 李　贺　85
菩萨蛮 ······························ 温庭筠　85

第三单元

阅读与欣赏　　　　　　　　　　　　　　89
十一　祝福 ·························· 鲁　迅　89
十二　春之声 ························ 王　蒙　105
十三　一个人的遭遇（节选） ······ [苏联]肖洛霍夫　116
十四　老人与海（节选） ·········· [美国]海明威　126
*十五　微型小说两篇 ·························· 138
　　　等待散场 ···················· 刘心武　138
　　　他母亲的伙伴 ·········· [澳大利亚]亨利·劳森　140

表达与交流
口语交际 ······································ 142
　　采访 ······································ 142

写作 ··· 146
　　材料的详略 ······························ 146

语文综合实践活动　　　　　　　　　　　148
抓住属于自己的美丽
——"我的形象设计"交流活动 ················ 148

课外古代诗词诵读 ······ 151

虞美人 ······ 李　煜　151
凤栖梧 ······ 柳　永　152

第四单元

阅读与欣赏 ······ 155

十六　反对党八股（节选） ······ 毛泽东　155
十七　文学的趣味 ······ 朱光潜　162
十八　运用之妙，存乎一心 ······ 张文勋　166
十九　音乐就在你心中 ······ 陈　钢　173
*二十　中国艺术表现里的虚和实 ······ 宗白华　177

表达与交流 ······ 183

写作 ······ 183
（一）应用文　会议纪要 ······ 183
（二）观点与论证 ······ 186

语文综合实践活动 ······ 190

问渠那得清如许，为有源头活水来
——艺术欣赏心得交流会 ······ 190

课外古代诗词诵读 ······ 193

桂枝香 ······ 王安石　193
苏幕遮 ······ 周邦彦　194

第五单元

阅读与欣赏 ······ 197

二十一　想北平 ······ 老　舍　197
二十二　世界是平的，世界是通的 ······ 李　舫　201
二十三　中国画与西洋画 ······ 丰子恺　207
二十四　古希腊的石头 ······ 冯骥才　211

*二十五　奥林匹克精神 ………………………… ［法国］顾拜旦　217

表达与交流　220
口语交际　220
辩论　220
写作　224
证明与反驳　224

语文综合实践活动　227
营造繁华还是守护真实
——"圆明园是否要重建"主题辩论活动　227

课外古代诗词诵读　229
【双调】夜行船·秋思 ………………………………… 马致远　229
破阵子 ………………………………………………… 晏　殊　230

第六单元

阅读与欣赏　233
二十六　六国论 ……………………………………… 苏　洵　233
二十七　游褒禅山记 ………………………………… 王安石　238
二十八　国殇 ………………………………………… 屈　原　243
二十九　孔雀东南飞（并序）　246
*三十　陈情表 ………………………………………… 李　密　256

表达与交流　260
写作　260
（一）应用文　简报　260
（二）文章的起草与修改　263

语文综合实践活动　266
编写行业简报　266

课外古代诗词诵读　268
长亭送别（节选） …………………………………… 王实甫　268
长相思 ………………………………………………… 纳兰性德　268

第一单元

单元导语

　　浩如烟海的古代典籍，壮丽神奇的祖国名山大川，承载着我国悠久灿烂的文化。走近它们，就是接受五千年中华民族历史文化和智慧的熏陶，能从中有所感悟，获得启迪。

　　本单元的五篇散文具有丰富的文化精神内涵。《胡同文化》用审视的眼光展示了以"忍"为精义的胡同文化，表达了作者对传统文化的眷恋之情；《废墟的召唤》道出了历史和时代赋予我们的使命：不要忘记民族历史上的耻辱，每个人都要立志"改造凝固的历史"；《过万重山漫想》书写游三峡所见之景，讴歌了"第一个穿过三峡的人"和历史上无数"第一人"的首创精神，号召人们要发扬光大这种精神，创造新的辉煌；《西安这座城》从不同的角度介绍了西安这座洋溢着浓浓古韵的十三朝古都，表达了作者对古城西安以及中国文化和历史传统的热爱之情；《把栏杆拍遍》则再现了宋朝词人辛弃疾从一个爱国志士成为爱国词人的过程及原因。

　　学习本单元，我们要进一步掌握散文欣赏的基本方法：一是抓住散文的线索，厘清散文的结构，这是散文欣赏的一个重要路径；二是研究散文的抒情方式，体察作者的感情；三是探究散文的意境；四是研究散文的语言，仔细品味散文是如何通过具体的语言传达出丰富的情感和优美的意境的。

　　我们要掌握语言辨析和做批注的阅读方法。语言辨析即通过对所阅读的优秀文本语言的分辨、剖析，品味其丰富的表现力。做批注就是在阅读时把对原文内容或表达方面的理解、体会、评判、质疑，以及引申开去的

看法和由此及彼的联想等言简意赅地写在原文书页的相应位置。

我们要认真学习在写作中如何审题与立意，并通过"口语交际 讨论"的训练和语文综合实践活动"认识历史 珍爱青春 编织梦想——'设计未来'主题讨论会"，学会主持或参与讨论会，提高语文应用能力。

阅读与欣赏

一　胡同文化[1]

汪曾祺

课文导读

> 胡同是北京民居建筑的主要形式。有人曾说过，建筑是凝固的音乐。透过建筑，我们可以看到历史，走进人们的生活，解读建筑背后承载着的人们的文化习惯和文化心态。
>
> 本文是一篇充分显示作者个性风格的小品文。作者以丰富的阅历、广博的知识以及对生活的浓厚兴趣，把北京普普通通的胡同，与这数不清的胡同中凝聚、浸润的独有的胡同文化自然融合起来，用一种亲切的态度、冷静的笔触，揭示胡同文化给北京人带来的深远影响。
>
> 阅读与欣赏这篇课文，可以在厘清课文结构的基础上，采用做批注的阅读方法，对北京胡同的特点进行辩证的分析与评判，领悟作者赋予北京胡同文化的内涵；然后通过对课文中有关词语的辨析，仔细品味课文的语言特色，体会作者对北京胡同文化的感情。

　　北京城像一块大豆腐，四方四正。城里有大街，有胡同。大街、胡同都是正南正北，正东正西。北京人的方位意识极强。过去拉洋车的，逢转弯处都高叫一声"东去！""西去！"以防碰着行人。老两口睡觉，老太太嫌老头子挤着她了，说"你往南边去一点"。这是外地少有的。街道如是斜的，就特别标明是斜街，如烟袋斜街、杨梅竹斜街。大街、胡同，把北京切成一个又一个方块。这种方正不但影响了北京人的生活，也影响了北京人的思想。

　　胡同原是蒙古语，据说原意是水井，未知确否。胡同的取名，有各种来源。有的是计数的，如东单三条、东四十条。有的原是皇家储存物件的地方，如皮库

---

[1] 选自《汪曾祺散文选集》（百花文艺出版社1996年版），有改动。本文是摄影艺术集《胡同之没》的序。汪曾祺（1920—1997），江苏省高邮市人，作家。

胡同、惜薪司胡同（存放柴炭的地方）。有的是这条胡同里曾住过一个有名的人物，如无量大人胡同、石老娘（老娘是接生婆）胡同。王皮胡同是因为有一个姓王的皮匠。有的是某种行业集中的地方。手帕胡同大概是卖手帕的。羊肉胡同当初想必是卖羊肉的。有的胡同是像其形状的。高义伯胡同原名狗尾巴胡同。小羊宜宾胡同原名羊尾巴胡同。大概是因为这两条胡同的样子有点像羊尾巴、狗尾巴。有些胡同则不知道何所取义，如大纱帽胡同。

胡同有的很宽阔，如东总布胡同、铁狮子胡同。这些胡同两边大都是"宅门"，到现在房屋都还挺整齐。有些胡同很小，如耳朵眼胡同。北京到底有多少胡同？北京人说：有名的胡同三千六，没名的胡同数不清。通常提起"胡同"，多指的是小胡同。

胡同是贯通大街的网络。它距离闹市很近，打个酱油，约①二斤鸡蛋什么的，很方便，但又似很远。这里没有车水马龙，总是安安静静的。偶尔有剃头挑子的"唤头"（像一个大镊子，用铁棒从当中擦过，便发出嗡的一声）、磨剪子磨刀的"惊闺"（十几个铁片穿成一串，摇动作声）、算命的盲人（现在早没有了）吹的短笛的声音。这些声音不但不显得喧闹，倒显得胡同里更加安静了。

胡同和四合院是一体。胡同两边是若干四合院连接起来的。胡同、四合院，是北京市民的居住方式，也是北京市民的文化形态。我们通常说北京的市民文化，就是指的胡同文化。胡同文化是北京文化的重要组成部分，即使不是最主要的部分。

胡同文化是一种封闭的文化。住在胡同里的居民大都安土重迁，不大愿意搬家。有在一个胡同里一住住几十年的，甚至有住了几辈子的。胡同里的房屋大都很

胡同和四合院是一体

---

① [约（yāo）] 方言，用秤称。

4

旧了，"地根儿①"房子就不太好，旧房檩，断砖墙。下雨天常是外面大下，屋里小下。一到下大雨，总可以听到房塌的声音，那是胡同里的房子。但是他们舍不得"挪窝儿"，——"破家值万贯"。

四合院是一个盒子。北京人理想的住家是"独门独院"。北京人也很讲究"处街坊"。"远亲不如近邻。""街坊里道"的，谁家有点事，婚丧嫁娶，都得"随"一点"份子"，道个喜或道个恼，不这样就不合"礼数"。但是平常日子，过往不多，除了有的街坊是棋友，"杀"一盘；有的是酒友，到"大酒缸"（过去山西人开的酒铺，都没有桌子，在酒缸上放一块规成圆形的厚板以代酒桌）喝两"个"（大酒缸二两一杯，叫作"一个"）；或是鸟友，不约而同，各晃着鸟笼，到天坛城根、玉渊潭去"会鸟"（会鸟是把鸟笼挂在一处，既可让鸟互相学叫，也互相比赛），此外，"各人自扫门前雪，休管他人瓦上霜"。

北京人易于满足，他们对生活的物质要求不高。有窝头，就知足了。大腌萝卜，就不错。小酱萝卜，那还有什么说的。臭豆腐滴几滴香油，可以待姑奶奶。虾米皮熬白菜，嘿！我认识一个在国子监②当过差，伺候过陆润庠、王垿等祭酒的老人，他说："哪儿也比不了北京。北京的熬白菜也比别处好吃，——五味③神在北京。"五味神是什么神？我至今考查不出来。但是北京人的大白菜文化却是可以理解的。北京人每个人一辈子吃的大白菜摞起来大概有北海白塔那么高。

北京人爱瞧热闹，但是不爱管闲事。他们总是置身事外，冷眼旁观。北京是民主运动的策源地，"民国"以来，常有学生运动。北京人管学生运动叫作"闹学生"。学生示威游行，叫作"过学生"。与他们无关。

北京胡同文化的精义是"忍"。安分守己，逆来顺受。老舍《茶馆》里的王利发说，"我当了一辈子的顺民"，是大部分北京市民的心态。

我的小说《八月骄阳》里写到"文化大革命"，有这样一段对话：

"还有个章法没有？我可是当了一辈子安善良民，从来奉公守法。这会儿，全乱了。我这眼面前就跟'下黄土'似的，简直的。分不清东西南北了。"

---
① [地根儿]方言，根本、从来之意。
② [国子监(jiàn)]我国封建时代的教育管理机关和最高学府。隋、唐、宋、元、明、清称国子监。晋称国子学，北齐称国子寺。清末改革学制，自光绪三十一年(1905)起设学部，国子监并入学部。
③ [五味]指酸、甜、苦、辣、咸五种味道，泛指各种味道。

"您多余操这份儿心。粮店还卖不卖棒子面？"

"卖！"

"还是的。有棒子面就行。……"

我们楼里有个小伙子，为一点事，打了开电梯的小姑娘一个嘴巴。我们都很生气，怎么可以打一个女孩子呢！我跟两个上了岁数的老北京（他们是"搬迁户"，原来是住在胡同里的）说，大家应该主持正义，让小伙子当众向小姑娘认错，这二位同声说："叫他认错？门儿也没有！忍着吧！——'穷忍着，富耐着，睡不着眯着'！""睡不着眯着"这话实在太精彩了！睡不着，别烦躁，别起急，眯着。北京人，真有你的！

北京的胡同在衰败、没落。除了少数"宅门"还在那里挺着，大部分民居的房屋都已经很残破，有的地基柱甚至已经下沉，只有多半截还露在地面上。有些四合院门外还保存着已失原形的拴马桩、上马石，记录着失去的荣华。有打不上水来的井眼、磨圆了棱角的石头棋盘，供人凭吊。西风残照，衰草离披，满目荒凉，毫无生气。

看看这些胡同的照片，不禁使人产生怀旧情绪，甚至有些伤感。但是这是无可奈何的事。在商品经济大潮的席卷之下，胡同和胡同文化总有一天会消失的。也许像西安的虾蟆陵，南京的乌衣巷，还会保留一两个名目，使人怅望低回。

再见吧，胡同。

1993 年 3 月 15 日

练习与思考

一、下列词语中，加点字的注音全都正确的一组是（　　）
A. 婚丧（sāng）嫁娶　　国子监（jiàn）　　约（yāo）二斤鸡蛋
B. 虾（há）蟆陵　　　　熬（áo）白菜　　　街坊（fáng）
C. 房檩（lǐn）　　　　　烦躁（zāo）　　　岁数（shu）

二、成语的实际含义往往是隐含于表面意义之后的。要正确使用成语，首先须在分辨其字形和读音的基础上，透过表面意义，弄清其实际意义。找出下列各句中的成语，解释并造句。

1. 北京人爱瞧热闹，但是不爱管闲事。他们总是置身事外，冷眼旁观。

2. 北京胡同文化的精义是"忍"。安分守己，逆来顺受。

3. 还有个章法没有？我可是当了一辈子安善良民，从来奉公守法。

三、对原文所用字、词和语句在理解的基础上做出评判，并将心得写在原文的相应部分是做批注的方法之一。本文语言朴实、典雅，富有表现力。结合课文内容，按照散文欣赏的方法，细细品味下列语句，写出你的批注语。

1. 虾米皮熬白菜，嘿！

2. 睡不着，别烦躁，别起急，眯着。北京人，真有你的！

3. 西风残照，衰草离披，满目荒凉，毫无生气。

四、比较词语置换后的表达效果，不仅可以帮助我们提高语言辨析的能力，而且可以帮助我们提高准确理解和运用语言的能力。结合课文回答下列问题。

1. 如果将课文中"……臭豆腐滴几滴香油，可以待姑奶奶"改为"……臭豆腐淋上香油，可以待姑奶奶"可以吗？为什么？

7

2. 如果将课文中"……除了少数'宅门'还在那里挺着,大部分居民的房屋都已经很残破……"中的"挺"换成"留"好不好?为什么?

五、课文中有这样的一段语句:"北京的胡同在衰败、没落。""看看这些胡同的照片,不禁使人产生怀旧情绪,甚至有些伤感。但是这是无可奈何的事,在商品经济大潮的席卷之下,胡同和胡同文化总有一天会消失的。"你认为北京是推倒胡同建高楼大厦好,还是把所有胡同当作文物保留下来好呢?谈谈自己的看法。

二　废墟的召唤[①]

宗　璞

课文导读

被法国文豪雨果盛赞为"东方艺术奇迹"的圆明园，在英法联军的摧残、劫掠下变成了废墟。现在圆明园的废墟在召唤，它在召唤什么？课文将历史的回顾与现实的思考融入特定的景物之中，含蓄、深沉地做出回答："改造这凝固的历史"，是中华民族每个人的责任。

阅读本文，要准确地领悟课文的主旨，体会作者的感情。首先，剖析课文标题运用了怎样的修辞手法，表达了怎样的深刻寓意；其次，将课文中作者直抒胸臆的语句找出来，并串联起来弄懂它们的含义，探究其在表达主题上所起的作用；最后，通过对文中所运用的抒情方式的琢磨，体察作者的思想感情。

研究散文的语言是品味散文之美的最主要途径之一。所以，在阅读与欣赏这篇课文时，我们可以对文中典雅、凝练、含蓄、精辟的语言，进行重点剖析、品味，并将体会、心得批注在课文相应的地方。

冬日的斜阳无力地照在这一片田野上。刚是下午，清华气象台上边的天空，已显出月牙儿的轮廓。顺着近年修的柏油路，左侧是干皱的田地，看上去十分坚硬，这里那里，点缀着断石残碑。右侧在夏天是一带荷塘，现在也只剩下冬日的凄冷。转过布满枯树的小山，那一大片废墟呈现在眼底时，我总有一种奇怪的感觉，好像历史忽然倒退到了古希腊罗马时代。而在乱石衰草中间，仿佛应该有着妲己[②]、褒姒[③]的窈窕身影，若隐若现，迷离扑朔。因为中国社会出奇的"稳定性"，几千年来的传统一直传到那拉氏[④]，还不中止。

[①] 选自《宗璞小说散文选》（北京出版社1981年版）。宗璞（pú）(1928—)，中国当代作家。
[②] ［妲(dá)己］商代纣王的宠妃。
[③] ［褒姒(sì)］周代幽王的宠妃。
[④] ［那拉氏］即慈禧太后，清末同治、光绪两朝的实际统治者。

这一带废墟是圆明园①中长春园的一部分。从东到西，有圆形的台、长方形的观、已看不出形状的堂和小巧的方形的亭基。原来都是西式建筑，故俗称西洋楼。在莽苍苍的原野上，这一组建筑遗迹宛如一列正在覆没的船只；而那丛生的荒草，便是海藻；杂陈的乱石，便是这荒野的海洋中的一簇簇泡沫了。三十多年前，初来这里，曾想，下次来时，它该下沉了吧？它该让出地方，好建设新的一切。但是每次再来，它还是停泊在原野上。远瀛观的断石柱，在灰蓝色的天空下，依然寂寞地站着，显得四周那样空荡荡，那样无依无靠。大水法的拱形石门，依然卷着波涛。观水法的石屏上依然陈列着兵器甲胄，那雕镂还是那样清晰，那样有力。但石波不兴，雕兵永驻，这蒙受了奇耻大辱的废墟，只管悠闲地、若无其事地停泊着。

时间在这里，如石刻一般，停滞了，凝固了。建筑家说，建筑是凝固的音乐。建筑的遗迹，又是什么呢？凝固了的历史吗？看那海晏堂前（也许是堂侧）的石饰，像一个近似半圆形的容器，年轻时，曾和几个朋友坐在里面照相。现在石"碗"依旧，我当然懒得爬上去了，但是我却欣然。因为我的变化，无非是自然规律之功罢了。我毕竟没有凝固——

对着这一段凝固的历史，我只有怅然凝望。大水法与观水法之间的大片空地，原来是两座大喷泉，想那水姿之美，已到了标准境界，所以以"法"为名。西行可见一座高大的废墟，上大下小，像是只剩了一截的、倒置的金字塔。悄立"塔"下，觉得人是这样渺小，天地是这样广阔，历史是这样悠久——

路旁的大石龟仍然无表情地蹲伏着。本该竖立在它背上的石碑躺倒在土坡旁。它也许很想驮着这碑，尽自己的责任吧。风在路另侧的小树林中呼啸，忽高忽低，如泣如诉，仿佛从废墟上飘来了"留——留——"的声音。

我诧异地回转身去看了。暮色四合，方外观的石块白得分明，几座大石叠在一起，露出一个空隙，像要对我开口讲话。告诉我这里经历的烛天的巨火吗？告诉我时间在这里该怎样衡量吗？还是告诉我你的向往、你的期待？

风又从废墟上吹过，依然发出"留——留——"的声音。我忽然醒悟了。它是在召唤！召唤人们留下来，改造这凝固的历史。废墟，不愿永久停泊。

然而我没有为这努力过吗？便在这大龟旁，我们几个人曾怎样热烈地争辩

---

① [圆明园]我国清代名园之一，始建于康熙四十八年（1709），是环绕福海的圆明、万春、长春三园的总称。圆明园艺术价值极高，被誉为"万园之园"。咸丰十年（1860），英法联军劫掠园中珍物，并纵火焚毁园中建筑，今仅存残迹，遗址在北京西北郊。

啊。那时的我们，是何等慷慨激昂，是何等满怀热忱！和人类比较起来，个人的一生是小得多的概念了，每个人自有理由做出不同的解释。我只想，楚国早已是湖北省，但楚辞的光辉，不是永远充塞于天地之间吗？

空中一阵鸦噪，抬头只见寒鸦万点，驮着夕阳，掠过枯树林，转眼便消失在已呈粉红色的西天。在它们的翅膀底下，晚霞已到最艳丽的时刻。西山在朦胧中涂抹了一层娇红，轮廓渐渐清楚起来。那娇红中又透出一点蓝，显得十分凝重，正配得上空气中摸得着的寒意。

这景象也是我熟悉的，我不由得闭上眼睛。

"断碣残碑，都付与苍烟落照。"身旁的年轻人在自言自语。事隔三十余年，我又在和年轻人辩论了。我不怪他们，怎能怪他们呢！我嗫嚅①着，很不理直气壮。"留下来吧！就因为是废墟，需要每一个你啊。"

断碣残碑，都付与苍烟落照

"匹夫②有责。"年轻人是敏锐的，他清楚地说出我嗫嚅着的话。"但是怎样尽每一个我的责任？怎样使环境更好地让每一个我尽责任？"他微笑，笑容介于冷和苦之间。

我忽然理直气壮起来："那'怎样'，不就是内容吗？"

他不答，我也停了说话，且看那瞬息万变的落照。迤逦行来，已到水边。水已成冰。冰中透出枝枝荷梗，枯梗上漾着绮辉。远山凹处，红日正沉，只照得天边山顶一片通红。岸边几株枯树，恰为夕阳做了画框。框外娇红的西山，这时却全呈黛青色，鲜嫩润泽，一派雨后初晴的模样，似与这黄昏全不相干。但也有浅淡的光，照在框外的冰上，使人想起月色的清冷。

树旁乱草中窸窣③有声，原来有人作画。他正在调色板上蘸④着颜色，蘸了

---
① [嗫嚅（nièrú）] 形容想说话而又吞吞吐吐不敢说出来的样子。
② [匹夫] 古代指平民中的男子，也泛指寻常的个人。
③ [窸窣（xīsū）] 形容细小的摩擦声音。
④ [蘸（zhàn）] 在液体、粉末或糊状的东西里沾一下就拿出来。

又擦,擦了又蘸,好像不知怎样才能把那奇异的色彩捕捉在纸上。

"他不是画家。"年轻人评论道,"他只是爱这景色——"

前面高耸的断桥便是整个圆明园唯一的遗桥了。远望如一个乱石堆,近看则桥的格局宛在。桥背很高,桥面只剩了一小半,不过桥下水流如线,过水早不必登桥了。

"我也许可以想一想,想一想这废墟的召唤。"年轻人忽然微笑说,那笑容仍然介于冷和苦之间。

我们仍望着落照。通红的火球消失了,剩下的远山显出一层层深浅不同的紫色。浓处如酒,淡处如梦。那不浓不淡处使我想起春日的紫藤萝,这铺天的霞锦,需要多少个藤萝花瓣啊。

仿佛听得说要修复圆明园了,我想,能不能留下一部分废墟呢?最好是远瀛观一带,或只是这座断桥,也可以的。

为了什么呢?为了凭吊这一段凝固的历史,为了记住废墟的召唤。

1979 年 12 月

练习与思考

一、解释下列词语。
1. 奇耻大辱
2. 若无其事
3. 慷慨激昂
4. 理直气壮
5. 瞬息万变

二、为所阅读文本的字、词、句做批注,既可用自己的话,也可引用经典名言,还可用一些特殊符号诸如"!""?"进行评价、质疑。结合课文语境,为下列各句做批注。

1. 在莽苍苍的原野上,这一组建筑遗迹宛如一列正在覆没的船只;而那丛生的荒草,便是海藻;杂陈的乱石,便是这荒野的海洋中的一簇簇泡沫了。

2. 我忽然醒悟了。它是在召唤！召唤人们留下来，改造这凝固的历史。

三、要正确、得当地使用词语，提高词语运用的准确率，就必须学会对意义相近、但含义或用法有差别的词语进行辨析。试对下列各组成语进行辨析。

1. 安分守己
   奉公守法
2. 一挥而就
   一蹴而就
3. 忠心耿耿
   耿耿忠心
4. 千方百计
   想方设法

四、对文章的重点语句进行赏析，一要把握作者的写作主旨，二要结合语句的语境，只有这样，才能正确领会其内涵实质，深入理解文章主题，从而有效地提高阅读理解能力。试结合课文，回答下列问题。

1. "对着这一段凝固的历史，我只有怅然凝望。"为什么说"历史"是"凝固"的？

2. "楚国早已是湖北省，但楚辞的光辉，不是永远充塞于天地之间吗？"这句话如何理解？

五、对圆明园是否要修复，现有两种意见。

复建派：重现圆明园的辉煌，不但可以让游客感受古代建筑的风采，而且新建筑与废墟对比所产生的震撼力，远比单纯的废墟强烈得多。

保留派：坚决反对重修圆明园，更有人强调"一草一木都不能动"，认识废墟的悲凉感、沧桑感本身就是对侵略的无声控诉，是最理想的爱国主义教育，这是重修一座辉煌的皇家园林无法实现的。

请说说你的看法。

三 过万重山漫想[1]

刘 征

课文导读

自古以来，三峡就被喻为长江的珠冠，骚人墨客，无不浓墨重彩，状而绘之："白帝高为三峡镇，瞿塘险过百牢关。""万山磅礴水浊莽，山环水抱争萦纡。"本文作者是如何描绘三峡之景的呢？

作者以游三峡所见之景为依托，突破时空的局限，神思飞越，思古谈今，"三峡的航道其实就是一部历史，一部人类不断进步的历史"，在讴歌历史上无数"第一人"首创精神的同时，期望人们在新的历史条件下发扬光大这种首创精神，创造出新的辉煌。可见这篇课文写景状物是其表，说理抒情是其里。

阅读与欣赏这篇课文时，我们应先带着"作者过万重山会产生什么样的漫想"这一问题，在领略作者丰富的想象力、拓宽自己思想视野的同时，厘清文章的结构思路；再找出文中重点词语、关键句子，并灵活运用各种做批注的方法，把自己对其品味、辨析的感想等写在课文的相应位置；最后，在领悟本文意境的基础上，探究课文所表达的主题思想。

我在小时候就读过一些古人今人描述三峡的文字，对三峡的景物一向是神往的。可是，直到今年——五十多岁了，才有机会第一次穿过三峡。

船出了夔门[2]，忽然落进另一个天地。空间变得狭小了，江流变得狂暴了。那夹江两岸连绵起伏的高山，有的耸峙云霄；有的横枕江面；有的像虎豹迎面扑来，似已躲闪不及；有的像天女腾空飞起，仿佛转瞬即逝。太阳隐去，只偶然透过青蒙蒙的薄雾，从高山的缺口伸出几道光束，如同仙人伸出发光的手臂，给江峡涂上神奇的色彩。我们的船开向哪里？是回到往古还是驶向未来？是堕入地府

---

[1] 选自《刘征十年集》卷二（文心出版社1990年版），有删节。刘征（1926— ），原名刘国正，诗人、杂文家、语文教育家。

[2] ［夔(kuí)门］在重庆奉节境内，扼瞿塘峡口，是三峡的门户，有"夔门天下雄"的说法。

还是飞上仙界？我不知道。

面对这奇景，语言中的一切华丽辞藻都黯然失色，积存在我记忆里的那些古人今人的文字，竟如同临阵脱逃的怯弱者，都躲藏起来，无影无踪了。至于我的这支惯于唠叨的笔，为了免于留下以敝帚画西施[1]的笑柄，也知趣地沉默了。头脑里一无所有。就在这原始状态的空白中，一个古怪的念头跳了出来：

——第一个穿过三峡的是谁？

第一个，是的，总有第一个吧。没有第一个，就不会有后来的无数个，包括我在内。于是，我的思绪，如同被疾风牵引着，无边无际地展开去。

既然有第一个，那么，他穿过三峡是在什么时候呢？三峡是大禹开凿的，那是古代神话，不是事实。考诸文献，《禹贡》[2]里已有四川某些山川的记载，这篇最早的地理志[3]，多数学者认为成于战国时期。巴郡和蜀郡也是战国时的秦开始设置的。似乎可以说，打开四川和内地的通路（包括北边翻越秦岭的蜀道和东边的三峡），大约不晚于春秋战国时期，第一个人穿过三峡自然还要早一些。

那个时候，穿过三峡使用什么交通工具呢？记得我年轻的时候，见过南宋北派山水画家夏圭画的一个手卷《巴船下峡图》，画的虽是木船，却大得很，船舱是两层楼，篙工舵师有十几个。那长篙短篙挂在礁石上，巨浪狂扑、船舷攲侧[4]、生死在毫发间[5]的情景，至今想来，还感到惊心动魄。夏圭画的是宋朝的船，由南宋上溯两千年左右的周秦时代，那时的船自然要简陋得多，也许只有原始的独木船了。用独木船穿过三峡，简直难以想象，可是那第一个人就是毫不含糊地这么做的。

再想下去。第一个穿过三峡的人，决然不是第一个。在他之前必定已有许多个，只是或者半路折回，或者中途遇险，没有走完三峡的全程而已。折回的和遇险的都为探明三峡的航道尽了力，但也给后来者增加了精神负担。折回的要说："我试过了，是通不过的。"遇险的自己不会说，别人却要说："还想冒险，不要

---

[1] [以敝帚画西施]用破旧的扫帚为西施画像，比喻承担难以完成的任务。
[2] [《禹贡》]《尚书·夏书》篇名。篇中记述了当时我国各区域的山川、交通、物产以及贡赋等，保存了我国古代重要的地理资料。
[3] [志]记事的书或文章。
[4] [攲(qī)侧]倾斜。攲，同"欹"。
[5] [毫发间]比喻极小的差距，相差一点儿。毫，毫毛。发，头发。

命了吗？"也还会有一些旁观的、嘲笑的、反对的，喊喊喳喳地发议论，甚至上前拉一把。然而，第一个穿过三峡的人微微一笑，还是登上了独木船。

那时候，人们对自然的认识还是极有限的。他站立在独木船上，拿起竹篙的时候会想些什么呢？

前面的路有多长？这峡道会不会有几千几万里，会不会直通到海底甚至通到地狱？他不知道，也没有想。前面的路有多险？那高崖会不会劈头盖顶崩落下来？那礁石会不会狼牙一样遍布江底？那江水会不会中途变成直下千仞的飞瀑？他不知道，也没有想。前面的路上会遇到些什么？会不会遇到百丈的蛟、九头的蛇？会不会遇到双睛似电、头颅如山的妖魔鬼怪？他不知道，也没有想。他自己会不会中途遇险？如果遇险，他会像一个水泡那样顷刻消散，还是会给人们留下永远的记忆？他不知道，也没有想。他只是想走出去，去扩大生活的世界。于是，他用竹篙一点，独木船开动了……

前面的路有多长

我凭舷眺望，望着茫茫的江水。据科学家说，在洪荒①时代，四川盆地本来是个内陆海。海水东注②，撞击、啃噬③着东边的大山，年深日久，终于"凿开"一条通道，就是"三峡"。这江水是在什么时候凿开三峡的呢？它的源头为什么总是无穷无尽？它的流动为什么总是无止无休？它的去处为什么总是不盈不溢④呢？当它以摧山坼地⑤之力凿开三峡洋洋东去之时，可曾想到后来竟变成那渺小的生物——人的胯下坐骑吗？我的思想向着更遥远的空间和时间飞去。"水击

---

① [洪荒] 混沌、蒙昧的状态。借指远古时代。

② [注] 灌注。

③ [啃噬(kěnshì)] 啃咬。噬，咬。

④ [不盈不溢] 不多出来，不往外淌。盈，多出来、多余。溢，充满而流出来。

⑤ [摧山坼(chè)地] 摧塌山脉，裂开大地。坼，裂开。

三千里,抟扶摇而上者九万里①",也许还要高远。人类的历史,对于我本来如同远在云天之上、不可端倪②的飞鸟,此时忽如栖落在手指上,简直可以数一数它的翎毛③。

能使用工具的人类的出现,据说距今已有两三百万年。不要小看第一个使用石器的人,第一个燧④木取火的人,第一个弯弓射箭的人,第一个跨上马背的人,他们越过了人类儿童时代一座又一座真正的"三峡"——不,他们的步履更为艰难,他们的业绩更为伟大。人类在漫漫的行程中,每一分钟都在向着难以数计的未知的领域进军,都有难以数计的第一个穿过"三峡"的人开拓道路。于是,历史昂然向前。

行程是艰险的。历史在前进中,不免有挫折,有迂回,有后退,有失败。自然也就不免有清谈⑤者,有酣睡者,有摇头者,有叹气者,有彷徨者,有哭泣者。但是他们不是历史的脊梁,他们像蛛丝一般无力,绊不住历史的脚步。

千百年后,假如三峡无恙,也还会有人从此穿过。从千百年后看今天,也如同今天看第一个穿过三峡的人一样。在那时的人看来,完成我们今天从事的业绩,

江水滔滔,一泻千里

会跟玩积木一样轻而易举了。但是,他们不会嘲笑我们,他们会崇敬我们的精神。至于我这篇平凡的文字,那时是早已泯灭的了。然而,如果他们从考古的废墟上发现了它,我敢断定,他们会说:"这个人,没有说谎。"

我凭舷眺望,江水滔滔,一泻千里,向东流去。天渐渐开阔,地渐渐平旷,

---

① [水击三千里,抟(tuán)扶摇而上者九万里]出自《庄子·逍遥游》,意思是,大鹏往南海迁徙,在水面上拍击三千里,向空中盘旋了九万里。这里形容思维活动范围广阔。水击,振翼拍水。抟,盘旋。扶摇,自下而上的旋风。
② [端倪(ní)]捉摸、推究。
③ [翎(líng)毛]鸟翅上和尾上的长羽毛。
④ [燧(suì)]古时取火的器具。这里指取火的动作。
⑤ [清谈]泛指不切实际的谈论。

忽然飘来几只沙鸥，雪片一样白，闪电一样快，在船头画了个圈儿，不见了。

船已经穿过三峡，我感到了第一个穿过三峡的人曾经感到和未曾感到的喜悦。

1980年12月

练习与思考

一、下列加点字词的注音、解释全对的一组是（　　　）

A. 摧山坼（chè，裂开）地　端倪（ní）　啮噬（shì）

B. 不盈不溢（充满而流出来）　坐骑（qī，所骑的马）　敧（qí）侧

C. 翎（líng）毛　洪荒（混沌、蒙昧的状态，借指远古时代）　无恙（yàng，小病）

D. 惨淡（形容苦费心力）　抟（tuān，把东西揉弄成球形）　瞩（shù）望

二、品味散文语言，可以帮助我们把握文中所要表达的情感，加深对散文意境的理解。根据要求，结合课文内容，完成下列各题。

1. "然而，第一个穿过三峡的人微微一笑，还是登上了独木船。"句中的"微微一笑"对刻画"第一个穿过三峡的人"的形象有何作用？

2. "船已经穿过三峡，我感到了第一个穿过三峡的人曾经感到和未曾感到的喜悦。"句中"曾经感到"和"未曾感到"的喜悦各指什么？

三、作者在文中借用一些关键句，使文章环环相扣、结构缜密。仔细阅读课文，找出这些关键句，帮助自己厘清课文的结构。

四、"从千百年后看今天，也如同今天看第一个穿过三峡的人一样。在那时的人看来，完成我们今天从事的业绩，会跟玩积木一样轻而易举了。但是，他们不会嘲笑我们，他们会崇敬我们的精神。"既然"我们今天从事的业绩"千百

年后的人们"会跟玩积木一样轻而易举",为什么千百年后的人们"不会嘲笑我们",而会"崇敬我们的精神"?

五、根据下面的提示语,按要求接写。

提示语:当第一个穿过三峡的人,用独木船,克服千难万险,成功地穿过三峡后,那些曾经旁观的、嘲笑的、反对的人们……

要求:发挥自己的想象,接着提示语,描写那些曾经是第一个想穿越三峡的人的旁观者、嘲笑者、反对者,面对这第一个成功者时的神态、语言。不少于300字。

四　西安这座城[①]

贾平凹

课文导读

西安，这座曾是我国十三个王朝国都的城市，"充溢着中国历史的古意"，表现出"一种东方的神秘"。这篇课文从不同的角度展现了西安悠久灿烂的历史和文化。

阅读时，首先，要通读全文，梳理内容，想一想：作者为什么说西安既是"一个旧的文物"，又是"一个新的象征"？其次，细读课文，思考"旧"与"新"在西安是如何有机地统一在一起的，以及作者认为"西安永远是中国文化魂魄的所在地"的原因，从而深刻理解作者的观点。学习时，要反复阅读课文，从质朴凝练的语言中，感受作者对西安、对中国文化和历史传统浓得化不开的情感。

有感情地朗读课文，想一想，这篇文章是否也能勾起你对所生活的城市或家乡的热爱之情。

我住在西安城里已经二十年了，我不敢说这个城就是我的，或我给了这个城什么，但二十年前我还在陕南的乡下，确实是做过一个梦的，梦见了一棵不高大的却很老的树，树上有一个洞。在现实的生活里，老家是有满山的林子，但我没有觅寻到这样的树，而在初做城里人的那年，于街头却发现了，真的，和梦境中的树丝毫不差。这棵树现在还长着，年年我总是看它一次，死去的枝柯[②]变得僵硬，新生的梢条软和如柳。我就常常盯着还趴在树干上的裂着背已去了实质的蝉壳，发许久的迷瞪，不知道这蝉是蜕了几多回壳。生命在如此转换，真的是无生无灭，可那飞来的蝉又始于何时，又该终于何地呢？于是在近晚的夕阳中驻脚南城楼下，听岁月腐蚀得并不完整的砖块缝里，一群蟋蟀在唱着一部繁乐，恍惚里

[①] 选自《贾平凹文集》第12卷（陕西人民出版社1998年版），有删改。贾平凹（1952—　），陕西省丹凤县人，作家。

[②] ［枝柯(kē)］草木的枝茎。

就觉得哪一块砖是我吧，或者，我是蟋蟀的一只，夜夜在望着万里的长空，迎接着每一次新来的明月而欢歌了。

我庆幸这座城在中国的西部，在苍茫的关中平原上，其实只能在中国西部的关中平原上才会有这样的城，我忍不住就唱起关于这个地方的一段民谣：

　　八百里秦川黄土飞扬，三千万人民吼叫秦腔①，
　　调一碗黏面喜气洋洋，没有辣子嘟嘟囔囔。

这样的民谣，描绘的或许缺乏现代气息，但落后并不等于愚昧，它所透发的一种气势，没有矫情和虚浮，是冷的幽默，是对旧的生存状态的自审。我唱着它的时候，唱不出声的却常常是想到了夸父逐日②渴死在去海的路上的悲壮。正是这样，数年前南方的几个城市来人，以优越异常的生活待遇招募我去，我谢绝了，我不去，我爱陕西，我爱西安这座城。我生不在此，死却必定在此。当百年之后躯体焚烧于火葬场，我的灵魂随同黑烟爬出了高高的烟囱，我也会变成一朵云游荡在这座城的上空的。

当世界上的新型城市愈来愈变成了一堆水泥，我该怎样来叙说西安这座城呢？是的，没必要夸耀曾经是十三个王朝国都的历史，也不自得八水环绕的地理风水，承认中国的政治、经济、文化的中心已不在了这里，对于显赫③的汉唐，它只能称为"废都"。但可爱的是，时至今日，气派不倒的，风范犹存的，在全世界的范围内最具古城魅力的，也只有西安了。它的城墙赫然完整，独身站定在护城河上的吊板桥上，仰观那城楼、角楼、女墙④垛口，再怯弱的人也要豪情长啸了。大街小巷方正对称，排列有序的四合院和四合院砖雕门楼下已经黝黑如铁的花石门墩，让你可以立即坠入了古昔里高头大马驾驶了木制的大车喤⑤喤喤开过来的境界里去。如果有机会收集一下全城的数千个街巷名称：贡院门、书院门、竹笆市、琉璃市、教场门、端履门、炭市街、麦苋街、车巷、油巷……你

---
① ［秦腔］流行于西北各省的地方戏曲剧种，由陕西、甘肃一带的民歌发展而成，是梆子腔的一种。
② ［夸父逐日］《山海经·海外北经》中的神话。夸父立志追赶太阳，感到焦渴，便喝干了黄河、渭河的水，仍感不足，最终渴死。他遗留下的木杖化成了一片桃林，叫作邓林。后来用"夸父逐日"比喻决心大或不自量力。
③ ［显赫（hè）］指权势、声名等盛大。
④ ［女墙］城墙上面呈凹凸形的短墙，也叫女儿墙。
⑤ ［喤（huáng）］拟声词，形容大而和谐的钟鼓声。

突然感到历史并不遥远，以至眼前飞过一只并不卫生的苍蝇，也忍不住怀疑这苍蝇的身上有着汉时的模样或是唐时的标记。现代的艺术在大型的豪华的剧院、影院、歌舞厅日夜上演着，但爬满的青苔如古钱一样的城墙根下，总是有人在观赏着中国最古老的属于这个地方的秦腔，或者皮影木偶。这不是正规的演艺人，他们是工余的娱乐，有人演，就有人看，演和看都宣泄的是一种自豪，生命里涌动的是一种历史的追忆。所以你也便明白了街头饭馆里的餐具，瓷是那么粗的瓷，大得称之为海碗。逢年过节，你见过哪里的城市的街巷表演着社火，踩起了高跷，扛着杏黄色的幡旗①放火铳②，敲纯粹的鼓乐？最是那土得掉渣的土话里，如果依音笔写出来，竟然是文言文中的极典雅的词语，抱孩子不说抱，说"携"；口中没味不说没味，说"寡"；即使骂人滚开也不说滚，说"避"。你随便走进一条巷的一户人家中吧，是艺术家或者是工人、小职员、个体的商贩，他们的客厅是必悬挂了装裱考究的字画，桌柜上必是摆设了几件古陶旧瓷。对于书法绘画的理解，对于文物古董的珍存，成为他们生活的基本要求。男人们崇尚的是黑与白的色调，女人们则喜欢穿大红大绿的衣裳，质朴大方，悲喜分明。他们少以言辞，多以行动；喜欢沉默，善于思考；崇拜的是智慧，鄙夷的是油滑；有整体雄浑，无琐碎甜腻。西安的科技人才云集，产生了众多的全球也著名的数学家、物理学家，但民间却大量涌现着《易经》的研究家，观天象，识地理，搞预测，做遥控。你不敢轻视了静坐于酒馆一角独饮的老翁或巷头鸡皮鹤首的老妪，他们说不定就是身怀绝技的奇才异人。清晨的菜市场上，你会见到手托着豆腐，三个两个地立在那里谈论着国内的新闻。在公共厕所蹲坑，你也会听到最及时的关于联合国的一次会议的内容。关心国事，放眼全球，似乎对于他们是一种多余，但他们就是有这种古都赋予的秉性。"杞人忧天③"从来不是他们讥笑的名词，甚至有人庄严提议，在城中造一尊巨大的杞人雕塑，与那巍然竖立的丝绸之路的开创人张骞④塑像相映生辉，成为一种城标。整个西安城，充溢着中国历史的古意，表现的是一种东方的神秘，囫囵囵是一个旧的文物，又鲜活活是一个新的象征。

---

① ［幡（fān）旗］一种窄长的旗子，垂直悬挂。
② ［火铳（chòng）］旧式管形火器，用火药引燃发射铁弹丸、铅弹丸等。
③ ［杞人忧天］《列子·天瑞》里的一则寓言。传说杞国有个人怕天塌下来，吃饭睡觉都感到不安。借指为不必要忧虑的事情忧虑。
④ ［张骞（qiān）］西汉人，曾奉汉武帝之命两次出使西域，促进了中原和西域各少数民族经济文化的交流和发展。

所以，我数次搬家，总乐意在靠近城墙的地方住。现在我居住在叫甜水井的方位，井已经被覆盖了，但数个四合院内还保留着古老的井台。千百年来，全城的食用水靠这一带甜水供应，老一代的邻居还说得清最后一届水局的模样，抱出匣子来让我瞧那手摸汗浸而光滑如铜的骨片水牌，耳畔里就隐约响起了驮着水桶的驴子叩击青石板街的节奏。星期日，去那嚣声腾浮的鸟市、虫市和狗市，或是赶那黎明开张、日出消散的露水集场，去城河沿上看那练习导引吐纳之术的汉子，去古旧书店书摊购买几本线装的古籍，去寺院里拜访参禅的老僧和高古的道长，去楼房的建筑工地的土坑里捡一堆称之为垃圾文物的碎瓷残片，分辨其字画属于汉的海风之格或属于唐的山骨之度，一切都在与历史对话，调整我的时空存在，圆满我的生命状态。所以，在我的居室里接待了全中国各地来的客人乃至海外的朋友，我送他们的常常是汉瓦当的一个拓片①，秦砖自刻的一方砚台，或是陪他们听一段已无弦索的古琴的无声的韶音②。我说，你信步在城里走走吧，钟楼已没钟，晨时你能听见的是天音；鼓楼已没鼓，暮时你能听见的是地声。再倘若你是搞政治的，你往城东去看秦兵马俑；你是搞艺术的，你往城西去看霍去病③墓前石雕。我不知疲劳地，一定要带领了客人朋友爬土城墙，指点那城南的大雁塔和曲江池，说，看见那大雁塔吗，那就是一枚印石；看见那曲江池吗，那就是一盒印泥。记住，历史当然翻开了新的一页，现代的西安当然不仅仅是个保留着过去的城，它有着其他城市所具有的最现代的东西。但是，它区别于别的城市，是无言的上天把中国文化的大印放置在西安，西安永远是中国文化魂魄的所在地。

练习与思考

一、作者说，"携""寡""避"都是"文言文中极典雅的词语"，结合原文或查字典，理解这些词语的意思，体会它们和现代汉语表达效果的不同，再从你家乡的方言中找出一些这样的词语。

---

① [拓(tà)片] 把碑刻、铜器等的形状和上面的文字、图形拓下来的纸片。
② [韶(sháo)音] 美妙的音乐。韶，传说是舜所作的乐曲名。《论语》里说孔子在齐国听了韶这种曲子后，"三月不知肉味"。
③ [霍去病] 西汉名将，前后六次出击匈奴，对解除匈奴对汉王朝的威胁贡献巨大。

二、课文开头部分引用了一段民谣，结合民谣和课文内容，说说西部关中平原人民具有怎样的性格特征。

三、文章最后一个自然段，作者把大雁塔比作"一枚印石"，把曲江池比作"一盒印泥"，这样写有什么作用？

四、作者说："整个西安城，充溢着中国历史的古意，表现的是一种东方的神秘，囫囵囵是一个旧的文物，又鲜活活是一个新的象征。"联系上下文，说说"旧文物"和"新象征"分别体现在哪些方面，两者在西安是如何有机地统一在一起的。

五、本文的语言质朴凝练，处处洋溢着对古城西安的热爱。请你也选取一个或几个角度，描写自己的家乡或曾经到过的印象深刻的某一座城市。

*五　把栏杆拍遍[1]

梁　衡

阅读提示

"壮岁旌旗拥万夫，锦襜突骑渡江初。燕兵夜娖银胡䩮，汉箭朝飞金仆姑。追往事，叹今吾，春风不染白髭须。却将万字平戎策，换得东家种树书。"可以说，辛弃疾这首短短55个字的词，深刻地概括了他报国无门、壮志难酬的一生。那么，本文又是如何评价这位宋代词人的呢？

作者通过引申、联想，把辛弃疾一些重要作品和相关史料结合起来加以演绎，形象地展示了历史的生动面貌，再现了"历史歪打正着地"把辛弃疾从一个爱国志士"逼"成"只能笔走龙蛇，泪洒宣纸，为历史留下了一声声悲壮的呼喊、遗憾的叹息和无奈的自嘲"的爱国词人的过程。

本文所引用的辛弃疾的词作，既含有深沉的政治与生活哲理，也有对历史风云的记载与感悟。阅读与欣赏这篇课文时，我们可以在厘清课文结构的基础上，根据课文注释，结合作者评述，将自己对所引用的词作的解读、感悟写在相应的位置上，以正确地理解课文内容，准确地把握辛弃疾这一历史人物。

中国历史上由行伍出身，以武起事，而最终以文为业，成为大诗词作家的只有一人，这就是辛弃疾。这也注定了他的词及他这个人在文人中的唯一性和在历史上的独特地位。

在我看到的资料里，辛弃疾至少是快刀利剑地杀过几次人的。他天生孔武[2]高大，从小苦修剑法。他生于金宋乱世，不满金人的侵略蹂躏，22岁时他就拉起了一支数千人的义军，后又与耿京[3]为首的义军合并，并兼任书记长，掌管印

---

[1] 选自《散文》2000年第7期，有改动。梁衡（1946—　），作家。"栏杆拍遍"是辛弃疾词《水龙吟》中的一句。
[2] [孔武]很威武。孔，很、甚。
[3] [耿京（?—1162）]南宋抗金义军首领。

信。一次义军中出了叛徒，将印信偷走，准备投金。辛弃疾手提利剑单人独马追贼两日，第三天提回一颗人头。为了光复大业，他又说服耿京南归，南下临安亲自联络。不想就这几天之内又变生肘腋①，当他完成任务返回时，部将叛变，耿京被杀。辛大怒，跃马横刀，只率数骑突入敌营生擒叛将，又奔突千里，将其押解至临安正法，并率万人南下归宋。说来，他干这场壮举时还只是一个二十几岁的英雄少年，正血气方刚，欲为朝廷痛杀贼寇，收复失地。

但世上的事并不能心想事成。南归之后，他手里立即失去了钢刀利剑，就只剩下一支羊毫软笔，他也再没有机会奔走沙场，血溅战袍，而只能笔走龙蛇②，泪洒宣纸，为历史留下一声声悲壮的呼喊、遗憾的叹息和无奈的自嘲。

老实说，辛弃疾的词不是用笔写成，而是用刀和剑刻成的。他永以一个沙场英雄和爱国将军的形象留存在历史上和自己的诗词中。时隔千年，当今天我们重读他的作品时，仍感到一种凛然杀气和磅礴之势。比如这首著名的《破阵子》：

醉里挑灯③看剑，梦回吹角连营④。八百里分麾下炙⑤，五十弦翻塞外声⑥。沙场秋点兵⑦。　马作的卢⑧飞快，弓如霹雳⑨弦惊。了却君王天下事⑩，赢得⑪生前身后名。可怜白发生。

了却君王天下事，赢得生前身后名

---

① 〔变生肘腋（zhǒuyè）〕事变发生在切近之处。肘腋，比喻极近的地方。
② 〔笔走龙蛇〕形容书法笔势雄健活泼。
③ 〔挑灯〕提灯。
④ 〔梦回吹角连营〕意思是，从醉梦中醒来，回忆起梦里听见军营里接连不断的号角声。
⑤ 〔八百里分麾（huī）下炙（zhì）〕意思是，战士们分到犒赏给他们的牛肉。八百里，指牛。晋王恺有牛名八百里驳（bó）。见《世说新语·汰侈篇》。麾下，部下。炙，烤肉。
⑥ 〔五十弦翻塞外声〕五十弦，古瑟，这里泛指军中各种乐器。翻，演奏。塞外声，边地悲壮的战歌。
⑦ 〔点兵〕检阅军队。
⑧ 〔马作的卢〕马像的卢一样。作，若。的卢，相传刘备在樊城遇险，其乘的卢马一跃三丈跃过檀溪，得以脱离险境。见《三国志·蜀书·先主传》注引《世语》。
⑨ 〔霹雳〕这里比喻猛烈的弓弦声。
⑩ 〔天下事〕指收复中原，统一天下这件大事。
⑪ 〔赢得〕博得。

我敢大胆说一句，这首词除了武圣岳飞的《满江红》可与之媲美外，在中国上下五千年的文人堆里，再难找出第二首这样有金戈之声的力作。虽然杜甫也写过"射人先射马，擒贼先擒王"，卢纶也写过"欲将轻骑逐，大雪满弓刀"，但这些都是旁观式的想象、抒发和描述。哪一个诗人曾有他这样亲身在刀刃剑尖上滚过来的经历？"列舰层楼""投鞭飞渡""剑指三秦""西风塞马"，他的诗词简直是一部军事辞典。他本来是以身许国，准备血洒大漠、马革裹尸的。但是南渡后他被迫脱离战场，再无用武之地。像屈原那样仰问苍天，像共工①那样怒撞不周，他临江水，望长安，登危楼②，拍栏杆，只能热泪横流。

> 楚天千里清秋，水随天去秋无际。遥岑远目，献愁供恨，玉簪螺髻③。落日楼头，断鸿声里，江南游子④。把吴钩⑤看了，栏杆拍遍，无人会、登临意。

（《水龙吟》上阕）

谁能懂得他这个游子，实际上是亡国浪子的悲愤之心呢？这是他登临建康⑥城赏心亭时所作。此亭遥对古秦淮河，是历代文人墨客赏心雅兴之所，但辛弃疾在这里发出的却是一声声悲怆的呼喊。他痛拍栏杆时一定想起过当年的拍刀催马、驰骋沙场，但今天空有一身力、一腔志，又能向何处使呢？我曾专门到南京寻找过这个辛公拍栏杆处，但人去楼毁，早已了无痕迹，唯有江水悠悠，似词人的长叹，东流不息。

辛词比其他文人更深一层的不同，是他的词不是用墨来写，而是蘸着血和泪涂抹而成的。我们今天读其词，总是清清楚楚地听到一个爱国臣子，一遍一遍地哭诉，一次一次地表白。总忘不了他那在夕阳中扶栏远眺、望眼欲穿的形象。

辛弃疾南归后为什么这样不为朝廷喜欢呢？他在一首《戒酒》的戏作中说：

---

① [共工]传说中的古代部族首领。与颛顼（zhuānxū）争夺帝位，怒触不周山。见《淮南子·天文训》。
② [危楼]高楼。
③ [遥岑（cén）远目，献愁供恨，玉簪（zān）螺髻（jì）]意思是，遥望远山，山形起伏，像是美人头上的簪子和发髻，仿佛也含愁带恨。遥岑，远山。目，眺望。
④ [江南游子]辛弃疾自称。辛弃疾是山东人，而作词时在建康（今江苏省南京市），所以自称客居江南的游子。
⑤ [吴钩]刀名。传说这是吴王阖闾（hélú）时的一对金钩（宝刀）。见《吴越春秋·阖闾内传》。这里指佩刀。
⑥ [建康]晋建兴元年（313）因避愍（mǐn）帝司马邺讳，改建邺为建康。

"怨无大小，生于所爱；物无美恶，过则成灾。"这则生活小品正好刻画出他的政治苦闷。他因爱国而生怨，因尽职而招灾。他太爱国家、爱百姓、爱朝廷了，但是朝廷怕他、烦他、忌用他。他作为南宋臣民共生活了40年，倒有近20年的时间被闲置一旁，而在断断续续被使用的20多年间又有37次频繁调动。但是每当他得到一次效力的机会，就特别认真、特别执着地去工作。本来有碗饭吃便不该再多事，可是那颗炽热的爱国心烧得他浑身发热。40年间无论在何地何时任何职，甚至赋闲期间，他都不停地上书，不停地唠叨，一有机会还要真抓实干，练兵、筹款、整饬①政务，时刻摆出一副要冲上前线的样子。你想，这能不让主和苟安的朝廷心烦吗？他任湖南安抚使，这本是一个地方行政长官，他却在任上创办了一支2 500人的"飞虎军"，铁甲烈马，威风凛凛，雄镇江南。建军之初，造营房，恰逢连日阴雨，无法烧制屋瓦。他就令长沙市民，每户送瓦20片，立付现银，两日内便全部筹足。其施政的干练作风可见一斑。后来他到福建任地方官，又在那里招兵买马。闽南与漠北相隔何其远，但还是隔不断他的忧民情、复国志。他这个书生，这个工作狂，实在太过了，"过则成灾"，终于惹来了许多的诽谤，甚至说他独断、犯上。皇帝对他也就时用时弃。国有危难时招来用几天；朝有谤言，又弃而闲几年，这就是他的基本生活节奏，也是他一生最大的悲剧。别看他饱读诗书，在词中到处用典，甚至被后人讥为"掉书袋②"。但他至死也没有弄懂，南宋朝廷为什么只图苟安而不愿去收复失地。

辛弃疾名弃疾，但他那从小使枪舞剑、壮如铁塔的五尺身躯，何尝有什么疾病？他只有一块心病：金瓯缺，月未圆，山河碎，心不安。

郁孤台下清江水③，中间多少行人④泪。西北望长安，可怜无数山⑤。　青山遮不住，毕竟东流去。江晚正愁予⑥，山深闻鹧鸪⑦。

(《菩萨蛮》)

---

① [整饬(chì)] 整顿。
② [掉书袋] 引用古书词句，卖弄渊博。
③ [郁孤台下清江水] 郁孤台，在今江西省赣州市赣县区西南，赣江经此向北流去。清江，这里指赣江。
④ [行人] 指金兵侵扰时流离失所的人民。
⑤ [西北望长安，可怜无数山] 意思是，在台上遥望，由于群山遮蔽而看不见汴京。长安，借指汴京。
⑥ [愁予] 使我愁苦。
⑦ [山深闻鹧鸪] 意思是，深山里传来一阵阵鹧鸪的叫声。鹧鸪叫声类似"行不得也哥哥"，借指恢复中原之事行不得。

这是我们在中学课本里就读过的那首著名的《菩萨蛮》。他得的是心郁之病啊！他甚至自嘲自己的姓氏：

> 烈日秋霜，忠肝义胆，千载家谱①。得姓何年，细参②辛字，一笑君听取。艰辛做就，悲辛滋味，总是辛酸辛苦③。更十分、向人辛辣，椒桂捣残堪吐④。　世间应有，芳甘浓美⑤，不到吾家门户……
>
> （《永遇乐》）

你看"艰辛""酸辛""悲辛""辛辣"，真是五内俱辛。世上许多甜美之事、顺达之志，怎么总轮不到他呢？他要不就是被闲置，要不就是走马灯似的被调动。1179年，他从湖北调湖南，同僚为他送行时他心绪难平，终于以极委婉的口气叹出了自己政治的失意。这便是那首著名的《摸鱼儿》：

> 更能消⑥、几番风雨，匆匆春又归去。惜春长怕花开早，何况落红⑦无数。春且住。见说道、天涯芳草无归路。怨春不语。算只有殷勤，画檐蛛网，尽日惹飞絮⑧。　长门事，准拟佳期又误。蛾眉曾有人妒。千金纵买相如赋，脉脉此情谁诉⑨？君莫舞，君不见、玉环飞

---

① 〔烈日秋霜，忠肝义胆，千载家谱〕意思是，我们辛氏世世代代刚毅耿直，赤胆忠心。烈日秋霜，比喻人的性格刚毅耿直如同夏天的烈日、秋天的寒霜。家谱，记载一姓世系和重要人物事迹的谱籍。
② 〔参〕考察、验证。
③ 〔艰辛做就，悲辛滋味，总是辛酸辛苦〕意思是，历尽千难万苦，尝到的却是悲酸的滋味，这是因为我们姓的"辛"字就包含着辛酸与辛苦。
④ 〔椒桂捣残堪吐〕意思是，辛辣的脾气，像捣碎了的椒桂吃了会恶心呕吐（难合人家的口味）。
⑤ 〔芳甘浓美〕这里比喻荣华富贵。
⑥ 〔更能消〕（怎么）还能经受得起。消，经得起。
⑦ 〔落红〕落花。
⑧ 〔算只有殷勤，画檐蛛网，尽日惹飞絮〕意思是，只有画檐下的蛛网，还整天殷勤地沾染着纷飞的柳絮，想把春天留住。
⑨ 〔长门事，准拟佳期又误。蛾眉曾有人妒。千金纵买相如赋，脉脉此情谁诉〕这几句引用的典故是：汉武帝时，陈皇后因受到其他妃子的嫉妒而失宠，幽居在长门宫。她听说司马相如很有文才，就以黄金百斤为赠，请司马相如为她写了一篇《长门赋》，希望能以此感动武帝。见《昭明文选·长门赋（并序）》。蛾眉，细长而弯弯的眉，这里是用作美貌女子的代称。相如，司马相如，汉代文学家，擅长辞赋。

燕①皆尘土。闲愁最苦。休去倚危栏,斜阳正在、烟柳断肠处。

据说宋孝宗看到这首词后很不高兴。梁启超评曰:"回肠荡气,至于此极,前无古人,后无来者。""长门事",是指汉武帝的陈皇后遭忌被打入长门宫里。辛以此典相比,一片忠心、痴情和着那许多辛酸、辛苦、辛辣,真是打翻了五味坛子。今天我们读时,每一个字都让人一惊,直让你觉得就是一滴血,或者是一行泪。确实,古来文人的惜春之作,多得可以堆成一座纸山。但有哪一首,能这样委婉而又悲愤地将春色化入政治、诠释政治呢?美人相思也是旧文人写滥了的题材,有哪一首能这样深刻贴切地寓意国事、评论正邪、抒发忧愤呢?

但是南宋朝廷毕竟是将他闲置了20年。20年的时间让他脱离政界,只许旁观,不得插手,也不得插嘴。辛弃疾在他词中自我解嘲道:"君恩重,教且种芙蓉。"这有点像宋仁宗说柳永:"且去浅斟低唱,何要浮名②?"柳永倒是真的去浅斟低唱了,结果唱出一个纯粹的词人艺术家。辛弃疾与柳永不同,你想,他是一个大碗喝酒、大块吃肉、痛拍栏杆、大声议政的人。报国无门,他便到赣南修了一座带湖别墅,咀嚼自己的寂寞。

带湖③吾甚爱,千丈翠奁④开。先生杖屦⑤无事,一日走千回。凡我同盟鸥鹭⑥,今日既盟之后,来往莫相猜。白鹤在何处,尝试与偕来。　破青萍,排翠藻,立苍苔。窥鱼笑汝痴计,不解举吾杯⑦。废沼荒丘畴昔⑧,明月清风此夜,人世几欢哀。东岸绿阴少,杨柳更须栽。

(《水调歌头》)

---

① [玉环飞燕]指杨玉环(唐玄宗妃)和赵飞燕(汉成帝后)。
② [且去浅斟低唱,何要浮名]柳永词《鹤冲天》末句是"忍把浮名,换了浅斟低唱"。传说他考进士时,宋仁宗特予黜退,说:"且去浅斟低唱,何要浮名?"于是柳永就自称"奉旨填词柳三变"。见吴曾《能改斋漫录》。
③ [带湖]带形的湖,在江西上饶北灵山下。
④ [奁(lián)]梳妆的镜匣。形容带湖像打开的镜匣那样美丽。
⑤ [先生杖屦(jù)]先生,作者自指。杖,拐杖。屦,古时用麻、葛等制成的鞋。
⑥ [同盟鸥鹭]据说古代有人与鸥鸟订立互不猜忌的盟约,称为"鸥盟"。鸥、鹭,都是水鸟名。
⑦ [破青萍,排翠藻,立苍苔。窥鱼笑汝痴计,不解举吾杯]意思是,我站在长满青苔的水边,轻轻推开翠绿的浮萍水藻,水中的鱼儿好像在嘲笑我的痴呆,它哪里知道我举杯痛饮时的满腹牢骚。痴计,痴呆的样子。
⑧ [畴昔]往昔。

这回可真的应了他的号："稼轩"，要回乡种地了。一个正当壮年又阅历丰富、胸怀大志的政治家，却每天在山坡和水边踱步，与百姓聊一聊农桑收成之类的闲话，再对着飞鸟游鱼自言自语一番，真是"闲愁最苦""脉脉此情谁诉"。

说到辛弃疾的笔力多深，是刀刻也罢，血写也罢，其实他的追求从来不是要做一个词人。郭沫若说陈毅："将军本色是诗人。"辛弃疾这个人，词人本色是武人，武人本色是政人。他的词是在政治的大磨盘间磨出来的豆浆汁液。他由武而文，又由文而政，始终在出世与入世间矛盾，在被用或被弃中受煎熬。作为封建知识分子，对待政治，他不像陶渊明那样浅尝辄止，便再不染政；也不像白居易那样长期在任，亦政亦文。对国家民族他有一颗放不下、关不住、比天大、比火热的心，他有一身早练就、憋不住、使不完的劲。他不计较"为五斗米折腰"，也不怕谗言倾盆。所以随时局起伏，他就大忙大闲、大起大落、大进大退。稍有政绩，便招谤而被弃；国有危难，便又被招而任用。他亲自组练过军队，上书过《美芹十论》①这样著名的治国方略。他是贾谊、诸葛亮、范仲淹一类的时刻忧心如焚的政治家。他像一块铁，时而被烧红锤打，时而又被扔到冷水中淬火。有人说他是豪放派，继承了苏东坡，但苏东坡的豪放仅止于"大江东去"，山水之阔。苏东坡正当北宋太平盛世，还没有民族仇、复国志来炼其词魂，也没有胡尘飞、金戈鸣来壮其词威。真正的诗人只有被政治大事（包括社会、民族、军事等矛盾）所挤压、扭曲、拧绞、烧炼、锤打时，才可能得到合乎历史潮流的感悟，才可能成为正义的化身。诗歌，也只有在政治之风的鼓荡下，才能飞翔，才能燃烧，才能炸响，才能振聋发聩。学诗功夫在诗外，诗歌之效在诗外。我们承认艺术本身的魅力，更承认艺术加上思想的爆发力。有人说辛词其实也是婉约派，多情细腻处不亚于柳永、李清照。

> 近来愁似天来大，谁解相怜②？谁解相怜？又把愁来做个天。　　都将今古无穷事，放在愁边。放在愁边，却自移家向酒泉③。
>
> （《丑奴儿》）

---

① [《美芹十论》]又名《御戎十论》，辛弃疾给宋孝宗的一篇奏文。全文共十论，作者在文中力主备战抗金，对投降主义的种种谬论予以批驳，并详细论述了自强之策和恢复中原的进军部署。
② [谁解相怜]意思是，谁会来同情我呢？怜，同情。
③ [酒泉]地名。《汉书·地理志》记载："酒泉郡，武帝太初元年开。"有注如下："城下有金泉，味如酒。"

却道天凉好个秋

少年不识愁滋味，爱上层楼。爱上层楼，为赋新词强说愁。 而今识尽愁滋味，欲说还休。欲说还休，却道天凉好个秋。

（《丑奴儿》）

柳永、李清照的多情多愁仅止于"执手相看泪眼""梧桐更兼细雨"，而辛词中的婉约言愁之笔，于淡淡的艺术美感中，却含有深沉的政治与生活哲理。真正的诗人，最善以常人之心言大情大理，能于无声处炸响惊雷。

我常想，要是为辛弃疾造像，最贴切的题目就是"把栏杆拍遍"。他一生大都是在被抛弃的感叹与无奈中度过的。当权者不使为官，却为他准备了锤炼思想和艺术的反面环境。他被九蒸九晒、水煮油炸、千锤百炼。历史的风云、家国的仇恨、正与邪的搏击、爱与恨的纠缠、知识的积累、感情的浇铸、艺术的升华、文字的锤打，这一切都在他的胸中、他的脑海，翻腾，激荡，如地壳内岩浆的滚动鼓胀，冲击积聚。既然这股能量一不能化作刀枪之力，二不能化作施政之策，便只有一股脑儿地注入文字，化作诗词。他并不想当词人，但武途政路不通，历史歪打正着地把他逼向了词人之道。终于，他被修炼得连叹一口气也是一首好词了。说到底，才能和思想是一个人的立身之本。像石缝里的一棵小树，虽然被扭曲、挤压，成不了旗杆，却也可成一条遒劲的龙头拐杖，别是一种价值。但前提是，你必须是一棵树，而不是一苗草。从"沙场秋点兵"到"天凉好个秋"；从决心为国弃疾去病，到最后掰开嚼碎，识得"辛"字含义，再到自号"稼轩"，"同盟鸥鹭"，辛弃疾走过了一个爱国志士、爱国诗人的成熟道路。诗，是随便什么人就可以写的吗？诗人，能在历史上留下名的诗人，是随便什么人都可以当的吗？"一将成名万骨枯"，一员武将的故事，还要多少持刀舞剑者的鲜血才能写成。那么，有思想光芒又有艺术魅力的诗人呢？他的成名，要有时代的运动，像地壳大板块的冲撞那样，他时而被夹其间感受折磨，时而又被甩在一旁被迫冷静思考。所以，积300年北宋南宋之动荡，才产生了一个辛弃疾。

问题与讨论

一、引用课文中的原有语句回答：辛弃疾南归后为什么"只能笔走龙蛇，泪洒宣纸，为历史留下一声声悲壮的呼喊、遗憾的叹息和无奈的自嘲"？

二、从文章所引用的词中，分析辛弃疾得的是什么心病。

三、认真阅读课文，与同学讨论，是哪些因素促使辛弃疾成为一代爱国词人的。

表达与交流

口语交际

讨　论

【案例】

　　口语课上，一位同学说，早晨看到隔壁班的一位同学，路上遇见了代课的吴老师，他不仅不打招呼，而且当吴老师准备和他打招呼时，他还像老鼠见了猫似的躲开了，这种行为不利于建立良好的师生关系。他的话激起了大家的兴趣，有同学认为那位同学这样做肯定事出有因，有同学认为这反映了现在特殊的师生关系，等等。语文老师见大家情绪高涨，说道："既然大家对这件事这么感兴趣，那么我们今天就进行一场即兴讨论，请同学们从这件事入手，围绕'如何建立良好的师生关系'发表自己的看法。"

　　周明：今天早晨，我看到隔壁班的一位同学，路上遇见了代课的吴老师，他不仅不主动和吴老师打招呼，而且当吴老师准备和他打招呼时，他却躲开了，我觉得这种行为不利于建立良好的师生关系。

　　王靓：我觉得这跟师生关系挂不上钩。不愿和老师打招呼，可能跟这位同学的性格有关。有的同学活泼开朗，爱与人交往，见了老师就会主动打招呼问好；有的同学性格内向、腼腆，不爱与人交往，见了人也不愿打招呼。当然也有可能是品质因素。

　　孙老师：面对那些内向的同学，同学们认为老师该怎样与他们交往呢？

　　王靓：老师的责任应该是教书育人，对于这类学生，首先应该了解他们的生活背景和心理特点，找到他们内向的原因，有针对性地帮助他们。老师可以在课堂上鼓励他们多发言，增强他们的自信心；在课下多与他们交往，打开他们的心扉，拉近师生之间的距离。我相信只要有诚心，没有感化不了的学生。

　　李萌：我觉得可能是这位同学的心情不好，所以没跟老师打招呼，也可能是因为他没有看见老师。

黄伟：那假如所有学生都把不与老师打招呼归因于心情不好或没看见，怎么办呢？

李萌：心情不好或没看见只是偶尔的，概率很小，对于这种情况，老师应该理解。而如果大多数同学都这样做，那就是逃避的借口了！

黄伟：我认为这种现象与教育理念有关。现在的教育将老师在学生心目中的形象权威化了，学生对老师有一种恐惧感，见了老师便远远躲开。

李萌：有道理。就说我吧，从小就害怕老师，路上见了老师就躲。特别是上小学的时候，上课就怕老师提问，趴在课桌上不敢抬头，回答问题，往往憋得脸红脖子粗，本来会的内容也说不出来了……

孙老师：李萌同学有点离题了。接着黄伟同学的话说，那我们是不是应该改革现在的教育？

黄伟：教育的改革不是我们所能左右的，但是我觉得建立良好的师生关系是必须做到的。老师在学生心目中不应该只是老师，还应该是朋友。师生之间应该建立一种亦师亦友的关系，而不应该是猫鼠关系。

胡凯：学生不打招呼，固然是不对的，但原因也许是由老师引起的。例如，老师是否在教室里不留情面地批评学生，使学生产生逆反心理；或者学生曾经多次跟老师打招呼，而老师却因为某种原因没做出反应，间接打击了学生，使他不再向任何老师打招呼。

孙老师：那如果我是这位老师，我该怎么办呢？

胡凯：老师应该了解一下原因，如果真的是自己的错，应该当面向学生道歉，我相信学生会被老师的行为感动的。

王靓：刚才有些同学把责任推到老师或者教育上，这是完全错误的。有些人天生品质就坏，不懂得尊重别人，这样的人就应该狠批……

孙老师：请注意讨论的礼仪，不要简单否定别人的观点。

黄伟：我理解王靓同学的想法，也同意其他几个同学的说法。我觉得师生关系是一种很特殊的关系，它融合了师生情、亲情和友情，需要师生双方的共同维护。从我们学生的角度来说，要尊重老师，理解老师的辛苦；积极协助、配合老师的工作；有问题主动与老师沟通，取得老师的理解、支持和帮助；体谅和宽容老师，对老师工作中的疏忽、缺点，应善意指出。

孙老师：黄伟同学说得很好，要建立良好的师生关系，需要师生双方的共同努力。作为老师，除了在课堂上、学习上帮助学生外，还应该在课下多与学生交往，倾听他们的心声，了解他们的心理需求，让他们真正感受到爱和温暖，从而赢得学生的心，使学生反过来爱老师、亲近老师，形成师生之间的和谐互动。今后，我也会在这方面更加努力，希望我们之间建立起相互尊重、相互学习、教学相长的良好关系。

这是一个即兴讨论的案例。老师和同学们围绕"如何建立良好的师生关系"展开即兴讨论。讨论调动了大家参与的热情，碰撞了观点，而且深化了对这一问题的认识，增进了师生之间的互信。讨论由"见了老师不打招呼"这件事入手，几个同学站在学生的角度表达了各自的观点，并由此谈及影响师生关系的多种因素。老师作为这场讨论的参与者与引导者，营造了良好的讨论氛围，不但让话题逐步深入，而且及时纠正了讨论过程中一些偏离主题的行为，使得讨论全面、客观、有针对性，收到了较好的效果。

【相关知识】

讨论是几个人或更多的人围绕一个话题或主题陈述道理、发表见解的一种口头表达形式。贝弗里奇在《科学研究的艺术》里说，讨论可以"帮助人们摆脱那种已经形成了的、事实证明是无成效的思想习惯"，"十分有助于突破固定了的陈旧思路"，也是"披露谬误的宝贵方法"。所以，讨论不仅可以提高同学们的口头表达能力，而且有助于发展同学们的思维能力。

讨论可分为专题讨论、即兴讨论两种。无论何种讨论，往往都是有组织的。一是从内容上讲，讨论组织者先期准备讨论题目，或围绕每个问题的中心议题进行讨论；二是从组成人员上讲，有主持者，有参加者。

讨论一般分为三个阶段，各个阶段主持者的职责和参加者的注意点各不相同。

1. 讨论的准备阶段

主持者应事先公布议题。议题应该明确、具体、集中，不能模棱两可、含混不清。议题如果较大，可在总题之下，列出若干分议题，以利于一个一个地集中讨论。主持者还应根据需要制定合理的讨论程序，如怎样说明议题，按照什么顺序发言，怎样归纳总结等；然后选好会场，确定时间；最后把上述各项内容通知给邀请者或准备参加讨论的有关人员。

参加者在接到通知后，要认真研究议题，深入理解议题含义，并根据议题做好必要的材料准备，如自己准备发言时需要用到的引文、数据、事例、个案、图表等。必要时，参加者还要撰写发言稿或拟定发言提纲，做好多媒体演示文本等。

2. 讨论的进行阶段

讨论开始后，主持者可先宣布议题，并向参加者清楚地交代议题含义、讨论目的；然后说明讨论程序，提出要求，如发言的时间限制、发言中应注意的问题，鼓励大家畅所欲言。参加者应认真听取说明，进一步了解议题，明确讨论的内容、程序和要求。

讨论进行中，主持者应该发挥主导作用，组织参加者围绕议题，按照议程把讨论进行下去。如果有人对讨论程序和方法有意见，要优先考虑，采纳合理化建议，以提高讨论的效率。讨论中，主持者还要注意观察动态，把握局势，善于启发，随时引导，及时调整。如发言不够踊跃，要随时加以启发；发言重复啰唆，要委婉提醒；讨论不能深入，要适时加以点拨；讨论偏离议题，要立即加以纠正；不同意见发生冲突，要适当加以约束，使讨论不脱离中心话题，朝着有利于问题解决的方向发展。同时，主持者要注意倾听每一个人的发言，抓住要点予以鼓励、概括、评点或强调，以引发不同见解的发言或者相近内容的补充性、扩展性发言。

讨论的参加者要围绕议题，观点鲜明，明确、具体地发表意见，并阐明理由和根据，不能离题或空谈原则而不接触实际。发言的条理要清楚、层次分明，一般按"是什么—为什么—怎么样"展开；语言要简洁，突出重点，多采用口语，自然、亲切、通俗。讨论深入后，参加者如果觉得自己最初的发言不够全面或有错误，再次发言时可以做出补充或修正。

"讨论必须在互相帮助、互相信任的气氛中进行"（贝弗里奇《科学研究的艺术》），讨论过程中，参加者要尊重发言者，不能中途打断别人的话。如果认为别人的观点是正确的，可以表示同意但无须重复别人的话；如果认为别人的观点有错误，可以提出异议，但要说出反对的理由和根据；否定别人意见时，要注意态度，应该真诚、友好地表明自己的意见，不要主观武断或讽刺挖苦，也不要把自己的意见强加于人。同时，参加者的发言要遵守时间限制，不能喋喋不休，影响讨论进程。

3. 讨论的总结阶段

讨论发言结束后，主持者应对讨论做出总结：将参加者的发言、意见归纳起来，如果意见一致，则将明确的结论加以强调和重申；如果意见不一致，则将不同意见分项列出，加以分述。有些议题需要形成决议，主持者则可以进行表决，并宣布决议，号召大家为贯彻决议而努力。讨论全部结束后，主持者还应根据讨论的记录，整理归纳，形成文本。

参加者此时应认真听取主持者的总结发言，了解、明确讨论结果。如果议题形成的决议与自己的意见相左，要遵从少数服从多数的原则。

【练一练】

面对"凝固的历史"——圆明园废墟的召唤，作为中等职业学校的学生，在新的历史时期，应该怎么做？

根据上述议题，以小组为单位举行一次小型讨论会。

1. 小组举行预备会议，选举主持人。

2. 做好下列准备：主持人根据议题准备主持词，遵循讨论会的一般程序拟定会议议程，如果条件允许还要做好会场的布置；小组其他同学根据议题撰写发言稿或发言提纲。

3. 举行讨论会。主持人按照预先拟定的会议议程和主持人职责主持讨论；小组每一位成员都要积极主动地参与讨论。

写 作

审题与立意

【训练重点】

掌握审题与立意的基本要求并应用于写作。

【写作指导】

一、审题

审题主要是针对命题作文而言的,是写好命题作文的第一步。"审"是仔细地观察、了解、斟酌的意思。审题就是要了解、分析题目的含义和要求,可从以下几个方面入手。

第一,明确文体要求。一般命题作文都能从题目的结构或有关标志字样中看出文体上的要求,以确定应写什么体裁的文章。如果题目中有"记""忆""见闻"等字样的,多属记叙文体;有"释""简介""说明"等字样的题目多属于说明文体;而有"论""议""评"等字样的题目,多属于议论文体。

第二,明确内容范围。一般命题作文的题目对写作的内容和选材范围都会明示或暗示一定的要求,这对写作时安排文章内容是很重要的。命题作文对写作内容范围的提示主要有两种形式:一种是从数量上提示写作内容范围,如《一件小事》;一种是从时间和空间上提示写作内容范围,如《当我跨入职校大门的时候》。同时,还可以从命题中的中心词来明确写作范围,如以人物为中心词的,多是写人为主的;以事物为中心词的,或有"见闻""散记"字样的,则是写事的;以景物为中心词的,则要突出景或物的描写。

第三,分析关键词语。所谓关键词语,就是题目中最重要的、起决定性作用的词语,它往往决定文章的主题和基本内容,因此也称为"题眼"。如《我最尊敬的人》,关键词语是"最尊敬"。也有题目没有明显突出的字眼,这就要靠自己的体会来决定所写的主要内容。

第四,挖掘标题的寓意。有的标题比较含蓄,除了字面意思之外,还有许多言外之意,或引申义,或比喻义,或象征义,等等,这些言外之意往往大于字面含义,对此必须注意挖掘,以使其寓意更加深刻。如命题作文《灯》,如果只描写具体的灯,忽视其给人带来光明的寓意,那文章就很平凡,无亮点。

第五,注意题目之外的其他方面的要求。有些命题,除了题目外,还附带一些其他方面的要求,如文体、内容范围、人物、使用材料、字数等。对这些要求,同学们要逐项认真考虑,不可忽视。

二、立意

立意就是确立文章的主题。主题是文章要集中表达的思想和观点，它是文章的灵魂和统帅，是作者写作意图的集中体现。写作时，只有确定了主题，才能围绕要表达的主题去选择和组织材料，并根据表达主题的需要去安排结构，遣词造句。因此，要写好文章，最重要的是先确立好主题。古人云：文章之道"意在笔先""述志为本"。

审题时要多角度地思考，通过比较，确立最佳的立意。立意要正确、鲜明、集中、深刻。"正确"就是要符合客观规律，揭示事物的本质，也就是说主题有积极意义，能够鼓舞斗志、使人振奋精神、增长知识、陶冶情操等。"鲜明"就是思想观点必须明确，不能含糊，要爱憎分明，并具有"见人所未见，发人所未发"的新颖性。"集中"，一是一篇文章只能有一个主题，不能多中心，不能分散、杂乱；二是文章不论长短，不论内容多少，都必须紧紧围绕主题，突出主题，为主题服务。"深刻"就是要尽量揭示事物的内在规律性，不停留在表面现象上，对所写的内容要由表及里地理解、入木三分地阐述。

好的立意，来源于作者对社会生活的用心观察、体验和思考，以及在此基础上所做的创新性的提炼。所谓提炼，一是要分析事物的矛盾，揭示事物的本质，由感性上升到理性，使认识飞跃；二是要使主题富有新意，不但要揭示事物的本质，而且还应有创见，有自己独到的看法，不因循流行的观点；三是要有鲜明的时代色彩和现实意义，要站在时代的前列，高瞻远瞩地观察事物，反映时代的精神。

不同的内容和体裁的文章，立意的要求不完全相同。一般来说，写人的文章，要侧重对人物思想品格的发掘；记事的文章，要注重对事件意义的探求；说理的文章，要着力于对事物矛盾的剖析，挖掘出深层次的内涵。

【练一练】

同学们，你起步于童年，已穿越了少年，正走向青年……一路走来，有过烦恼，但收获的更多是喜悦；有过困惑，但得到的更多是觉悟……

请以"路"为题，写一篇600字左右的作文。除诗歌外，其他文体不限；要求审题要准、立意要新。

语文综合实践活动

认识历史　珍爱青春　编织梦想
——"设计未来"主题讨论会

【活动的目的与任务】

一、明确自己在新的历史时期应尽的义务和应承担的责任，认真规划自己的人生，努力为社会进步做出贡献。

二、在活动中巩固"讨论"相关知识，实践"讨论"技巧，提高语文应用能力。

【活动流程】

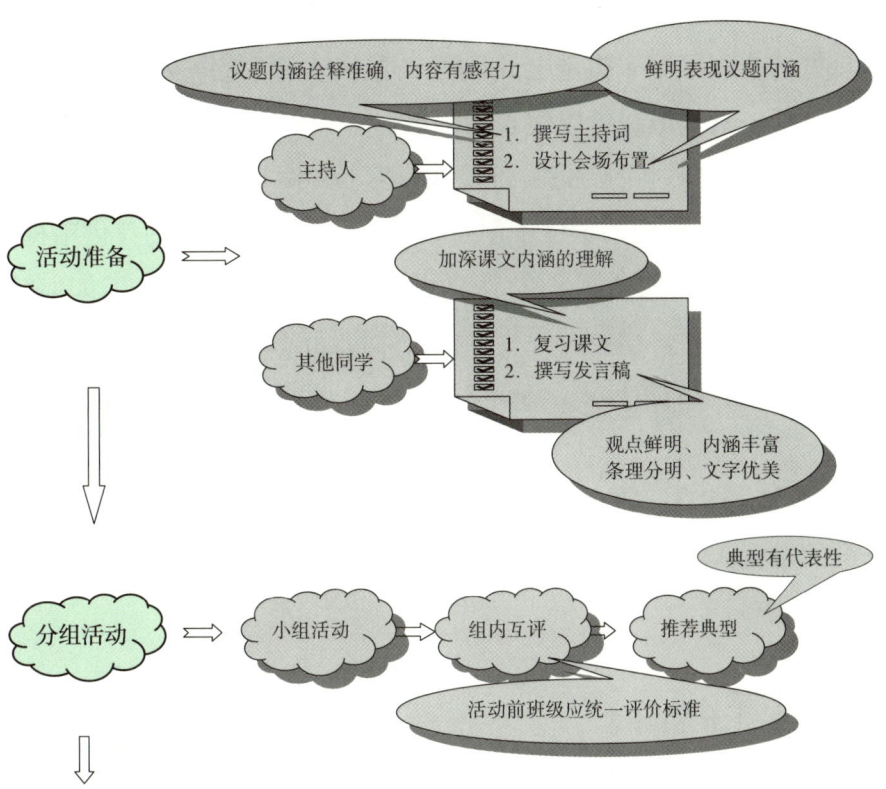

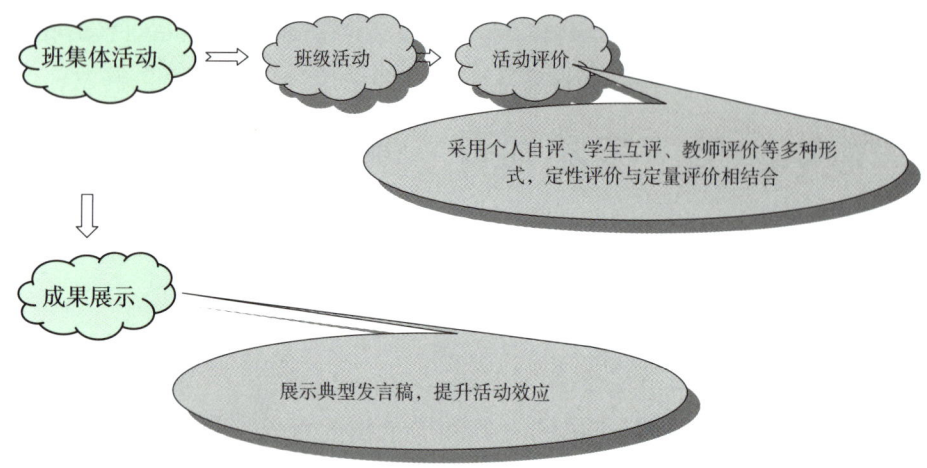

【活动指导】

一、活动准备

1. 推荐或选举讨论会主持人。

2. 被推荐的主持人做好相关准备工作：认真理解议题内涵，撰写主持词；布置会场，营造良好的会议氛围；拟定会议议程；请示班主任或语文老师，确定邀请参加讨论会的老师、其他班级学生代表的名单。

3. 其他同学准备好参加讨论会的发言稿或发言提纲：① 呼应"废墟的召唤"，明确自己为民族进步应承担的责任；学习第一个穿过三峡的人的首创精神，增强自己在社会主义建设中的使命感。② 认真思考作为一名中职学生，如何结合自己的实际，学习前人精神，珍爱青春年华，设计自己的未来人生。

4. 在班主任或语文老师的指导下，制定对主持人、参与者的评价标准。

二、小组活动

小组每位成员依次宣读自己准备的发言稿；根据小组评议，推荐2~3名同学作为班级讨论会的发言人；小组对被推荐人的发言稿进行再讨论，并提出修改建议。

三、班集体活动

1. 在主持人的主持下开展活动。

2. 根据评价标准，以个人自评、学生互评、教师评价等形式，分别对主持人、发言人、参与者进行评价。

四、成果展示

或用班级黑板报，或用班级手抄小报等形式，将讨论会重点发言人的发言稿和活动记录展示出来，供全班同学再阅读。

课外古代诗词诵读

氓[①]

《诗经》

氓之蚩蚩,抱布贸丝[②]。匪来贸丝,来即我谋[③]。
送子涉淇,至于顿丘[④]。匪我愆期,子无良媒[⑤]。
将子无怒,秋以为期[⑥]。
乘彼垝垣,以望复关[⑦]。不见复关,泣涕涟涟[⑧]。
既见复关,载笑载言[⑨]。尔卜尔筮,体无咎言[⑩]。
以尔车来,以我贿迁[⑪]。
桑之未落,其叶沃若[⑫]。于嗟鸠兮,无食桑葚[⑬]!
于嗟女兮,无与士耽[⑭]!士之耽兮,犹可说也[⑮]。
女之耽兮,不可说也![⑯]

---

① 选自《诗经选》(人民文学出版社1979年版),余冠英选注。卫风,卫国(今河南省北部)的民歌。氓(méng),古代称百姓,这里指弃妇的丈夫。
② [氓之蚩(chī)蚩,抱布贸丝]那个人老实忠厚,拿布来换丝。蚩蚩,忠厚的样子。
③ [匪来贸丝,来即我谋]并不是真的来换丝,而是到我这里来商量婚事的。
④ [送子涉淇,至于顿丘]送你渡过淇水,直送到顿丘。子,你。上文"氓",这里"子",下文"士",都指"那个人"。淇,淇水,在今河南省境内。顿丘,在今河南省清丰县境内。
⑤ [匪我愆期,子无良媒]不是我故意拖延时间,而是你没有好媒人啊。愆,拖延。
⑥ [将子无怒,秋以为期]请你不要生气,把秋天作为婚期吧。将,请。
⑦ [乘彼垝垣,以望复关]登上那倒塌的墙,遥望那复关(来的人)。垝,毁坏、倒塌。一说,同"危",高。复关,卫国的一个地方。
⑧ [不见复关,泣涕涟涟]没看见复关,眼泪簌簌地掉下来。这里的"复关"指代住在复关的那个人。涕,泪。涟涟,泪流不断的样子。
⑨ [既见复关,载笑载言]终于看到了你,就一边说一边笑。载……载……,一边……一边……。
⑩ [尔卜尔筮,体无咎言]你用龟板、蓍(shī)草占卦,没有不吉利的预兆。尔,你。卜,用火烧龟板,看龟板上的裂纹,推断祸福。筮,用蓍草的茎占卦。体,卜筮的卦象。咎,灾祸。
⑪ [以尔车来,以我贿迁]你用车来接我,我带上财物嫁给你。贿,财物。
⑫ [桑之未落,其叶沃若]桑树没有落叶的时候,它的叶子新鲜润泽。沃若,润泽的样子。
⑬ [于(xū)嗟鸠兮,无食桑葚]唉,斑鸠呀,不要贪吃桑葚!于嗟,叹息。于,同"吁"。鸠,斑鸠。
⑭ [于嗟女兮,无与士耽]唉,姑娘呀,不要同男子沉溺爱情。士,男子的通称。耽,沉溺。
⑮ [士之耽兮,犹可说也]男子沉溺在爱情里,还可脱身。说,同"脱"。
⑯ [女之耽兮,不可说也]姑娘沉溺在爱情里,就无法摆脱了。

桑之落矣，其黄而陨①。自我徂尔，三岁食贫②。
淇水汤汤，渐车帷裳③。女也不爽，士贰其行④。
士也罔极，二三其德⑤。
三岁为妇，靡室劳矣⑥。夙兴夜寐，靡有朝矣⑦。
言既遂矣，至于暴矣⑧。兄弟不知，咥其笑矣⑨。
静言思之，躬自悼矣⑩。
及尔偕老，老使我怨⑪。淇则有岸，隰则有泮⑫。
总角之宴，言笑晏晏⑬。信誓旦旦，不思其反⑭。
反是不思，亦已焉哉⑮！

---

① [桑之落矣，其黄而陨]桑树落叶的时候，它的叶子枯黄，纷纷掉落了。陨，落。
② [自我徂(cú)尔，三岁食贫]自从我嫁到你家，多年来忍受贫苦的生活。徂，往。
③ [淇水汤汤，渐(jiān)车帷裳(cháng)]淇水波涛滚滚，水花打湿了车上的布幔。渐，溅湿、浸湿。帷裳，围在车子两旁的布。帷，帐。裳，裙、下装。
④ [女也不爽，士贰其行]女子专一不二，男子行为却前后不一致了。爽，违背。贰，不专一、有二心，跟"壹"相对。行，行为。
⑤ [士也罔极，二三其德]男人的爱情没有定准，他的感情一变再变。罔，无。极，标准。二三，三心二意、不专一。德，这里指心意、情意。
⑥ [三岁为妇，靡室劳矣]多年来做你的妻子，家里的劳苦活儿没有不干的。靡，无、没有。室劳，家里的劳苦活儿。
⑦ [夙(sù)兴夜寐，靡有朝矣]早起晚睡，没有一天不是这样。夙兴，早起。夜寐，晚睡。朝，一朝（一日）。
⑧ [言既遂矣，至于暴矣](你的心愿)已经满足了，就对我逐渐凶狠起来了。言，助词。遂，顺心、满足。暴，虐待。
⑨ [兄弟不知，咥(xì)其笑矣]我的兄弟不了解(我的处境)，都讥笑我啊！咥，讥笑的样子。
⑩ [静言思之，躬自悼矣]静下来想想，只能自己伤心。言，这里相当于"而"。躬，自身。悼，伤心。
⑪ [及尔偕老，老使我怨](原想)同你白头到老，现在这种想法却使我十分痛苦。及，同。老，指上句"及尔偕老"。
⑫ [淇则有岸，隰(xí)则有泮]淇水（再宽）总有个岸，低湿的洼地（再大）也有个边。意思是什么事物都有一定的限度，反衬男子的变化无常。隰，低湿的地方。泮，同"畔"，边岸。
⑬ [总角之宴，言笑晏晏]少年时一起愉快地玩耍，尽情地说笑。宴，欢聚，或指小孩子的游戏。晏晏，欢乐的样子。
⑭ [信誓旦旦，不思其反]誓言是真挚诚恳的，没想到你竟会变心。旦旦，诚恳的样子。反，反复、变心。
⑮ [反是不思，亦已焉哉]你违背誓言，不念旧情，那就算了吧！是，这，指誓言。已，止、了结。焉哉，相当于"了吧"。

登　　高[①]

杜　甫

风急天高猿啸哀[②]，渚[③]清沙白鸟飞回[④]。
无边落木[⑤]萧萧[⑥]下，不尽长江滚滚来。
万里悲秋常作客[⑦]，百年[⑧]多病独登台。
艰难[⑨]苦恨[⑩]繁霜鬓[⑪]，潦倒[⑫]新停浊酒杯。

---

① 选自《杜诗详注》（中华书局1979年版）。这首诗是杜甫在大历二年（767）寄寓夔州（今重庆市奉节县）时写的。登高，指重阳节登高。
② [猿啸哀] 猿猴的叫声凄厉哀切。
③ [渚（zhǔ）] 水中小块陆地。
④ [鸟飞回] 鸟（在急风中）飞舞盘旋。回，回旋。
⑤ [落木] 指秋天飘落的树叶。
⑥ [萧萧] 这里指风吹叶落的声音。
⑦ [万里悲秋常作客] 杜甫从肃宗乾元二年（759）弃官奔秦州（今甘肃省天水市）后，一直在外漂泊，未曾回过中原故乡，故有此感。客，旅居在外的人。
⑧ [百年] 一生，古人以为人生不过百年，这里借指晚年。
⑨ [艰难] 兼指国运和自身命运。
⑩ [苦恨] 极恨，极其遗憾。苦，极。
⑪ [繁霜鬓] 两鬓白发不断增多。
⑫ [潦倒] 衰颓、失意。这里指衰老多病，志不得伸。

第二单元

单元导语

　　优秀古诗文是中华五千年文化宝库中璀璨的明珠。古诗文赏析是提高欣赏品位、培育审美情趣、提升审美能力、培养热爱传统文化意识的重要途径。

　　本单元选编的课文中,《过秦论(上)》是汉代史论典范,论述精辟、文辞优美、构思奇巧、气韵流畅;《鸿门宴》是《史记》中的名篇,语言平实晓畅、情节张弛有致、人物刻画鲜明生动;《寡人之于国也》是儒家经典《孟子》中的一篇,反映了儒家代表人物孟子的政治见解和理想抱负;《兰亭集序》集写景、叙事、抒情、议论为一体,语言精练优美、风格素淡雅致;《阿房宫赋》无论在思想内容上,还是语言风格上,都和《过秦论(上)》有异曲同工之妙,适合在自主阅读中比照赏析。

　　学习本单元,我们要初步掌握古诗文赏析的基本方法,提高文言文直译能力。古诗文赏析是文言文学习过程中较高层次的能力要求,是阅读者通过对作品语言的分析、品鉴、欣赏,来把握艺术形象、理解社会生活、体验思想情感、感受艺术技巧的审美过程。古诗文赏析一般从作品语言入手,如品味字词用法、辨析修辞效果、体会句式特点等,在此基础上,进一步感受作品的结构美、形象美、意境美、情感美。古诗文赏析的基本前提是对字词和文义的理解和把握。

　　品味语言,就是对文章的语言进行揣摩、辨析、咀嚼。体会作者如何借助富于表现力的语言来传情达意,是领略文章神韵、获得审美愉悦的有效途径。

  写心得是一种很好的阅读辅助手段。写心得的过程就是将阅读中的体会、感受用文字表达出来的过程。同学们要在本单元学习过程中尝试写一写学习心得。

  此外，学习本单元课文，我们还要掌握一些文章写作的知识和方法，如怎样构思文章，如何合理布局等。同时，还要掌握总结的写法，会写一般性总结和职业岗位工作总结。

  本单元的语文综合实践活动是"雅言传承文明，经典浸润人生——古诗文赏析会"，请同学们认真准备，积极参加，让自己充分融入古典文化的氛围中去。

阅读与欣赏

六　过秦论（上）[1]

贾　谊

课文导读

历经几代君王苦心经营而逐步走向强大，最终一统天下的秦王朝，却在顷刻间土崩瓦解，这一历史兴亡事件，给后人留下了很多值得探究的空间。《过秦论》是最早论述秦代兴亡的史论名篇。作者以充分的史实为依据，以多角度的对比为手段，综合分析了秦由盛而衰、由兴而亡的演变过程，以无可辩驳的气势，指出秦亡的原因是"仁义不施"。

学习过程中我们要想一想：这是一篇论述文，为什么作者却用大部分笔墨叙述史实？

学习本文，我们要重点赏析贯穿全文的气势。这种气势作者是借助铺陈夸张的辞赋手法和多角度的对比来表现的，学习过程中要抓住这两点。首先，找出文中大量的排比、对偶、夸张等句式，反复品读，体会文章的气势。其次，归纳各种对比，如秦本身"盛"和"衰"及"兴"和"亡"的对比，秦与六国的对比等，欣赏品析这些对比在形成充沛文气中的作用。

学习本文，我们还要充分利用课文注释疏通文句，把握难点词语，正确理解、翻译重点语段。

---

[1] 选自《新书校注》（中华书局2000年版），个别字句依从司马迁《史记》及萧统《文选》版本。贾谊（前200—前168），西汉洛阳人，政论家、文学家，著有《贾长沙集》。《过秦论》有上中下三篇，这里选的是上篇。过秦，指出秦的过失。过，这里用作动词。

秦孝公①据崤函②之固，拥雍州③之地，君臣固守以窥周室④，有席卷天下，包举宇内，囊括四海之意，并吞八荒之心⑤。当是时也，商君⑥佐之，内立法度，务耕织，修守战之具，外连衡而斗诸侯⑦。于是秦人拱手⑧而取西河之外。

孝公既没，惠文、武、昭襄⑨蒙故业，因遗策⑩，南取汉中⑪，西举⑫巴蜀⑬，东割膏腴之地，北收要害之郡⑭。诸侯恐惧，会盟而谋弱秦⑮，不爱⑯珍器重宝肥饶之地，以致⑰天下之士，合从缔交，相与为一⑱。当此之时，齐有孟尝，赵有平原，楚有春申，魏有信陵⑲。此四君者，皆明智而忠信，宽厚而爱人，尊贤而重士，约从离衡⑳，兼韩、魏、燕、楚、齐、赵、宋、卫、中山之众。于是六国之

---

① [秦孝公]名渠梁，战国时期秦国国君，公元前361年至公元前338年在位。他支持商鞅变法，使秦国开始走上了国富兵强的道路。
② [崤（xiáo）函]崤山和函谷关。崤山在今河南省洛宁县北，函谷关在崤山以西（今河南省灵宝市），东至崤山，西至潼津。
③ [雍州]古九州之一，其地域约相当于今陕西省中部和北部、甘肃省大部和青海省部分地区。
④ [周室]指衰弱的东周王朝。
⑤ [有席卷天下，包举宇内，囊括四海之意，并吞八荒之心]意思是，（秦孝公）有吞并天下的野心。席卷、包举、囊括，都有吞并的意思。宇内、四海、八荒，都是天下的意思。八荒，即八方。古人把东南西北称作四方，把东南、东北、西南、西北称作四隅，合称八方。此泛指荒远的地方。
⑥ [商君]即商鞅，原是卫国的庶公子，称卫鞅。入秦后佐秦孝公主持变法，以功封于商（今陕西省商洛市），号曰商君。
⑦ [外连衡而斗诸侯]对外采用连横策略使诸侯相互争斗。连衡即"连横"，是一种离间六国，使他们各自同秦国联合，从而各个击破的策略。古人以东西为横，以南北为纵。地处西方的秦和处于东方的齐、楚等国联合起来以攻打别国，叫连横；东方各国北自燕南至楚联合起来抗秦，叫合纵。斗，使……相互争斗。
⑧ [拱手]两手相合，形容很轻松、不费力的样子。
⑨ [惠文、武、昭襄]惠文王、武王、昭襄王。惠文王是孝公的儿子，武王是惠文王的儿子，昭襄王是武王的异母弟。
⑩ [蒙故业，因遗策]承接已有的基业，沿袭前代的策略。策，一作"册"，指秦孝公记载政治计划的简册。
⑪ [汉中]今陕西省南部一带。
⑫ [举]攻取。
⑬ [巴蜀]皆古国名。巴，大体在今重庆市。蜀，大体在今四川省。
⑭ [要害之郡]（政治、军事、经济上）具有战略地位的重要地区。
⑮ [弱秦]削弱秦国。
⑯ [爱]吝惜。
⑰ [致]招纳。
⑱ [合从缔交，相与为一]采用合纵策略缔结盟约，相互援助，成为一体。从，同"纵"。
⑲ [齐有孟尝，赵有平原，楚有春申，魏有信陵]孟尝君，齐国贵族田文；平原君，赵国贵族赵胜；春申君，楚国大臣黄歇；信陵君，魏国贵族魏无忌。以上四人是战国时期著名的四公子，以招贤纳士著称，也都是当时仅次于国君的当权者。
⑳ [约从离衡]即山东各国相约合纵，以离散秦连横之策。离，使离散。

士,有宁越、徐尚、苏秦、杜赫之属为之谋,齐明、周最、陈轸、召滑、楼缓、翟景、苏厉、乐毅之徒通其意,吴起、孙膑、带佗、倪良、王廖、田忌、廉颇、赵奢之伦制其兵①。尝以十倍之地,百万之众,叩关②而攻秦。秦人开关延敌,九国③之师逡巡④而不敢进。秦无亡矢遗镞⑤之费,而天下诸侯已困矣。于是从散约败,争割地而赂秦。秦有余力而制其弊⑥,追亡逐北⑦,伏尸百万,流血漂橹⑧,因利乘便,宰割天下,分裂山河,强国请服,弱国入朝。

延及孝文王、庄襄王,享国之日浅⑨,国家无事。

及至始皇,奋六世之余烈⑩,振长策而御宇内⑪,吞二周⑫而亡诸侯,履至尊而制六

及至始皇,奋六世之余烈

---

① [六国之士,有宁越、徐尚、苏秦、杜赫之属为之谋,齐明、周最、陈轸、召滑、楼缓、翟景、苏厉、乐毅之徒通其意,吴起、孙膑、带佗、倪良、王廖、田忌、廉颇、赵奢之伦制其兵]以上所列数人,包括了当时政治、军事、外交等各方面的人才,有些人事迹已不详。为之谋,替他们谋划。通其意,沟通他们的意见。制其兵,统率他们的军队。
② [叩关]攻打函谷关。叩,击。
③ [九国]指上文列举的韩、魏、燕、楚、齐、赵、宋、卫、中山九国。
④ [逡(qūn)巡]迟疑徘徊,欲行又止。
⑤ [镞(zú)]箭头。
⑥ [制其弊](乘他们)困乏而制服他们。弊,困乏、疲惫。
⑦ [追亡逐北]追逐逃走的败兵。亡,逃亡(的军队)。北,溃败(的军队)。
⑧ [流血漂橹(lǔ)]血流成河,可以漂浮盾牌。橹,大的盾牌。
⑨ [享国之日浅]指国君在位时间短。孝文王(昭襄王之子)在位仅数日,庄襄王(孝文王之子)在位也不过三年。
⑩ [奋六世之余烈]发扬六世遗留下来的功业。六世,指秦自孝公以来的六位国君。
⑪ [振长策而御宇内]比喻以武力来统治各国。振,挥动。策,鞭子。御,驾驭。
⑫ [二周]东周末年赧(nǎn)王时,东、西周分治,西周都旧王城,东周都巩。史称东、西二周。秦昭襄王五十一年灭西周,庄襄王元年灭东周。

斩木为兵，揭竿为旗

合①，执敲扑而鞭笞天下②，威振四海。南取百越③之地，以为桂林、象郡④；百越之君，俯首系颈⑤，委命下吏⑥。乃使蒙恬⑦北筑长城而守藩篱⑧，却⑨匈奴七百余里，胡人不敢南下而牧马，士不敢弯弓而报怨。于是废先王之道，焚百家之言⑩，以愚黔首⑪。隳⑫名城，杀豪杰，收天下之兵，聚之咸阳，销锋镝⑬，铸以为金人十二，以弱天下之民。然后践华为城，因河为池⑭，据亿丈之城⑮，临不测之渊⑯以为固。良将劲弩守要害之处，信臣⑰精卒陈利兵而谁何⑱。天下已定，始皇之心，自以为关中之固，金城⑲千里，子孙帝王万世之业也。

---

① ［履至尊而制六合］登上皇帝的宝座掌控天下。履至尊，登上帝位。六合，天、地和四方。
② ［执敲扑而鞭笞天下］用严酷的刑罚来奴役天下的百姓。敲扑，刑具。
③ ［百越］古代越族散居在今浙江、福建、广东、广西一带，因其种类繁多，故称"百越"，或"百粤"。
④ ［桂林、象郡］在今广西地区，两郡均为秦始皇新置。
⑤ ［俯首系颈］俯首，低下头。系颈，以带系颈，表示服从、投降。
⑥ ［委命下吏］把身家性命交给秦的下级官吏。
⑦ ［蒙恬］秦名将。秦统一六国后，蒙恬率兵30万击退匈奴，并主持修筑长城。
⑧ ［藩篱］篱笆，这里引申为边境屏障、边疆。
⑨ ［却］击退。
⑩ ［百家之言］诸子百家的著作。言，言论，著作。秦始皇曾下令焚烧《秦记》以外的各国历史著述和《诗》《书》等。
⑪ ［黔首］百姓。黔，黑色。
⑫ ［隳（huī）］毁坏。
⑬ ［销锋镝］销毁兵器。锋，刀剑的尖。镝，箭头。
⑭ ［践华为城，因河为池］据守华山当作城，凭借黄河作为池（护城河）。践，登、循。
⑮ ［亿丈之城］指华山。
⑯ ［不测之渊］指黄河。
⑰ ［信臣］可靠的大臣。
⑱ ［谁何］关塞上的卫兵缉查、盘问来往行人。何，同"呵"，喝问。
⑲ ［金城］坚固的城池。金，喻坚固。

始皇既没，余威震于殊俗①。然陈涉②瓮牖绳枢③之子，氓隶④之人，而迁徙之徒⑤也。才能不及中人⑥，非有仲尼、墨翟⑦之贤，陶朱、猗顿⑧之富。蹑足行伍⑨之间，而倔⑩起阡陌⑪之中，率疲弊之卒，将数百之众，转而攻秦。斩木为兵，揭⑫竿为旗，天下云集响应，赢粮而景从⑬，山东⑭豪俊遂并起而亡秦族矣。

且夫天下非小弱也，雍州之地，崤函之固，自若也。陈涉之位，非尊于齐、楚、燕、赵、韩、魏、宋、卫、中山之君也；锄耰棘矜，非铦于钩戟长铩也⑮；谪戍⑯之众，非抗⑰于九国之师也；深谋远虑，行军用兵之道，非及向时⑱之士也。然而成败异变，功业相反，何也？试使山东之国与陈涉度长絜大⑲，比权量力，则不可同年而语矣。然秦以区区之地，致万乘⑳之势，序八州而朝同列㉑，百有

---

① [殊俗] 风俗有异的地区，指边远的地方。
② [陈涉] 秦末农民起义的领袖。
③ [瓮(wèng)牖(yǒu)绳枢] 用破瓮砌成窗子，用草绳系住门枢。形容家贫。瓮，陶制器皿。牖，窗子。枢，门上的轴。
④ [氓(méng)隶] 对平民的贱称。隶，低贱的人。
⑤ [迁徙之徒] 被谪罚去边地戍守的人。指陈涉被征发戍守渔阳。
⑥ [中人] 平常的人。
⑦ [仲尼、墨翟] 孔子名丘，字仲尼。墨翟(dí)，墨子，名翟。
⑧ [陶朱、猗(yī)顿] 陶朱，即春秋时期越国谋臣范蠡。他在辅佐越王勾践灭吴后，弃官出走，在陶(今山东省菏泽市定陶区西北)经商致富，号陶朱公。后人常以"陶朱公"作为富人代称。猗顿，鲁人，靠经营畜牧业、盐业致富。
⑨ [行(háng)伍] 都是军队下层组织的名称。
⑩ [倔] 同"崛"。
⑪ [阡陌] 田间小道，此处指田野。
⑫ [揭] 举起。
⑬ [赢粮而景从] (很多人)担着干粮如影随形地跟着(陈涉)。赢，担负。景，同"影"。
⑭ [山东] 指崤山以东广大地区，战国时泛称六国之地。
⑮ [锄耰(yōu)棘矜，非铦(xiān)于钩戟长铩(shā)也] 农具木棍并不比戈戟长矛来得锋利。耰，古农具，形似榔头，平整土地用。棘矜，棘木做的矛柄。铦，锋利。钩戟，指长短兵器。铩，长矛类兵器。
⑯ [谪戍] 被谪征发戍守边地。
⑰ [抗] 匹敌。
⑱ [向时] 先前。
⑲ [度(duó)长絜(xié)大] 比量长短大小。絜，度量物体的粗细。
⑳ [万乘] 兵车万辆，实力超群。意指拥有天子权力。
㉑ [序八州而朝同列] 给八州排序，使同列之国前来朝见。八州，古时天下分九州，秦居雍州。其余八州为兖州、冀州、青州、徐州、豫州、荆州、扬州、梁州。同列，指原与秦地位相等的同列诸侯国，即六国诸侯。

余年矣。然后以六合为家,崤函为宫。一夫作难①而七庙隳②,身死人手③,为天下笑者,何也?仁义不施而攻守之势异也④。

练习与思考

一、说明下列加点词的用法并翻译句子。

1. 天下云集响应,赢粮而景从

2. 外连衡而斗诸侯

3. 然陈涉瓮牖绳枢之子

4. 序八州而朝同列

5. 追亡逐北

6. 履至尊而制六合

二、文言文翻译,要达到准确、通达的要求,应做到以下几点:其一,准确把握文言文中的每个实词的意义和虚词的用法,翻译过程中不能有译错或遗漏之处;其二,译文要合乎情理,合乎今人的语法习惯,和上下文无矛盾;其三,保持原文的基本风格,各种修辞格处理得当。根据上述要求,翻译下面的句子。

1. 收天下之兵,聚之咸阳,销锋镝,铸以为金人十二,以弱天下之民。

2. 践华为城,因河为池,据亿丈之城,临不测之渊以为固。

---

① [一夫作难(nàn)]指陈涉农民起义。难,起事。
② [七庙隳]宗庙毁灭,指国家灭亡。七庙,古代天子设七庙供奉祖先。
③ [身死人手]指秦王子婴为项羽所杀。
④ [攻守之势异也]攻取天下与保有天下的情况(形势)已不一样了(发生了变化)。

3. 乃使蒙恬北筑长城而守藩篱，却匈奴七百余里。

4. 秦无亡矢遗镞之费，而天下诸侯已困矣。

5. 良将劲弩守要害之处，信臣精卒陈利兵而谁何。

三、以铺陈夸张的手法叙事议理，增强文气，是课文的一大特点。在诵读中体会下面的句子特点，分析它们在表达中的作用。

1. 有席卷天下，包举宇内，囊括四海之意，并吞八荒之心。

2. 南取汉中，西举巴蜀，东割膏腴之地，北收要害之郡。

3. 振长策而御宇内，吞二周而亡诸侯，履至尊而制六合，执敲扑而鞭笞天下，威振四海。

四、课文最后一个自然段，对比贯穿始终。整理并归纳本自然段用了哪些对比，是从哪几个方面进行对比的，以及为什么要安排这些对比。

五、强秦转瞬覆灭的历史悲剧，给后人留下了多少盛衰兴亡的慨叹。请同学们学完课文后，写一篇学习心得，谈谈你对这一历史事件的认识和感想。学习心得的要求：①要紧扣文章内容有感而发；②要写自己学习后真实的感受和体会，不要写成对文章内容或观点的复述；③要抓住一两个重点，不要面面俱到。

七 鸿 门 宴[①]

司马迁

课文导读

> 鸿门宴讲的是刘邦、项羽在推翻秦王朝后，为争夺天下而首次展开的一场惊心动魄的政治斗争，也是长达五年之久的楚汉之争的序幕。作者以高超、娴熟的艺术技巧，生动地再现了这场斗争中两大政治集团较量的全过程，描绘了许多令人难以忘怀的戏剧性场面，刻画了众多性格各异的人物形象，情节波澜起伏，扣人心弦。
>
> 想一想：在这场斗争中，军事实力处于劣势、宴会中又身处危境的刘邦，为何能化险为夷，变被动为主动？而各方面均处于优势的项羽，又为何一再错失良机，由主动转为被动？
>
> 本文赏析的重点是人物形象的塑造。作者善于在激烈的矛盾斗争中刻画人物。两大军事集团几位重要人物均登场亮相，这些人物，无论着墨多少，都性格鲜明，给人鲜活之感。阅读时要抓住每个人的言行举止、神态心理，细细揣摩。
>
> 本文虽然是节选，但故事情节相对完整，跌宕起伏，张弛有致，引人入胜。请同学们试着用表格的形式梳理出情节线索。
>
> 阅读时，要充分利用注释正确理解疑难词句，掌握特殊句式的特点，把握通假字及一词多义等知识。

沛公[②]军霸上[③]，未得与项羽相见。沛公左司马曹无伤使人言于项羽曰："沛

[①] 节选自《史记》（中华书局1959年标点本）卷七《项羽本纪》，标题为编者所加。项羽（前232—前202），名籍，字羽，秦末下相（今江苏省宿迁市）人，起兵反秦，善战，后与刘邦争天下，交战五年，兵败垓下，自刎而死。节选部分主要叙述项羽进入函谷关后与刘邦的一场斗争。鸿门，地名，在新丰（今陕西省西安市临潼区）东。

[②] 〔沛公〕即汉高祖刘邦，在沛（今江苏省沛县）起兵反秦，称沛公。

[③] 〔军霸上〕驻军于霸上（今陕西省西安市东）。

公欲王①关中②，使子婴③为相，珍宝尽有之。"项羽大怒，曰："旦日④飨⑤士卒，为击破沛公军！"当是时，项羽兵四十万，在新丰鸿门；沛公兵十万，在霸上。范增⑥说项羽曰："沛公居山东时，贪于财货，好美姬。今入关，财物无所取，妇女无所幸⑦，此其志不在小。吾令人望其气⑧，皆为龙虎，成五采，此天子气也。急击勿失！"

楚左尹⑨项伯者，项羽季父⑩也，素善留侯张良⑪。张良是时从沛公，项伯乃夜驰之沛公军⑫，私见张良，具告以事⑬，欲呼张良与俱去，曰："毋从俱死也。"张良曰："臣为韩王送沛公⑭，沛公今事有急，亡去不义，不可不语。"良乃入，具告沛公。沛公大惊，曰："为之奈何⑮？"张良曰："谁为大王为此计⑯者？"曰："鲰生⑰说我曰：'距关⑱，毋内⑲诸侯，秦地可尽王也。'故听之。"良曰："料大王士卒足以当项王乎？"沛公默然，曰："固不如也。且为之奈何？"张良曰："请往谓项伯，言沛公不敢背项王也。"沛公曰："君安与项伯有故⑳？"张良曰："秦时与臣游，项伯杀人，臣活之。今事有急，故幸来告良。"沛公曰：

---

① ［王（wàng）］称王。
② ［关中］指函谷关以西，今陕西省一带。
③ ［子婴］秦始皇孙，秦二世侄。二世死后，被立为秦王，投降刘邦，后为项羽所杀。
④ ［旦日］明天。
⑤ ［飨（xiǎng）］用酒食款待。这里是犒劳的意思。
⑥ ［范增］项羽的主要谋士。
⑦ ［幸］封建君主对妻妾的宠爱叫"幸"。下文中"故幸来告良"的"幸"是幸亏、幸而的意思。
⑧ ［望其气］观察他头上的云气。望气是古代方术之一，通过观察云气占卜吉凶祸福。
⑨ ［左尹］楚国之官名，为令尹之辅佐。
⑩ ［季父］叔父。
⑪ ［素善留侯张良］平时与张良友善。善，友善、交好。张良，字子房，刘邦谋臣，后封留侯。
⑫ ［之沛公军］到刘邦驻军地。之，到。
⑬ ［具告以事］把项羽想袭击沛公的事情详细地告诉张良。具，同"俱"。
⑭ ［臣为韩王送沛公］张良原为韩王的属下，后奉韩王之命随刘邦西入武关，所以张良在这里说"臣为韩王送沛公"，意在向项伯表示他和沛公的关系。韩王，韩公子成。
⑮ ［为之奈何］怎样对付这件事？奈何，怎样、如何。
⑯ ［此计］指下文所说的"距关，毋内诸侯"之计。
⑰ ［鲰生］浅薄愚陋的人。
⑱ ［距关］据守函谷关。距，同"拒"。
⑲ ［内］同"纳"，接纳，使进来。
⑳ ［故］老交情。

"孰与君少长①？"良曰："长于臣。"沛公曰："君为我呼入，吾得兄事之②。"张良出，要③项伯。项伯即入见沛公。沛公奉卮④酒为寿⑤，约为婚姻，曰："吾入关，秋毫不敢有所近，籍⑥吏民，封府库，而待将军。所以遣将守关者，备他盗之出入与非常⑦也。日夜望将军至，岂敢反乎！愿伯具言臣之不敢倍德⑧也。"项伯许诺，谓沛公曰："旦日不可不蚤⑨自来谢项王。"沛公曰："诺。"于是项伯复夜去，至军中，具以沛公言报项王，因言曰："沛公不先破关中，公岂敢入乎？今人有大功而击之，不义也，不如因善遇之。"项王许诺。

沛公旦日从百余骑⑩来见项王，至鸿门，谢曰："臣与将军戮力⑪而攻秦，将军战河北，臣战河南，然不自意⑫能先入关破秦，得复见将军于此。今者有小人之言，令将军与臣有郤⑬。"项王曰："此沛公左司马曹无伤言之。不然，籍何以至此？"项王即日因留沛公与饮。项王、项伯东向坐，亚父⑭南向坐。亚父者，范增也。沛公北向坐，张良西向侍⑮。范增数目项王⑯，举所佩玉玦⑰以示之者三，项王默然不应。范增起，出召项庄⑱，谓曰："君王为人不忍，若入前为寿，寿毕，请以剑舞，因击沛公于坐⑲，杀之。不者⑳，若属㉑皆且为所虏。"庄则入为

---

① [孰与君少长]就是"与君孰少孰长"。
② [兄事之]用对待兄长的礼节侍奉他。
③ [要(yāo)]同"邀"，邀请。
④ [卮(zhī)]古代盛酒器皿。
⑤ [为寿]敬酒于尊长前，祝其长寿。
⑥ [籍]登记。
⑦ [非常]指意外之事。
⑧ [倍德]忘恩负义。倍，同"背"。
⑨ [蚤]同"早"。
⑩ [从百余骑]使一百多人马跟从他。从，使……跟从，率领。骑，一人一马。
⑪ [戮(lù)力]并力，合力。
⑫ [不自意]自己不曾想到。意，料想。
⑬ [郤(xì)]同"隙"，嫌隙、隔阂。
⑭ [亚父]项羽对范增的尊称。亚父即次于父。
⑮ [侍]陪坐。
⑯ [数(shuò)目项王]屡次向项王使眼色。数，屡次。目，以目示意。
⑰ [玦(jué)]一种玉器，环状而有缺口。
⑱ [项庄]项羽的堂弟。
⑲ [坐]同"座"。
⑳ [不(fǒu)者]否则。不，同"否"。
㉑ [若属]你们这些人。

寿。寿毕，曰："君王与沛公饮，军中无以为乐，请以剑舞。"项王曰："诺。"项庄拔剑起舞，项伯亦拔剑起舞，常以身翼蔽①沛公，庄不得击。

于是张良至军门，见樊哙②。樊哙曰："今日之事何如？"良曰："甚急！今者项庄拔剑舞，其意常在沛公也。"哙曰："此迫矣，臣请入，与之同命③。"哙即带剑拥盾入军门。交戟④之卫士欲止不内，樊哙侧其盾以撞，卫士仆地，哙遂入。披帷⑤西向立，瞋目⑥视项王，头发上指，目眦⑦尽裂。项王按剑而跽⑧曰："客何为者？"张良曰："沛公之参乘⑨樊哙者也。"项王曰："壮士！赐之卮酒。"则与斗卮酒⑩。哙拜谢，起，立而饮之。项王曰："赐之彘肩⑪。"则与一生彘肩。樊哙覆其盾于地，加彘肩上，拔剑切而啖之。项王曰："壮士，能复饮乎？"樊哙曰："臣死且不避，卮酒安足辞！夫秦王有虎狼之心，杀人如不能举，刑人如恐不胜⑫，天下皆叛之。怀王⑬与诸将约曰：'先破秦入咸阳者王之⑭。'今沛公先破秦入咸

哙遂入

---

① [翼蔽]像鸟张开翅膀一样掩护。
② [樊哙（kuài）]刘邦的部下。参加刘邦反秦起义，屡立战功。
③ [与之同命]同他（项羽）拼命。也可理解为与他（刘邦）共生死。
④ [交戟]持戟（一种长兵器）交叉，禁止出入。
⑤ [披帷]揭开帷帐。
⑥ [瞋（chēn）目]睁大眼睛，怒目而视。
⑦ [眦]眼眶。
⑧ [跽（jì）]古人席地而坐，以两膝着地，两股贴在两脚跟上。直身，股不着脚为跪；跪而挺身耸腰为跽。这里指准备起身刺击。
⑨ [参乘（shèng）]坐在车右侍卫的人，又叫"陪乘"。参，同"骖"。乘，四匹马拉的车。
⑩ [斗卮酒]一大杯酒。
⑪ [彘肩]大猪的前腿。
⑫ [杀人如不能举，刑人如恐不胜]杀人唯恐不能杀尽，处罚人唯恐不能用尽酷刑。举、胜，都有"尽"的意思。刑，用刀割、刺。
⑬ [怀王]名心，楚怀王之孙。项梁起兵后立其为王，也称楚怀王。破秦后，项羽尊其为义帝，后又将其诛杀。
⑭ [王之]以他为关中王。之，指"先破秦入咸阳者"。

阳，毫毛不敢有所近，封闭宫室，还军霸上，以待大王来。故遣将守关者，备他盗出入与非常也。劳苦而功高如此，未有封侯之赏，而听细说①，欲诛有功之人。此亡秦之续②耳，窃为大王不取也③。"项王未有以应，曰："坐。"樊哙从良坐。坐须臾，沛公起如厕，因招樊哙出。

沛公已出，项王使都尉陈平④召沛公。沛公曰："今者出，未辞也，为之奈何？"樊哙曰："大行不顾细谨，大礼不辞小让⑤。如今人方为刀俎⑥，我为鱼肉，何辞为⑦？"于是遂去。乃令张良留谢。良问曰："大王来何操⑧？"曰："我持白璧一双，欲献项王；玉斗一双，欲与亚父。会⑨其怒，不敢献。公为我献之。"张良曰："谨诺。"当是时，项王军在鸿门下，沛公军在霸上，相去四十里。沛公则置⑩车骑，脱身独骑，与樊哙、夏侯婴⑪、靳强⑫、纪信⑬等四人持剑盾步走，从郦山⑭下，道芷阳间行⑮。沛公谓张良曰："从此道至吾军，不过二十里耳。度⑯我至军中，公乃入。"

沛公已去，间至军中⑰，张良入谢，曰："沛公不胜桮杓⑱，不能辞，谨使臣

---

① [细说]指小人离间之言。
② [亡秦之续]已灭亡的秦的后继者。意为重蹈秦灭亡的覆辙。
③ [窃为大王不取也]我认为大王不宜采取（这样的做法）。窃，谦辞，私下里、个人意见。
④ [陈平]项羽属下，后为刘邦谋臣。
⑤ [大行不顾细谨，大礼不辞小让]做大事不必顾及细枝末节，行大礼不必计较细小的礼让。
⑥ [俎(zǔ)]切肉的砧板。
⑦ [何辞为(wéi)]告辞什么呢？为，句末语气词，常用于疑问句。
⑧ [何操]携带了什么东西。操，拿，这里指携带。
⑨ [会]适逢。
⑩ [置]放弃、留下。
⑪ [夏侯婴]跟从刘邦起义，后封汝阴侯。
⑫ [靳强]刘邦部下，后封汾阳侯。
⑬ [纪信]刘邦部下，后战死。
⑭ [郦山]即骊山，在鸿门西。
⑮ [道芷阳间(jiàn)行]取道芷阳，抄小路走。芷阳，在今陕西省西安市白鹿原。间行，潜行，悄悄地走。
⑯ [度(duó)]估计、猜测。
⑰ [间至军中]悄悄回到军中。
⑱ [桮杓(bēisháo)]都是盛酒器皿，这里代指酒。桮，同"杯"。

良奉白璧一双，再拜①献大王足下；玉斗一双，再拜奉大将军②足下。"项王曰："沛公安在？"良曰："闻大王有意督过③之，脱身独去，已至军矣。"项王则受璧，置之坐上。亚父受玉斗，置之地，拔剑撞而破之，曰："唉，竖子④不足与谋！夺项王天下者，必沛公也，吾属今为之虏矣！"

沛公至军，立诛杀曹无伤。

练习与思考

一、辨析下列多义词的意思。

1. 谢
① 哙拜谢，起，立而饮之
② 旦日不可不蚤自来谢项王
③ 乃令张良留谢

2. 当
① 料大王士卒足以当项王乎
② 当是时，项羽兵四十万，在新丰鸿门

3. 如
① 杀人如不能举，刑人如恐不胜
② 沛公默然，曰："固不如也。"
③ 沛公起如厕，因招樊哙出

4. 去
① 欲呼张良与俱去
② 于是项伯复夜去
③ 项王军在鸿门下，沛公军在霸上，相去四十里

---

① ［再拜］拜两次，古代隆重的礼节。
② ［大将军］指范增。
③ ［督过］责备。
④ ［竖子］小子。

二、找出下列各项中翻译正确的一项。

1. 今入关，财物无所取，妇女无所幸，此其志不在小。（　　）

A. 现在进了关，财物没有不掠取的，妇女没有不宠幸的，这说明他的志向不小。

B. 现在进了关，不掠取财物，不迷恋女色，这些志向不在小处。

C. 现在进了关，财物没有什么好掠取的，妇女没有什么好宠幸的，这说明他的志向不在小处。

D. 现在进了关，不掠取财物，不迷恋女色，这说明他的志向不在小处。

2. 夫秦王有虎狼之心，杀人如不能举，刑人如恐不胜，天下皆叛之。（　　）

A. 秦王有虎狼一样的心肠，杀人如果不能杀尽，惩罚人如果不能用尽酷刑，天下的人都会背叛他。

B. 秦王有虎狼一样的心肠，杀人唯恐不能杀尽，惩罚人唯恐不能用尽酷刑，所以天下的人都会叛变投降他。

C. 秦王有虎狼一样的心肠，杀人唯恐不能杀尽，惩罚人唯恐不能用尽酷刑，所以天下人都背叛他。

D. 秦王有虎狼一样的心肠，杀人如果不能举行，行刑的人如果不能胜任，天下的人就会背叛他。

3. 所以遣将守关者，备他盗之出入与非常也。（　　）

A. 特意派遣将领把守函谷关的原因，是防备其他盗贼的出入与意外的变故。

B. 特意派遣将领把守函谷关，是为了防备他们偷盗东西时进出函谷关与意外的变故。

C. 特意派遣将领把守函谷关的原因，是盗取财物后为进出关口做准备。

D. 所以才派遣将领把守函谷关，是为了防备其他盗贼的出入与意外的变故。

三、课文虽然是节选，但故事情节完整，发展脉络清晰。请填写下表，列出故事情节脉络，概括主要情节内容。

情节脉络	主要情节内容
开端	曹无伤告密→欲击刘邦→范增进言

四、《鸿门宴》中主要人物形象个性鲜明，栩栩如生。这主要应归功于作者善于通过对话、神态和动作的描写刻画人物。填写下列空白并简析人物性格。

1. 刘邦得知项羽欲来攻打，对属下说的第一句话是_____；当得知项伯和张良的关系后，说的话是_____；做的两件事是_____、_____。见项羽后，说双方关系的话是_____；表示不敢居功的话是_____；掩饰自己政治意图的话是_____。结合上面的内容，可看出刘邦的个性特征是_____。

2. 樊哙得知宴会上的紧急情况后，表达自己的态度和意向的话是_____；樊哙闯帐后的表情是_____；他的慷慨陈词中，和刘邦所说内容一致的是_____；表面看，指责项羽的话是_____；结合上面的内容，可看出樊哙的个性特征是_____。

五、有些人喜欢"以成败论英雄"，认为"成则为王败则寇"。历史上对刘邦、项羽两人向来是褒贬不一的，请谈谈你的英雄观和对他们二人的具体看法。

八　寡人之于国也[①]

《孟子》

课文导读

> 本文记述的是孟子和梁惠王的一次对话。对话围绕"民不加多"的问题展开，阐述了孟子"施仁政"的政治主张及"行王道"的具体做法，并在一定程度上揭露了社会的不平等。
>
> 孟子的散文，善于运用比喻议事说理。本文即是运用这一手法的典范之作。找一找，本文中用了哪些比喻？有何作用？好在哪里？
>
> 文章贵在"气"。反复阅读本文，你能感受到文气充沛、笔墨酣畅，具有雄辩色彩，这得益于孟子大量使用了排比、对偶句式。找出并仔细品味、欣赏这些句式。

梁惠王[②]曰："寡人之于国也，尽心焉耳矣[③]。河内[④]凶[⑤]，则移其民于河东[⑥]，移其粟[⑦]于河内。河东凶亦然。察邻国之政，无如[⑧]寡人之用心者。邻国之民不加少[⑨]，寡人之民不加多，何也？"

[①] 选自《孟子·梁惠王上》（《孟子正义》，中华书局1987年版）。《孟子》是记载战国时期思想家孟子言行的书，由孟子及其弟子编成。《孟子》共七篇，内容涉及政治活动、政治学说以及伦理、教育思想，是儒家的经典著作。孟子（约前372年—前289年），名轲，字子舆，战国邹（今山东省邹城市）人，先秦儒家思想的代表人物之一。
[②] ［梁惠王］即魏惠王，战国时魏国国君。约公元前361年，魏惠王迁都大梁（今河南省开封市），此后，魏又称梁，魏惠王又称梁惠王。
[③] ［尽心焉耳矣］(总算)尽了心了。焉、耳、矣都是句末语气词，重叠使用，以加重语气。
[④] ［河内］春秋战国时指黄河以北地区，主要指今河南省黄河以北地区。
[⑤] ［凶］谷物收成不好，荒年。
[⑥] ［河东］春秋战国时指黄河以东地区，主要指今山西省西南部。
[⑦] ［粟］谷子，指谷类。
[⑧] ［无如］不如、比不上。
[⑨] ［加少］更减少。加，更。古代人口少，为增加兵员和劳力，一般以人口增多为好事。

孟子对曰："王好战，请以战喻。填然鼓之①，兵②刃既接，弃甲曳兵而走③，或④百步而后止，或五十步而后止。以五十步笑百步，则何如⑤？"

曰："不可！直不百步耳⑥，是亦走也。"

曰："王如知此，则无⑦望民之多于邻国也。

"不违农时⑧，谷不可胜食⑨也。数罟⑩不入洿⑪池，鱼鳖不可胜食也。斧斤以时入山林⑫，材木不可胜用也。谷与鱼鳖不可胜食，材木不可胜用，是使民养生丧死无憾也⑬。养生丧死无憾，王道之始也⑭。

"五亩之宅，树⑮之以桑，五十者可以衣帛⑯矣。鸡豚狗彘之畜，无失其时⑰，七十者可以食肉矣。百亩之田，勿夺其时，数口之家可以无饥矣。谨庠序之教⑱，申⑲之以孝悌⑳之义，颁白者不负戴于道路矣㉑。七十者衣帛食肉，黎民不饥不寒，然而不王㉒者，未之有也。

---

① [填然鼓之] 咚咚地击鼓进军。填，拟声词。鼓，击鼓。之，助词，无意义。
② [兵] 兵器。
③ [弃甲曳(yè)兵而走] 抛弃铠甲、拖着兵器逃跑。曳，拖着。走，跑，这里指逃跑。
④ [或] 有的人。
⑤ [何如] 怎么样。
⑥ [直不百步耳] 只是没有（跑）百步罢了。直，只是、不过。
⑦ [无] 同"毋"，不要。
⑧ [不违农时] 不耽误农业生产的季节，意指农忙时节不要征调百姓服役。违，违背、违反，这里指耽误。时，季节。
⑨ [谷不可胜食] 粮食吃不完。胜，尽。
⑩ [数(cù)罟(gǔ)] 细密的渔网。数，密。罟，网。
⑪ [洿(wū)] 池塘。
⑫ [斧斤以时入山林] 砍伐树木要按一定的季节。以时，按一定的季节。
⑬ [养生丧死无憾也] 对生养死葬没有什么不满。养生，供养活着的人。丧死，为死者办丧事。憾，遗憾。
⑭ [王道之始也] 这就是王道的开端。王道，以仁义治天下。
⑮ [树] 种植。
⑯ [衣(yì)帛] 穿上丝织品的衣服。衣，穿。帛，丝织物。
⑰ [鸡豚(tún)狗彘(zhì)之畜(xù)，无失其时] 饲养鸡、猪、狗这一类的家禽、家畜，不要错过它们生长繁衍的时节。豚，小猪。彘，大猪。畜，蓄养、饲养。
⑱ [谨庠序之教] 认真地兴办学校教育。庠序，古代的地方学校。
⑲ [申] 反复陈述。
⑳ [孝悌] 尊敬父母，敬爱兄长。
㉑ [颁白者不负戴于道路矣] 头发花白的老人不会在路上背着或者顶着东西了。意思是，年轻人都懂得尊老、爱老，这些事都由他们代劳了。颁白，头发花白。颁，同"斑"。负，背负。戴，顶在头上。
㉒ [王] 为王。

"狗彘食人食而不知检①，涂有饿莩②而不知发③；人死，则曰：'非我也，岁④也。'是何异于刺人而杀之，曰：'非我也，兵也。'王无罪岁⑤，斯天下之民至焉⑥。"

练习与思考

一、翻译下面句子，说明加点字的用法（如为通假字，须标出假借的字）。

1. 王如知此，则无望民之多于邻国也

2. 填然鼓之

3. 直不百步耳，是亦走也

4. 涂有饿莩而不知发

5. 则移其民于河东，移其粟于河内。

6. 颁白者不负戴于道路也

7. 是使民养生丧死无憾也

8. 王无罪岁，斯天下之民至焉

二、文言语句中有一些固定句式，翻译时应注意准确理解其含义。在课文中找出含有下列固定句式的语句，并正确翻译。

---

① [狗彘食人食而不知检]猪狗吃人所吃的东西而不加制止。检，约束。
② [涂有饿莩（piǎo）]道上有饿死的人。涂，同"途"。莩，同"殍"，饿死的人。
③ [发]打开粮仓，赈济百姓。
④ [岁]年成。
⑤ [王无罪岁]王不要归咎于年成。罪，归咎、归罪。无，同"毋"，不要。
⑥ [斯天下之民至焉]那么，天下的百姓都会来归顺了。斯，则、那么。至，到，引申为归顺。

1. "或……或……"

2. "直……耳"

3. "是……也"

4. "是何异于……"

三、孟子的散文善于巧设譬喻，说理深入浅出。分析下面两则比喻，说明其作用。

1. 填然鼓之，兵刃既接，弃甲曳兵而走，或百步而后止，或五十步而后止。以五十步笑百步，则何如？

2. 狗彘食人食而不知检，涂有饿莩而不知发；人死，则曰："非我也，岁也。"是何异于刺人而杀之，曰："非我也，兵也。"

四、反复朗读课文，你会感觉到文章很有气势。你认为本文气势这样充沛的原因有哪些？大声朗读下列语段，说出自己的感受。

1. 不违农时，谷不可胜食也。数罟不入洿池，鱼鳖不可胜食也。斧斤以时入山林，材木不可胜用也。谷与鱼鳖不可胜食，材木不可胜用，是使民养生丧死无憾也。

2. 五亩之宅，树之以桑，五十者可以衣帛矣。鸡豚狗彘之畜，无失其时，七十者可以食肉矣。百亩之田，勿夺其时，数口之家可以无饥矣。谨庠序之教，申之以孝悌之义，颁白者不负戴于道路矣。

五、反复阅读课文，思考课文表达了孟子怎样的思想和主张。你觉得孟子的思想和观点在今天还有现实意义吗？

九 兰亭集序[①]

王羲之

课文导读

《兰亭集序》是一篇诗序。本文先绘声绘色地记叙了兰亭集会的盛况，接着叙志抒怀，抒发了对人生的无限感慨。课文借景抒情，叙议结合，语言清新朴实，意境清丽淡雅。

本文值得赏析之处很多，其中最突出的是结构、章法上的特点。全文以情感抒发为线索，景中含情、情理相生。学习过程中，我们首先要查找资料，了解有关背景及书序文体的特点；然后借助课文注释和词典，解决生僻、难解的字词，理解文章的基本意思；再整理出写景、叙事、议论等文字，反复诵读，细加品味，在此基础上，梳理出文章的抒情线索。

文中既有对老之将至、人生无常的感叹，也有对人生的眷恋、热爱之情，低沉情调中蕴含着积极的人生态度。请同学们结合自己的人生经历，谈谈对人生的思考。

永和[②]九年，岁在癸丑[③]，暮春之初，会于会稽山阴之兰亭[④]，修禊事也[⑤]。群贤毕至[⑥]，少长咸集。此地有崇山峻岭，茂林修竹，又有清流激湍[⑦]，映带左右[⑧]，

[①] 选自《晋书·王羲之传》（中华书局1974年版）。王羲之（303—361，一说321—379），字逸少，东晋琅琊（yá）临沂（今属山东省）人，书法家，有"书圣"之称，也擅长诗文，官至右军将军、会稽内史。东晋穆帝永和九年（353）三月三日，王羲之与名士孙统、孙绰、谢安、支遁等41人在兰亭举行修禊诗会，会后将诗作汇编为《兰亭集》，由王羲之作序。此序也是中国历史上最著名的书法艺术作品之一，有唐摹本传世。
[②] [永和] 晋穆帝年号（345—356）。
[③] [岁在癸（guǐ）丑] 永和九年为干支纪年的癸丑年。
[④] [会稽山阴之兰亭] 会稽郡山阴的兰亭。会稽郡，中国古代郡名，位于今长江下游江南一带。兰亭，兰渚之亭，在今浙江省绍兴市西南。
[⑤] [修禊（xì）事也] 举行修禊之事。修禊，一种民间风俗。古人于农历三月上旬巳日，游于水滨，举行祭祀、沐浴、采兰等活动，以祈福消灾。
[⑥] [群贤毕至] 众多贤才会聚于此。毕至，都来了。
[⑦] [激湍（tuān）] 激荡回旋的水流。
[⑧] [映带左右] 环映、点缀于亭子四周。映带，景物相互关联衬托。

引以为流觞曲水①，列坐其次②。虽无丝竹管弦③之盛④，一觞一咏⑤，亦足以畅叙幽情。是日也，天朗气清，惠风和畅。仰观宇宙之大，俯察品类之盛⑥，所以游目骋怀⑦，足以极视听之娱⑧，信⑨可乐也。

夫人之相与⑩，俯仰⑪一世。或取诸怀抱，晤言一室之内⑫；或因寄所托⑬，放浪形骸之外⑭。虽趣舍⑮万殊⑯，静躁⑰不同，当其欣于所遇⑱，暂得于己⑲，快然⑳自足，不知老

引以为流觞曲水

---

① [引以为流觞（shāng）曲水] 汲引清流激湍，用作流动酒杯的曲折水流。引以为，即"引之以为"的省略。流觞曲水，古人的酒戏。将酒杯置于曲水上，杯触岸则停，坐于岸边者取饮。觞，圆形酒杯，两侧各有一耳。
② [列坐其次] 依次排列，坐于曲水岸边。次，岸边、水旁。
③ [丝竹管弦] 各种乐器。这里泛指音乐。
④ [盛] 热闹。
⑤ [一觞一咏] 喝点酒，作点诗。
⑥ [品类之盛] 大地万物繁多。品类，物品、物类。
⑦ [所以游目骋怀] 这样来放眼纵览，敞放胸怀。游目，纵目、浏览。骋怀，驰骋胸怀、抒发胸臆。
⑧ [极视听之娱] 穷尽视和听的乐趣。极，尽、穷尽。
⑨ [信] 实在。
⑩ [相与] 相处、相交。
⑪ [俯仰] 一俯一仰之间，比喻时间短暂。
⑫ [或取诸怀抱，晤言一室之内] 有时将自己的襟怀抱负，在室内畅叙。诸，"之""于"二字的合音。晤言，面对面交谈。
⑬ [或因寄所托] 有的人借其所爱，寄寓自己的情怀。因，依、随着。所托，爱好的事物，如饮酒等。
⑭ [放浪形骸之外] 指不拘形迹，自由放纵的生活。放浪，任性不羁，放纵。形骸，形体、身体。
⑮ [趣舍] 取舍、爱好。趣，同"取"。
⑯ [万殊] 千差万别。殊，不同。
⑰ [静躁] 宁静与躁动。
⑱ [欣于所遇] 对接触到的事物感到高兴。
⑲ [暂得于己] 一时感到自得。暂，短暂、一时。
⑳ [快然] 高兴的样子。

之将至①；及其所之既倦②，情随事迁③，感慨系之矣④。向⑤之所欣⑥，俯仰之间，已为陈迹，犹不能不以之兴怀⑦，况修短随化⑧，终期于尽⑨！古人云："死生亦大矣⑩。"岂不痛哉！

　　每览昔人兴感之由⑪，若合一契⑫，未尝不临文嗟悼⑬，不能喻之于怀⑭。固知一死生为虚诞，齐彭殇为妄作⑮。后之视今，亦犹今之视昔。悲夫！故列叙时人⑯，录其所述，虽世殊事异⑰，所以兴怀，其致一也⑱。后之览者，亦将有感于斯文⑲。

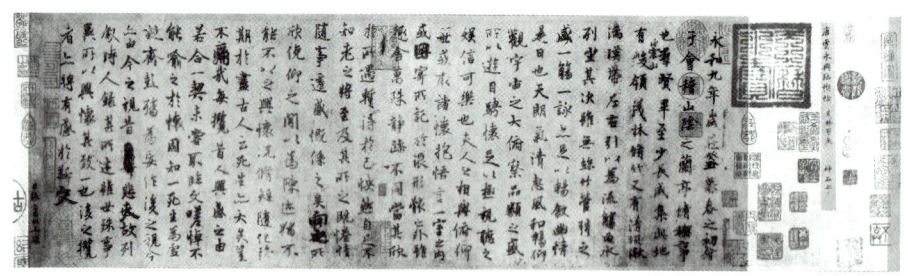

《兰亭序》王羲之书法

---

① ［不知老之将至］不知道老年将要到来。出自《论语·述而》："其为人也，发愤忘食，乐以忘忧，不知老之将至云尔。"
② ［所之既倦］对已经得到的感到厌倦。之，往，引申为达到、得到。
③ ［情随事迁］感情随着事物的变化而变化。
④ ［感慨系之矣］感慨随之（产生了）。系，附着、随着。
⑤ ［向］过去。
⑥ ［欣］高兴、欣喜。
⑦ ［以之兴怀］因它而触发心中的感慨。以，因。之，指"向之所欣……以为陈迹"。兴，触发、引起。
⑧ ［修短随化］寿命长短，听任造化的安排。随，依附。化，造化，自然。
⑨ ［终期于尽］最终都要归结于消亡。期，及、至。
⑩ ［死生亦大矣］死生也是件大事。出自《庄子·德充符》："仲尼曰：'死生亦大矣，而不得与之变。'"
⑪ ［兴感之由］（对死生）兴发感慨的原因。
⑫ ［若合一契］像符契一样相合（意思是感慨相同）。古人剖竹木为契券，缔约双方各执一半以为凭证。
⑬ ［临文嗟悼］读古人文章时叹息哀伤。临，面对。
⑭ ［喻之于怀］明白于心。喻，明白、理解。
⑮ ［固知一死生为虚诞，齐彭殇为妄作］本就知道把死和生看作一样（的说法）是不真实的，把长寿和短命等同起来（的观点）是不可信的。固，本来、当然。一，把……看作一样。齐，把……看作同等。彭，彭祖，相传为颛顼帝的玄孙，活了八百岁。殇，夭折的幼童。
⑯ ［列叙时人］一一记下当时与会的人。
⑰ ［虽世殊事异］纵使时代变了，事情不一样了。虽，纵使。
⑱ ［其致一也］人们的情趣是一样的。
⑲ ［斯文］此文。

练习与思考

一、下列加点字的注音，全都正确的一组是（　　）

A. 嗟(jiē)悼　俯仰(liǎng)一世　癸(guǐ)丑　趣舍万殊(shū)
B. 清流激湍(chuān)　修禊(qì)　彭殇(shāng)　流觞(shāng)曲水
C. 会稽(jī)　管弦(xián)　放浪形骸(wù)　游目骋(pìn)怀
D. 妄(wàng)作　茂(mào)林修竹　虚诞(dàn)　静躁(zào)不同

二、下列词语中加点字的解释，全都正确的一项是（　　）

A. 暂得于己（短暂、一时）　少长咸集（名词作状语，在咸阳）
　 茂林修竹（修整）　俯仰一世（低头和抬头，泛指随便应付）
B. 向之所欣（过去、先前）　终期于尽（至、及）
　 崇山峻岭（崇高）　群贤毕至（完毕、结束）
C. 感慨系之（附着、随着）　修短随化（造化、即自然）
　 趣舍万殊（不同）　喻之于怀（明白、理解）
D. 其致一也（情致）　列坐其次（下面）
　 人之相与（给予）　信可乐也（诚信）

三、下列句子的翻译，全部正确的一组是（　　）

A.
① 或因寄所托，放浪形骸之外
译文：就着自己所爱好的事物，寄托自己的情怀，不受拘束，放纵无拘地生活。
② 足以极视听之娱
译文：足够用来让人尽情享受视听的欢乐。

B.
① 未尝不临文嗟悼，不能喻之于怀
译文：面对古人那些文章我总是感叹悲伤，可总是不能表达出来。
② 虽无丝竹管弦之盛
译文：虽然没有管弦合奏的盛况。

C.

① 向之所欣，俯仰之间，已为陈迹

译文：原先高兴的，转眼之间，已成为旧迹。

② 古人云："死生亦大矣。"

译文：古人说："死中求生也很伟大啊。"

D.

① 固知一死生为虚诞

译文：本来知道同生共死的说法是不真实的。

② 仰观宇宙之大，俯察品类之盛

译文：抬头观览浩大的宇宙，低头细察众多的物类。

四、文章第1、2自然段概述了兰亭集会的情况，仔细阅读，说说作者"信可乐也"的原因。第3自然段作者的感情发生了哪些变化？为什么？

五、课文先绘声绘色地记叙了兰亭集会的盛况，接着叙志抒怀，抒发了对人生的无限感慨。作者最后说："后之览者，亦将有感于斯文。"你作为"后之览者"，读了此文，有什么感触？

*十 阿房宫赋[①]

杜 牧

阅读提示

秦王朝的覆灭，原因是多方面的，统治者的荒淫无度、穷奢极侈是重要原因之一。作者借古讽今，针砭当朝统治者的骄奢淫逸之风。

课文结构谨严、条理清晰。前半部分铺叙阿房宫建筑规模宏大、宫内生活奢靡豪华；后半部分由描写转为议论抒情，侧重阐述秦亡原因，总结历史教训，以鉴后人。阅读中要注意体会。

课文赏析的重点是语言。在借助注释弄通文义的基础上，反复诵读全文，你就能体味到，本文的语言无论是描写还是议论，都充满激情，文采飞扬，且字句整齐、声韵和谐、朗朗上口，这和"赋"这种文体特点及作者的语言风格是分不开的。

六王毕[②]，四海一[③]，蜀山兀，阿房出[④]。覆压三百余里[⑤]，隔离天日[⑥]。骊山北构而西折，直走咸阳[⑦]。二川溶溶[⑧]，流入宫墙。五步一楼，十步一阁；廊腰缦回[⑨]，

[①] 选自《樊川文集》（上海古籍出版社2009年版）。杜牧（803—约853），字牧之，京兆万年（今陕西省西安市）人，唐代文学家，唐文宗大和二年（828）进士，曾任监察御史、中书舍人等官职，著有《樊川文集》。阿房（ēpáng）宫，秦始皇建造的宫殿，始建于秦始皇三十五年（前212），至秦亡时尚未完工，故址在今陕西省西安市西南阿房村。阿房，指宫殿的四阿（即四周）有宽阔宏丽的曲檐。唐敬宗宝历年间，大兴土木，修建宫室。作者借写阿房宫的兴建与毁灭，阐述兴亡之理，以古喻今，切谏时弊。
[②] [六王毕]六国灭亡了。六王，齐、楚、燕、韩、赵、魏六国的国君，即指六国。毕，完结，指为秦国所灭。
[③] [一]统一。
[④] [蜀山兀，阿房出]四川的山光秃了，阿房宫出现了。兀，山高而上平。这里形容山上树木已被砍伐净尽。出，出现，意思是建成。
[⑤] [覆压三百余里]（从渭南到咸阳）覆盖了三百多里地。这是形容宫殿楼阁接连不断，占地极广。覆压，覆盖。
[⑥] [隔离天日]遮蔽了天日。这是形容宫殿楼阁的高大。
[⑦] [骊山北构而西折，直走咸阳]（阿房宫）从骊山北边建起，折而向西，一直通到咸阳（古咸阳在骊山西北）。走，趋向。
[⑧] [二川溶溶]二川，指渭水和樊川。溶溶，河水缓流的样子。
[⑨] [廊腰缦回]走廊宽而曲折。廊腰，连接高大建筑物的走廊，好像人的腰部，所以这样说。缦，萦绕。回，曲折。

檐牙高啄①；各抱地势②，钩心斗角③。盘盘焉，囷囷焉，蜂房水涡④，矗不知其几千万落⑤。长桥卧波，未云何龙⑥？复道⑦行空，不霁何虹？高低冥迷⑧，不知西东。歌台暖响，春光融融⑨；舞殿冷袖，风雨凄凄⑩。一日之内，一宫之间，而气候不齐。

妃嫔媵嫱⑪，王子皇孙，辞楼下殿，辇来于秦⑫，朝歌夜弦，为秦宫人。明星荧荧，开妆镜也⑬；绿云扰扰，梳晓鬟也；渭流涨腻⑭，弃脂水也；烟斜雾横，焚椒兰⑮也。雷霆乍惊，宫车过也；辘辘远听⑯，杳不知其所之也。一肌一容，尽态极妍⑰，缦立⑱远视，而望幸⑲焉。有不见者，三十六年⑳。燕赵之收藏㉑，

---

① [檐牙高啄]（突起的）屋檐（像鸟嘴）向上噘起。檐牙，屋檐突起，犹如牙齿。
② [各抱地势]各随地形。这是写楼阁各随地势的高下向背而建的状态。
③ [钩心斗角]指宫室结构错落有致，构思精巧。钩心，屋角向心，相互联系。斗角，屋角相向，如兵戈相斗。心，屋心。角，檐角。
④ [盘盘焉，囷(qūn)囷焉，蜂房水涡]盘旋，屈曲；像蜂房，像水涡。焉，相当于"凛然""欣然"的"然"。楼阁依山而筑，所以说像蜂房，像水涡。盘盘，盘旋的样子。囷囷，曲折回旋的样子。
⑤ [矗不知其几千万落]矗立着不知它们有几千万座。矗，形容建筑物高高耸立的样子。下文"杳不知其所之也"的"杳"，用法与此相同。落，相当于"座"或者"所"。
⑥ [长桥卧波，未云何龙]长桥卧在水上，没有云怎么（出现了）龙？《易经》有"云从龙"的话，所以人们认为有龙就应该有云。这是用故作疑问的话，形容长桥似龙。
⑦ [复道]在楼阁之间架木筑成的通道。因上下都有通道，叫作复道。
⑧ [冥迷]分辨不清。
⑨ [歌台暖响，春光融融]意思是说，人们在台上唱歌，歌乐声响起来，好像充满着暖意。如同春光那样融和。融融，和乐。
⑩ [舞殿冷袖，风雨凄凄]意思是说，人们在殿中舞蹈，舞袖飘拂，好像带来寒气，如同风雨交加那样凄冷。
⑪ [妃嫔(pín)媵嫱(yìngqiáng)]统指六国王侯的宫妃。她们各有等级（妃的等级比嫔、嫱高）。媵是陪嫁的人，也可以成为嫔、嫱。下文的"王子皇孙"，指六国王侯的女儿，孙女。
⑫ [辞楼下殿，辇(niǎn)来于秦]辞别（六国的）楼阁宫殿，乘辇车来到秦国。
⑬ [明星荧荧，开妆镜也]（光如）明星闪亮，是（宫人）打开梳妆的镜子。荧荧，明亮的样子。下文紧连的四句，句式相同。
⑭ [涨腻]涨起了（一层）脂膏（含有胭脂、香粉的洗脸的"脂水"）。
⑮ [椒兰]两种香料植物，焚烧以熏衣物。
⑯ [辘辘远听]车声越听越远。辘辘，车行的声音。
⑰ [一肌一容，尽态极妍]任何一部分肌肤，任何一种姿容，都娇媚极了。态，指姿态的美好。妍，美丽。
⑱ [缦立]久立。
⑲ [幸]封建时代皇帝到某处，叫"幸"。妃、嫔受皇帝宠爱，叫"得幸"。这里的"幸"包括以上两种意思。
⑳ [三十六年]秦始皇在位共三十六年。从二十六年（前221）统一中国，到三十七年（前209）去世，秦始皇共做了十二年皇帝，这里说三十六年，是指其在位年数，形容时间长。
㉑ [收藏]指金玉珍宝等物，下面的"经营""精英"也是这个意思。

韩魏之经营，齐楚之精英，几世几年，剽掠其人①，倚叠②如山。一旦不能有，输来其间。鼎铛玉石，金块珠砾③，弃掷逦迤④，秦人视之，亦不甚惜。

嗟乎！一人之心，千万人之心也。秦爱纷奢，人亦念其家。奈何取之尽锱铢⑤，用之如泥沙？使负栋之柱⑥，多于南亩之农夫；架梁之椽，多于机上之工女；钉头磷磷⑦，多于在庾⑧之粟粒；瓦缝参差，多于周身之帛缕；直栏横槛，多于九土⑨之城郭；管弦呕哑，多于市人之言语。使天下之人，不敢言而敢怒。独夫⑩之心，日益骄固⑪。戍卒叫⑫，函谷举⑬，楚人一炬⑭，可怜焦土。

呜呼！灭六国者六国也，非秦也。族⑮秦者秦也，非天下也。嗟乎！使六国各爱其人，则足以拒秦；使秦复爱六国之人，则递⑯三世可至万世⑰而为君，谁得而族灭也？秦人不暇自哀，而后人哀之；后人哀之而不鉴之，亦使后人而复哀后人也。

---

① ［剽(piāo)掠其人］从人民那里抢来。剽，抢劫、掠夺。人，民。唐避唐太宗李世民讳，改"民"为"人"。下文"人亦念其家""六国各爱其人""秦复爱六国之人"的"人"，与此相同。
② ［倚叠］积累。
③ ［鼎铛(chēng)玉石，金块珠砾］把宝鼎(看作)铁锅，把美玉(看作)石头，把黄金(看作)土块，把珍珠(看作)石子。铛，平底的浅锅。
④ ［逦迤(lǐyǐ)］连续不断。这里有连接着、到处都是的意思。
⑤ ［锱铢(zīzhū)］古代重量单位，一锱等于六铢，一铢约等于后来的一两的二十四分之一。"锱""铢"连用，极言其细微。
⑥ ［负栋之柱］承担栋梁的柱子。
⑦ ［磷磷］水中石头突立的样子。这里形容突出的钉头。
⑧ ［庾(yǔ)］露天的谷仓。
⑨ ［九土］九州。
⑩ ［独夫］指秦始皇。
⑪ ［固］顽固。
⑫ ［戍卒叫］指陈涉、吴广起义。
⑬ ［函谷举］刘邦于公元前206年率军先入咸阳，推翻秦朝统治，并派兵守函谷关。举，拔、攻占。
⑭ ［楚人一炬］指项羽(楚将项燕的后代)也于公元前206年入咸阳，并焚烧秦的宫殿，大火3个月不灭。
⑮ ［族］做动词用，灭族。
⑯ ［递］传递，顺着次序传下去。
⑰ ［万世］《史记·秦始皇本纪》：秦始皇统一六国后，"下诏曰：'朕为始皇帝，后世以计数，二世、三世至于万世，传之无穷。'"然而秦朝仅传二世便亡。

问题与讨论

一、从结构和章法的角度看,文章分为哪两个部分?前半部分着重从哪些方面铺叙阿房宫?哪些语句采用了夸张的手法来增强表达效果?

二、"灭六国者六国也,非秦也;族秦者秦也,非天下也。"作者只是写了一个阿房宫,为什么发出这样的感慨,谈谈你的认识?

三、借古讽今、以史为鉴历来是文人墨客讽喻现实、表达爱国情感的重要手段,本文是其中具有代表性的一篇。请找出文中体现这一特点的语句并准确理解。

写 作

（一）应用文 总结

【案例】

××市机电职业技术学校第十二届艺术节总结

××市机电职业技术学校第十二届艺术节于2009年5月7日至18日在学校举行，历时12天。本届艺术节在全校师生的共同努力下取得了圆满成功，成为自建校以来规模最大、影响最广、效果最好的一届艺术节。这次艺术节的成功举办，极大地丰富了学生的课余文化生活，推动了学校艺术教育的进一步发展，标志着学校德育工作迈上了新的台阶。本届艺术节能取得成功，主要有以下几个方面的原因。

一、学校重视活动，组织工作到位

为成功搞好本届艺术节，我校在3月12日专门成立了以分管德育的张副校长为组长、学生工作处李主任为副组长、各部门负责人和各班班长为组员的艺术节活动筹备小组。经过近一个半月广泛深入的宣传发动，本届艺术节提出的"高品位、高质量、高效益"的目标逐渐成为全校师生的共同追求，保证了各项工作都能及时落实到位。

二、指导思想明确，措施务实

本届艺术节将"贴近生活，提高品位，推陈出新，务求丰富"作为指导思想，并拟定了如何动员组织的具体措施，所以，艺术节的筹备工作开展得有序、有方，达到了预期的目的。本届艺术节共设有7项内容，包括开幕式暨艺术系教师专场演出、"新时代中职学生形象设计"演讲比赛、课本剧专场演出、"青春的旋律"学生卡拉OK演唱比赛、"广角"学生摄影作品展、师生书画作品展、闭幕式暨学生文艺会演。这些内容涉及音乐、舞蹈、书法、美术、演讲、表演、创编等很多方面。艺术系教师专场文艺演出、"青春的旋律"学生卡拉OK演唱比赛、课本剧专场演出3项活动均属首次举办，与以往各届比较，在内容上有了相当大的突破。

三、重视动员，参与面广

艺术节的宗旨在于提高学生的综合素质和能力，因此，人人参与是重要的前提。本届艺术节以"重在参与"为口号，进行了广泛的动员，产生了很好的效果。经初步统计，全校师生不仅人人参与，而且直接参与本届艺术节7项重大活动的就达2000人次，平均每个人参与2～3项活动。参与本届艺术节的人数和人次在历届艺术节中均是最多的。节目质量高、内容精彩纷呈是本届艺术节的又一重要特点。例如，同学们自编自演的课本剧《威尼斯商人》经录音剪辑后在××市人民广播电台《多彩校园》专题节目中播出。2006级数控班的同学表演的童话剧《森林编辑部》还被市电视台选中参加了××市"庆国庆"文艺晚会。这些是师生们思想重视、准备充分的结果，同时也说明我校艺术教育的质量上了一个新的台阶。

四、加大了宣传力度，注重媒体参与

为了做好本届艺术节的对外宣传工作，筹备小组组织了艺术节宣传报道班子。市电视台、市人民广播电台、《××晚报》等也对艺术节给予了极大的关注和支持，进行了跟踪报道，使本届艺术节产生了较大的社会影响，得到了社会各界的一致赞誉，学校知名度也因此有了较大提高。

在本届艺术节取得良好的社会影响，得到各方一致赞誉，取得圆满成功的同时，我们也看到了这次活动中存在的一些不足。个别项目艺术水准较低，未能取得令人满意的效果，如学生软笔书法水平还不尽如人意，说明我校的书法教学还有待进一步加强。有些项目学生现场主持的能力有待提高。这些应在以后的艺术节活动中注意加以完善。我们相信，本届艺术节的成功经验一定能为把我校艺术节越办越好奠定重要基础，勇于创新的机电职业技术学校师生一定会在艺术节活动中收获硕果、收获希望。

校艺术节活动组委会
2009年5月

这是一份对学校艺术节活动的总结。该总结的重点明确：在概述艺术节活动基本情况的基础上，从不同的角度分析了艺术节取得成功的原因，并列举了具体事例进行证明，内容翔实。该总结还采用了小标题的形式，层次清楚，便于把握。

【相关知识】

总结是对单位或个人过去一个时期内的工作、学习等实践活动，进行回顾、分析，并做出客观评价和指导性结论的一种应用文。其目的在于总结取得的成绩和经验，发现存在的问题，以指导今后的工作。

一、总结的种类

总结的种类很多，按照时间划分，有月度总结、季度总结、年度总结等；按照范围划分，有个人总结、部门总结、单位总结等；按照内容划分，有工作总结、学习总结、活动总结等；按照性质划分，有专题总结、综合总结等。

案例《××市机电职业技术学校第十二届艺术节总结》属于学校艺术节的活动总结。

二、总结的格式

总结一般由标题、正文、署名三个部分组成。正文是总结的主体部分，一般应包含三层意思。

第一层是基本情况概述。简要说明所总结的工作、学习、生活的基本情况，给人以总体印象。第二层具体介绍取得的主要成绩、主要经验，并分析取得这些成绩和经验的原因。这是总结的重点，要针对具体的事实材料进行分析，从理论上总结出一些带规律性的东西。可列成条目写，也可分成若干小标题逐个阐述。第三层写存在的问题和不足。这是总结的结尾部分，要用一分为二的观点，找出差距，分析原因，提出今后的改进意见及努力的方向。

案例《××市机电职业技术学校第十二届艺术节总结》首先简要地说明了本次艺术节活动的时间、地点和主要特点等基本概况；然后从四个方面对本次艺术节进行了总结；最后在肯定成绩的同时，客观地指出存在的问题，并提出了今后改进的建议。全文条理清晰、层次分明、言之有物、总结到位，对相关工作具有一定的指导和借鉴作用。

三、写总结应注意的问题

第一,要有翔实的材料,并根据总结的目的对材料进行整理、分析、归类,要善于概括出那些带规律性的东西,并上升到理论的高度。

第二,要尊重事实,对已进行的工作、活动等进行客观分析,既要肯定取得的成绩,也要反思存在的问题,切实做到不夸大成绩、不掩饰问题。

第三,总结是应用文,特别要注意语言的准确、平实、简明,不要过多地描写,即使引用事例,也以叙述为主。不用模糊的词语,"大体上、差不多、可能是、一般说"等含糊的语言都不应出现。

【练一练】

针对上学期自己的学习情况,写一篇个人学习总结。

要求:

1. 实事求是。
2. 找寻规律。
3. 条理清晰。
4. 语言平实。
5. 不少于500字。

(二)构思与布局

【训练重点】

掌握一般实用文写作中构思与布局的基本步骤与方法,写作中会构思文章,能合理布局。

【写作指导】

构思与布局是在明确文章"写什么"的基础上考虑"怎么写"的关键步骤,是写好文章的重要环节。构思与布局的过程,就是运用心思、精心谋划、合理设计文章的篇章结构,以求达到最佳表达效果的过程。具体而言,构思与布局包括材料剪裁与安排、结构设计与呈现两大部分。

文章的构思与布局，应做好以下三点工作。

一要根据中心的需要合理剪裁材料，确定主次详略。剪裁材料，要有章法可循，就好比裁剪服装，要依一定的尺寸。文章剪裁的"尺寸"就是要表达的中心思想。要紧扣中心对材料做出取舍，使文章中心突出、表达充分。在对材料做出取舍之后，还应确定材料的主次和详略。确定的依据依然是表达中心的需要，与中心思想关系最密切、最能表现中心的内容就是主要的，就要下大力气详细写、重点写，尽力写具体；与表现中心有关，只是起到陪衬、辅助作用的内容，即一般的、次要的，就要简写、略写；只起说明或一般交代作用的内容，更应一带而过。这样，文章有重点，中心思想自然也就明确、突出了。

二要根据表达的需要合理安排顺序，确定结构方式。对材料剪裁加工后，要统筹考虑材料如何组织安排才能更有利于表现中心。首先要考虑写作顺序，要根据材料的特点和中心的需要，将材料按一定的顺序合理地安排在一起，组织到文章里，使文章言之有序、条理分明。常见的写作顺序有时间顺序、空间顺序、逻辑顺序等。确定结构方式是谋篇布局的重要环节，文章的结构方式多种多样，常见的有时空结构（以时间、空间或时空交错为线索组织文章结构），事理结构（以事物自然发展过程为线索安排文章内容）和复合式结构（以事物之间的相互联系为组织材料的依据，如并列结构、递进结构）等。

三要根据表达效果的需要安排好文章的过渡与照应。正确、恰当地处理过渡与照应，能够使文章上下衔接、前后贯通、结构紧凑、层次分明，能够更好地抒发作者的情感。反之，缺少必要的过渡与照应，文章就会显得松散，前后不连贯，甚至让人难以理清事情的来龙去脉。过渡的形式有三种：词语过渡、句子过渡、段落过渡。照应主要应考虑文题照应、首尾照应。

【练一练】

阅读下面这组材料，想一想哪些内容偏离了文题及中心，应该删掉或换个角度使用；还可以加上一些什么内容；这些材料应依据什么线索组织起来；材料的写作顺序和详略安排怎样处理。然后依据这些材料写一篇短文。

题目："校园文明"评点

① 最新的一项社会调查表明：13～17岁的中学生中，大约有30%的人承

认有关系密切的异性朋友，其中7%至8%的学生承认自己有早恋行为。

②2018年暑期，记者对某市一中学的"课桌文化"进行调查，共搜集83条留言，内容涉及学生学习和生活的各个方面，其中最多的是关于男女生彼此爱慕的留言，共41条，占总数的49%。

③在某市一重点高中食堂，许多高中生就餐时不习惯排队，而是一齐向前拥；食堂备放的垃圾箱里，没有多少东西，而食堂门口的水池中却有许多吃剩的饭菜。

④某市一重点高中，学生习惯用塑料袋提着各种食品，吃过后将塑料袋随手扔到地面，风一吹，校园内白色塑料袋乱飞。

⑤"世上本无路，走的人多了，也便成了路。"在某市某高校东一号教学楼右侧以及该校逸夫图书馆西侧的草坪上，这句话得到充分体现。大片的绿色中，光秃土黄的小径显得尤为扎眼。"这上面的小路是有的同学上下课时没绕道，取直路走出来的"，该校园林管理中心一位员工这样告诉记者。

⑥"嘟嘟……想唱就唱，要唱得响亮……"安静的自习室里，一阵急促的手机振动声之后，嘹亮的歌声随之响起，犹如夜里划空横响的警笛，惊起同室潜心学习的其他同学；课堂上，老师讲得正酣，却被台下不时响起的时尚流行的手机铃声打断思路；图书馆、报告厅、会议室，本该关掉的手机铃声却不时此起彼伏。师生们对此现象都很反感。

雅言传承文明　经典浸润人生
——古诗文赏析会

【活动的目的与任务】

一、掌握古诗文赏析的一般方法。

二、能将对古诗文作品的赏析写成心得进行交流。

【活动流程】

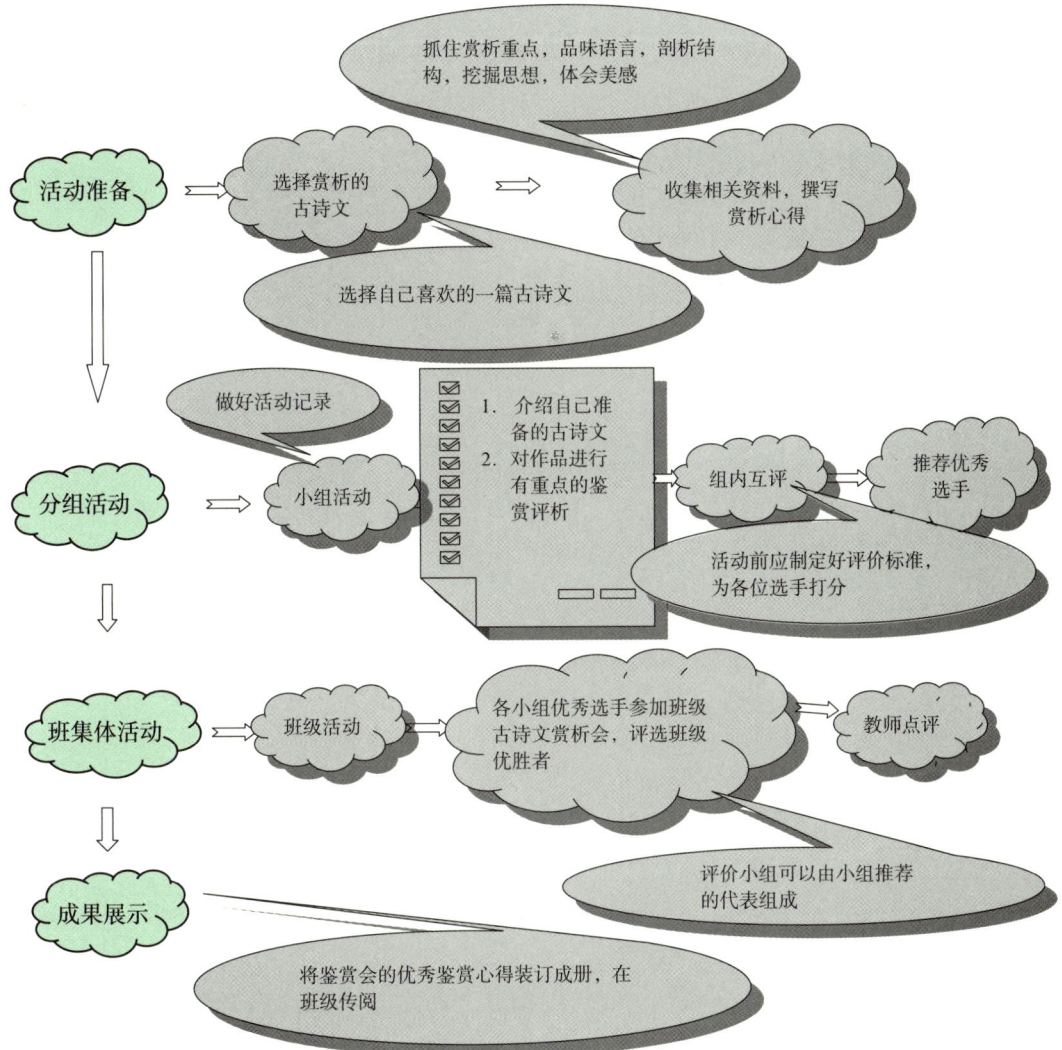

【活动指导】

一、每位同学事先应做好如下准备工作：

1. 根据老师布置的活动任务与要求，选择、确定自己最喜爱的一篇古诗文作为赏析作品。

2. 按照本单元学习过程中掌握的古诗文赏析方法，对选定的作品进行认真的分析、探究、品鉴。同学们可以从品味语言入手，体会语言运用的技巧和美感，再深入作品的思想情感、艺术手法等方面加以把握和体会，充分领略作品的艺术魅力。

3. 为进一步提高对作品的欣赏能力，要充分利用图书馆、网络平台等多种渠道收集相关信息。

4. 将自己对作品的赏析以心得的形式写成文字稿。

二、利用语文课或课外活动时间，以班级集体活动的形式组织。活动可以分为两个阶段：第一阶段以小组的形式组织组内活动，每组先评出2~3名优胜者；第二阶段以班级为单位，组织每组的优胜者参加班级古诗文赏析会。

课外古代诗词诵读

马诗(其五)①

李 贺

大漠沙如雪,燕山②月似钩。
何当③金络脑④,快走踏清秋。

菩 萨 蛮⑤

温庭筠

小山重叠金明灭⑥,鬓云欲度香腮雪⑦。懒起画蛾眉,弄妆梳洗迟。
照花前后镜⑧,花面交相映。新帖绣罗襦,双双金鹧鸪⑨。

---

① 选自《李贺诗歌集注》(上海古籍出版社1978年版)。《马诗》是一组五言绝句,共23首。李贺(790—816),字长吉,福昌昌谷(今河南省宜阳县)人,唐代诗人。
② [燕山]此指燕然山,今蒙古国境内的杭爱山。汉和帝时,大将窦宪大破北匈奴,曾登燕然山,"刻石勒功而还"。
③ [何当]何时才能够。
④ [金络脑]即金络头,用黄金装饰的马笼头。
⑤ 选自《花间集》(上海古籍出版社2005年版)。温庭筠(约812—约866),原名岐,字飞卿,太原(今山西省太原市)人,唐代诗人、词人。
⑥ [小山重叠金明灭]小山,指屏山,即屏风。金明灭,指屏上彩画闪着日光,表示已经天亮。
⑦ [鬓云欲度香腮雪]这句的意思是说,睡过一夜,鬓发松散,几乎滑到腮上了。鬓云,即鬓发。云,形容女子发质轻盈,像浮云一样。度,鬓发从头上滑下、遮掩。香腮雪,就是腮。雪,形容皮肤很白。
⑧ [照花前后镜]这句的意思是说,女子梳妆时用两面镜子相对着照头上所戴的花。
⑨ [新帖绣罗襦,双双金鹧鸪]这两句的意思是说,女子梳妆好刚要穿衣时,首先入眼的是衣服上用金线绣着的一双双鹧鸪鸟的图案。帖,指绣帖。

第三单元

单元导语

本单元选编了六篇小说。这些小说以生动鲜明的人物形象和巧妙曲折的故事情节，形象地反映了当时的社会现实，表达了作者对"命运与人生"的深刻感悟。《祝福》以"我"为穿线人，通过祥林嫂不幸的一生，展示了她对命运的无望的抗争，深刻揭示了受封建思想和礼教摧残的劳动妇女的悲惨命运，揭露了封建礼教吃人的本质；《春之声》通过主人公岳之峰在闷罐子车里由见闻引起的丰富联想，让人们聆听到一个新的时代正大步迈来的铿锵脚步声；《一个人的遭遇》（节选）通过索科洛夫在卫国战争中被俘逃归的遭遇和经历，反映了战争可以毁灭人的家园，但不能毁灭人对幸福人生的期待的主题；《老人与海》（节选）通过描写老人与鲨鱼的五次搏斗，刻画出一位勇敢与命运抗争的硬汉形象。两篇微型小说情节巧妙、寄寓深刻、耐人寻味。

本单元阅读与欣赏的重点内容是联想与想象。联想指由于某人或某事物而想起其他相关的人或事物，由于某概念而引起其他相关的概念。联想有多种方式：可以由一个事物想到在时间或空间上相接近、相联系的其他事物；可以由一个事物想到在性质上或形态上相似的事物；可以由一个事物想到相反、相对立的事物；也可以由一个事物想到它产生的原因或发展的结果。想象是人在头脑里对已储存的表象进行加工改造、形成新形象的心理过程。文学创作中的艺术想象属于创造性想象，是形象思维的主要形式，其认知加工有夸张、人格化、典型化等多种方式。

本单元口语交际的内容是采访。采访是从采访对象那里获得自己所需

要的信息的一种口语交流形式。通过学习，同学们不仅要初步掌握采访的方法和技巧，而且要掌握一些文章写作的知识和技巧，如句子的选用与仿写、材料的详略处理等。

　　本单元的语文综合实践活动是"抓住属于自己的美丽——'我的形象设计'交流活动"，请同学们认真搜集资料，了解仪表礼仪规范，为将来步入职场打下良好基础。

十一　祝　福[①]

鲁　迅

课文导读

在祝福声中，被折磨得精神麻木的祥林嫂，从鲁镇的小路上缓缓走来，诉说着她一生的悲惨命运……

具有典型性格的典型人物往往是某种典型环境的产物，因此，把握典型人物的性格除关注故事情节之外，还要注重把握环境。请同学们阅读本文，梳理小说情节，找到环境描写的语句在课文中的位置，思考作者为什么把祥林嫂的悲剧集中放在鲁镇"祝福"的特定场景中。

欣赏小说人物的形象，要抓住语言、心理、动作和肖像描写。鲁迅说：要极省俭地画出一个人的特点，最好是画他的眼睛。阅读课文，找出文中对祥林嫂眼睛的描写语句，并从这些描写中概括祥林嫂的性格特点。联系"祝福"的典型环境讨论：这样的社会环境对主人公的人生和命运产生了哪些影响？

旧历的年底毕竟最像年底，村镇上不必说，就在天空中也显出将到新年的气象来。灰白色的沉重的晚云中间时时发出闪光，接着一声钝响[②]，是送灶[③]的爆竹；近处燃放的可就更强烈了，震耳的大音还没有息，空气里已经散满了幽微的火药香。我是正在这一夜回到我的故乡鲁镇的。虽说故乡，然而已没有家，所以只得暂寓在鲁四老爷的宅子里。他是我的本家，比我长一辈，应该称之曰"四

[①] 选自《鲁迅全集》第二卷（人民文学出版社2005年版）。鲁迅（1881—1936），浙江绍兴人，思想家、文学家。
[②] ［钝响］沉闷的响声。
[③] ［送灶］旧时把农历十二月二十三或二十四视作"灶神"升天的日子，在这一天或前一天祭送"灶神"，以图"上天言好事，下界保平安"。

叔",是一个讲理学①的老监生②。他比先前并没有什么大改变,单是老了些,但也还未留胡子,一见面是寒暄③,寒暄之后说我"胖了",说我"胖了"之后即大骂其新党④。但我知道,这并非借题在骂我:因为他所骂的还是康有为。但是,谈话是总不投机的了,于是不多久,我便一个人剩在书房里。

  第二天我起得很迟,午饭之后,出去看了几个本家和朋友;第三天也照样。他们也都没有什么大改变,单是老了些;家中却一律忙,都在准备着"祝福⑤"。这是鲁镇年终的大典,致敬尽礼,迎接福神,拜求来年一年中的好运气的。杀鸡,宰鹅,买猪肉,用心细细的洗,女人的臂膊都在水里浸得通红,有的还带着绞丝银镯子⑥。煮熟之后,横七竖八的插些筷子在这类东西上,可就称为"福礼"了,五更天陈列起来,并且点上香烛,恭请福神们来享用,拜的却只限于男人,拜完自然仍然是放爆竹。年年如此,家家如此,——只要买得起福礼和爆竹之类的——今年自然也如此。天色愈阴暗了,下午竟下起雪来,雪花大的有梅花那么大,满天飞舞,夹着烟霭⑦和忙碌的气色,将鲁镇乱成一团糟。我回到四叔的书房里时,瓦楞上已经雪白,房里也映得较光明,极分明的显出壁上挂着的朱拓⑧的大"壽⑨"字,陈抟老祖⑩写的;一边的对联已经脱落,松松的卷了放在长桌上,一边的还在,道是"事理通达心气和平⑪"。我又无聊赖⑫的到窗下的案头去一翻,只见一堆似乎未必完全的《康熙字典》⑬,一部《近思录集注》⑭和一部《四

---

① [理学] 也称"道学",是宋明时期的一种哲学思想。
② [监生] "国子监生员"的简称。明清两代进国子监(由封建中央政权建立的最高学府)读书的人叫监生。清朝乾隆以后,国子监只存空名,地主豪绅等可以凭祖先"功业"或捐钱取得监生资格。
③ [寒暄(xuān)] 问寒问暖。指见面时谈些天气冷暖之类的应酬话。暄,温暖。
④ [新党] 也叫"维新党",清末对主张或倾向维新的人的称呼;辛亥革命前后,也用它称呼革命党人和拥护革命的新派人物。
⑤ [祝福] 旧社会我国江南一带的习俗,在过旧历年时用酒肉和香火供奉,酬谢祖先和天神,祈求来年的幸福。"祝福"仪式通常在腊月二十四以后的五六天之内举行。
⑥ [绞丝银镯(zhuó)子] 用银丝拧成的一种套在手腕上的环形装饰品。
⑦ [烟霭(ǎi)] 烟雾。
⑧ [朱拓(tà)] 用朱红色的颜料从碑刻上印下文字或图形。
⑨ [壽] "寿"的繁体字。
⑩ [陈抟(tuán)老祖] 陈抟,北宋著名的道家学者。老祖,祖师。
⑪ [事理通达心气和平] 出自宋代朱熹《论语集注》。
⑫ [无聊赖] 与下文的"百无聊赖"都是指精神无所依托,感到非常无聊。
⑬ [《康熙字典》] 清朝康熙年间由皇帝下令编纂的一部字典。
⑭ [《近思录集注》] 《近思录》是一部理学的入门书,由南宋朱熹、吕祖谦从周敦颐、程颢、程颐和张载四位宋代理学家的文章和语录中摘选编成。清初茅星来、江永先后为这部书做过注释,都称《近思录集注》。

书衬》①。无论如何,我明天决计要走了。

况且,一想到昨天遇见祥林嫂的事,也就使我不能安住。那是下午,我到镇的东头访过一个朋友,走出来,就在河边遇见她;而且见她瞪着的眼睛的视线,就知道明明是向我走来的。我这回在鲁镇所见的人们中,改变之大,可以说无过于她的了:五年前的花白的头发,即今已经全白,全不像四十上下的人;脸上瘦削不堪,黄中带黑,而且消尽了先前悲哀的神色,仿佛是木刻似的;只有那眼珠间或一轮②,还可以表示她是一个活物。她一手提着竹篮,内中一个破碗,空的;一手拄着一支比她更长的竹竿,下端开了裂:她分明已经纯乎是一个乞丐了。

她分明已经纯乎是一个乞丐了

我就站住,豫备③她来讨钱。

"你回来了?"她先这样问。

"是的。"

"这正好。你是识字的,又是出门人,见识得多。我正要问你一件事——"她那没有精采的眼睛忽然发光了。

我万料不到她却说出这样的话来,诧异的站着。

"就是——"她走近两步,放低了声音,极秘密似的切切的说,"一个人死了之后,究竟有没有魂灵的?"

我很悚然,一见她的眼钉④着我的,背上也就遭了芒刺一般,比在学校里遇到不及豫防的临时考,教师又偏是站在身旁的时候,惶急得多了。对于魂灵的有无,我自己是向来毫不介意的;但在此刻,怎样回答她好呢?我在极短期的踌蹰⑤中,想,这里的人照例相信鬼,然而她,却疑惑了,——或者不如说希

---

① [《四书衬》]清代骆培所著的一部解释"四书"的书。
② [间(jiàn)或一轮]偶尔转动一下。
③ [豫备]现在写作"预备"。
④ [钉]现在一般写作"盯"。
⑤ [踌蹰(chóuchú)]也作"踌躇"。

望：希望其有，又希望其无……。人何必增添末路的人的苦恼，为她起见，不如说有罢。

"也许有罢，——我想。"我于是吞吞吐吐的说。

"那么，也就有地狱了？"

"阿！地狱？"我很吃惊，只得支梧①着，"地狱？——论理，就该也有。——然而也未必，……谁来管这等事……。"

"那么，死掉的一家的人，都能见面的？"

"唉唉，见面不见面呢？……"这时我已知道自己也还是完全一个愚人，什么踌蹰，什么计画②，都挡不住三句问。我即刻胆怯起来了，便想全翻过先前的话来，"那是，……实在，我说不清……。其实，究竟有没有魂灵，我也说不清。"

我乘她不再紧接的问，迈开步便走，匆匆的逃回四叔的家中，心里很觉得不安逸。自己想，我这答话怕于她有些危险。她大约因为在别人的祝福时候，感到自身的寂寞了，然而会不会含有别的什么意思的呢？——或者是有了什么豫感了？倘有别的意思，又因此发生别的事，则我的答话委实该负若干的责任……。但随后也就自笑，觉得偶尔的事，本没有什么深意义，而我偏要细细推敲，正无怪教育家要说是生着神经病；而况明明说过"说不清"，已经推翻了答话的全局，即使发生什么事，于我也毫无关系了。

"说不清"是一句极有用的话。不更事③的勇敢的少年，往往敢于给人解决疑问，选定医生，万一结果不佳，大抵反成了怨府④，然而一用这说不清来作结束，便事事逍遥自在了。我在这时，更感到这一句话的必要，即使和讨饭的女人说话，也是万不可省的。

但是我总觉得不安，过了一夜，也仍然时时记忆起来，仿佛怀着什么不祥的豫感；在阴沉的雪天里，在无聊的书房里，这不安愈加强烈了。不如走罢，明天进城去。福兴楼的清炖鱼翅，一元一大盘，价廉物美，现在不知增价了否？往日同游的朋友，虽然已经云散，然而鱼翅是不可不吃的，即使只有我一个……。无论如何，我明天决计要走了。

我因为常见些但愿不如所料，以为未必竟如所料的事，却每每恰如所料的起

---

① ［支梧］现在写作"支吾"。
② ［计画］现在写作"计划"。
③ ［不更（gēng）事］经历世事不多。更，经历。
④ ［怨府］怨恨集中的地方。这里指埋怨的对象。

来，所以很恐怕这事也一律①。果然，特别的情形开始了。傍晚，我竟听到有些人聚在内室里谈话，仿佛议论什么事似的，但不一会，说话声也就止了，只有四叔且走而且高声的说：

"不早不迟，偏偏要在这时候，——这就可见是一个谬种②！"

我先是诧异，接着是很不安，似乎这话于我有关系。试望门外，谁也没有。好容易待到晚饭前他们的短工来冲茶，我才得了打听消息的机会。

"刚才，四老爷和谁生气呢？"我问。

"还不是和祥林嫂？"那短工简捷的说。

"祥林嫂？怎么了？"我又赶紧的问。

"老了。"

"死了？"我的心突然紧缩，几乎跳起来，脸上大约也变了色，但他始终没有抬头，所以全不觉。我也就镇定了自己，接着问：

"什么时候死的？"

"什么时候？——昨天夜里，或者就是今天罢。——我说不清。"

"怎么死的？"

"怎么死的？——还不是穷死的？"他淡然③的回答，仍然没有抬头向我看，出去了。

然而我的惊惶却不过暂时的事，随着就觉得要来的事，已经过去，并不必仰仗我自己的"说不清"和他之所谓"穷死的"的宽慰，心地已经渐渐轻松；不过偶然之间，还似乎有些负疚。晚饭摆出来了，四叔俨然④的陪着。我也还想打听些关于祥林嫂的消息，但知道他虽然读过"鬼神者二气之良能也⑤"，而忌讳仍然极多，当临近祝福时候，是万不可提起死亡疾病之类的话的；倘不得已，就该用一种替代的隐语，可惜我又不知道，因此屡次想问，而终于中止了。我从他俨然的脸色上，又忽而疑他正以为我不早不迟，偏要在这时候来打搅他，也是一个谬种，便立刻告诉他明天要离开鲁镇，进城去，趁早放宽了他的心。他也不很

---

① [恐怕这事也一律] 意思是担心有关祥林嫂要死的预感，与上述经常遇见的事情一样，也会应验。
② [谬(miù)种] 坏东西。这是鲁四老爷对祥林嫂的诬骂。
③ [淡然] 漠不关心的样子。
④ [俨(yǎn)然] 这里指摆出庄重的样子。
⑤ [鬼神者二气之良能也] 出自宋代张载的《张子全书·正蒙》，也见《近思录》，意思是，鬼神是阴阳二气交互作用、变化而成的。良能，生来就具有的能力。

留。这样闷闷的吃完了一餐饭。

冬季日短，又是雪天，夜色早已笼罩了全市镇。人们都在灯下匆忙，但窗外很寂静。雪花落在积得厚厚的雪褥上面，听去似乎瑟瑟有声，使人更加感得沉寂。我独坐在发出黄光的菜油灯下，想，这百无聊赖的祥林嫂，被人们弃在尘芥堆①中的，看得厌倦了的陈旧的玩物，先前还将形骸露在尘芥里，从活得有趣的人们看来，恐怕要怪讶她何以还要存在，现在总算被无常②打扫得干干净净了。魂灵的有无，我不知道；然而在现世，则无聊生者不生，即使厌见者不见，为人为己，也还都不错③。我静听着窗外似乎瑟瑟作响的雪花声，一面想，反而渐渐的舒畅起来。

然而先前所见所闻的她的半生事迹的断片，至此也联成一片了。

她不是鲁镇人。有一年的冬初，四叔家里要换女工，做中人④的卫老婆子带她进来了，头上扎着白头绳，乌裙，蓝夹袄，月白背心，年纪大约二十六七，脸色青黄，但两颊却还是红的。卫老婆子叫她祥林嫂，说是自己母家的邻舍，死了当家人，所以出来做工了。四叔皱了皱眉，四婶已经知道了他的意思，是在讨厌她是一个寡妇。但看她模样还周正⑤，手脚都壮大，又只是顺着眼⑥，不开一句口，很像一个安分耐劳的人，便不管四叔的皱眉，将她留下了。试工期内，她整天的做，似乎闲着就无聊，又有力，简直抵得过一个男子，所以第三天就定局，每月工钱五百文。

大家都叫她祥林嫂；没问她姓什么，但中人是卫家山人，既说是邻居，那大概也就姓卫了。她不很爱说话，别人问了才回答，答的也不多。直到十几天之后，这才陆续的知道她家里还有严厉的婆婆；一个小叔子，十多岁，能打柴了；她是春天没了丈夫的；他本来也打柴为生，比她小十岁：大家所知道的就只是这一点。

---

① [尘芥堆] 垃圾堆。芥，小草。
② [无常] 迷信传说中的"勾魂使者"。
③ [然而在现世……也还都不错] 意思是：然而在现今的人世间，无所依靠、无法生存的人一旦死去，就使讨厌见他的人再也见不到他了，这无论对他还是对别人，也还都不错。这是反语，表现出"我"的愤激而沉痛的感情。
④ [中人] 旧时介绍职业、联系买卖的中间人。
⑤ [周正] 端正。
⑥ [顺着眼] 垂着眼。

日子很快的过去了,她的做工却毫没有懈,食物不论,力气是不惜的。人们都说鲁四老爷家里雇着了女工,实在比勤快的男人还勤快。到年底,扫尘,洗地,杀鸡,宰鹅,彻夜的煮福礼,全是一人担当,竟没有添短工。然而她反满足,口角边渐渐的有了笑影,脸上也白胖了。

　　新年才过,她从河边淘米回来时,忽而失了色,说刚才远远地看见一个男人在对岸徘徊,很像夫家的堂伯,恐怕是正在寻她而来的。四婶很惊疑,打听底细,她又不说。四叔一知道,就皱一皱眉,道:

　　"这不好。恐怕她是逃出来的。"

　　她诚然是逃出来的,不多久,这推想就证实了。

　　此后大约十几天,大家正已渐渐忘却了先前的事,卫老婆子忽而带了一个三十多岁的女人进来了,说那是祥林嫂的婆婆。那女人虽是山里人模样,然而应酬很从容,说话也能干,寒暄之后,就赔罪,说她特来叫她的儿媳回家去,因为开春事务忙,而家中只有老的和小的,人手不够了。

　　"既是她的婆婆要她回去,那有什么话可说呢。"四叔说。

　　于是算清了工钱,一共一千七百五十文,她全存在主人家,一文也还没有用,便都交给她的婆婆。那女人又取了衣服,道过谢,出去了。其时已经是正午。

　　"阿呀,米呢?祥林嫂不是去淘米的么?……"好一会,四婶这才惊叫起来。她大约有些饿,记得午饭了。

　　于是大家分头寻淘箩。她先到厨下,次到堂前,后到卧房,全不见淘箩的影子。四叔踱出门外,也不见,直到河边,才见平平正正的放在岸上,旁边还有一株菜。

　　看见的人报告说,河里面上午就泊了一只白篷船,篷是全盖起来的,不知道什么人在里面,但事前也没有人去理会他。待到祥林嫂出来淘米,刚刚要跪下去,那船里便突然跳出两个男人来,像是山里人,一个抱住她,一个帮着,拖进船去了。祥林嫂还哭喊了几声,此后便再没有什么声息,大约给用什么堵住了罢。接着就走上两个女人来,一个不认识,一个就是卫婆子。窥探舱里,不很分明,她像是捆了躺在船板上。

　　"可恶!然而……。"四叔说。

　　这一天是四婶自己煮午饭;他们的儿子阿牛烧火。

　　午饭之后,卫老婆子又来了。

"可恶！"四叔说。

"你是什么意思？亏你还会再来见我们。"四婶洗着碗，一见面就愤愤的说，"你自己荐她来，又合伙劫她去，闹得沸反盈天①的，大家看了成个什么样子？你拿我们家里开玩笑么？"

"阿呀阿呀，我真上当。我这回，就是为此特地来说说清楚的。她来求我荐地方，我那里料得到是瞒着她的婆婆的呢。对不起，四老爷，四太太。总是我老发昏不小心，对不起主顾。幸而府上是向来宽洪大量，不肯和小人计较的。这回我一定荐一个好的来折罪……。"

"然而……。"四叔说。

于是祥林嫂事件便告终结，不久也就忘却了。

只有四婶，因为后来雇用的女工，大抵非懒即馋，或者馋而且懒，左右不如意，所以也还提起祥林嫂。每当这些时候，她往往自言自语的说，"她现在不知道怎么样了？"意思是希望她再来。但到第二年的新正②，她也就绝了望。

新正将尽，卫老婆子来拜年了，已经喝得醉醺醺的，自说因为回了一趟卫家山的娘家，住下几天，所以来得迟了。她们问答之间，自然就谈到祥林嫂。

"她么？"卫老婆子高兴的说，"现在是交了好运了。她婆婆来抓她回去的时候，是早已许给了贺家墺的贺老六的，所以回家之后不几天，也就装在花轿里抬去了。"

"阿呀，这样的婆婆！……"四婶惊奇的说。

"阿呀，我的太太！你真是大户人家的太太的话。我们山里人，小户人家，这算得什么？她有小叔子，也得娶老婆。不嫁了她，那有这一注钱③来做聘礼？她的婆婆倒是精明强干的女人呵，很有打算，所以就将她嫁到里山④去。倘许给本村人，财礼就不多；唯独肯嫁进深山野墺里去的女人少，所以她就到手了八十千⑤。现在第二个儿子的媳妇也娶进了，财礼只花了五十，除去办喜事的费

---

① [沸反盈天]形容人声喧闹杂乱。沸反，像沸水一样翻腾。盈，满。
② [新正(zhēng)]农历新年正月。
③ [一注钱]一笔钱。
④ [里山]深山。
⑤ [八十千]即八十吊钱。旧时称一千文钱为一贯、一串或一吊。

用，还剩十多千。吓①，你看，这多么好打算？……"

"祥林嫂竟肯依？……"

"这有什么依不依。——闹是谁也总要闹一闹的；只要用绳子一捆，塞在花轿里，抬到男家，捺上花冠，拜堂，关上房门，就完事了。可是祥林嫂真出格②，听说那时实在闹得利害③，大家还都说大约因为在念书人家做过事，所以与众不同呢。太太，我们见得多了：回头人④出嫁，哭喊的也有，说要寻死觅活的也有，抬到男家闹得拜不成天地的也有，连花烛都砸了的也有。祥林嫂可是异乎寻常，他们说她一路只是嚎，骂，抬到贺家墺，喉咙已经全哑了。拉出轿来，两个男人和她的小叔子使劲的擒住她也还拜不成天地。他们一不小心，一松手，阿呀，阿弥陀佛，她就一头撞在香案角上，头上碰了一个大窟窿，鲜血直流，用了两把香灰，包上两块红布还止不住血呢。直到七手八脚的将她和男人反关在新房里，还是骂，阿呀呀，这真是……"她摇一摇头，顺下眼睛，不说了。

"后来怎么样呢？"四婶还问。

"听说第二天也没有起来。"她抬起眼来说。

"后来呢？"

"后来？——起来了。她到年底就生了一个孩子，男的，新年就两岁了。我在娘家这几天，就有人到贺家墺去，回来说看见他们娘儿俩，母亲也胖，儿子也胖；上头又没有婆婆；男人所有的是力气，会做活；房子是自家的。——唉唉，她真是交了好运了。"

从此之后，四婶也就不再提起祥林嫂。

但有一年的秋季，大约是得到祥林嫂好运的消息之后的又过了两个新年，她竟又站在四叔家的堂前了。桌上放着一个荸荠式的圆篮，檐下一个小铺盖。她仍然头上扎着白头绳，乌裙，蓝夹袄，月白背心，脸色青黄，只是两颊上已经消失了血色，顺着眼，眼角上带些泪痕，眼光也没有先前那样精神了。而且仍然是卫老婆子领着，显出慈悲模样，絮絮的对四婶说：

"……这实在是叫作'天有不测风云'，她的男人是坚实人，谁知道年纪青

---

① ［吓(hè)］这里用作表示惊奇、赞叹的叹词。
② ［出格］与众不同。
③ ［利害］现在写作"厉害"。
④ ［回头人］旧时对再嫁寡妇的称呼。

青，就会断送在伤寒上？本来已经好了的，吃了一碗冷饭，复发了。幸亏有儿子；她又能做，打柴摘茶养蚕都来得，本来还可以守着，谁知道那孩子又会给狼衔去的呢？春天快完了，村上倒反来了狼，谁料到？现在她只剩了一个光身了。大伯来收屋，又赶她。她真是走投无路了，只好来求老主人。好在她现在已经再没有什么牵挂，太太家里又凑巧要换人，所以我就领她来。——我想，熟门熟路，比生手实在好得多……。"

"我真傻，真的，"祥林嫂抬起她没有神采的眼睛来，接着说。"我单知道下雪的时候野兽在山墺里没有食吃，会到村里来；我不知道春天也会有。我一清早起来就开了门，拿小篮盛了一篮豆，叫我们的阿毛坐在门槛上剥豆去。他是很听话的，我的话句句听；他出去了。我就在屋后劈柴，淘米，米下了锅，要蒸豆。我叫阿毛，没有应，出去一看，只见豆撒得一地，没有我们的阿毛了。他是不到别家去玩的；各处去一问，果然没有。我急了，央人出去寻。直到下半天，寻来寻去寻到山墺里，看见刺柴上挂着一只他的小鞋。大家都说，糟了，怕是遭了狼了。再进去；他果然躺在草窠里，肚里的五脏已经都给吃空了，手上还紧紧的捏着那只小篮呢。……"她接着但是①呜咽，说不出成句的话来。

四婶起初还踌躇，待到听完她自己的话，眼圈就有些红了。她想了一想，便教拿圆篮和铺盖到下房去。卫老婆子仿佛卸了一肩重担似的嘘一口气；祥林嫂比初来时候神气舒畅些，不待指引，自己驯熟的安放了铺盖。她从此又在鲁镇做女工了。

大家仍然叫她祥林嫂。

然而这一回，她的境遇却改变得非常大。上工之后的两三天，主人们就觉得她手脚已没有先前一样灵活，记性也坏得多，死尸似的脸上又整日没有笑影，四婶的口气上，已颇有些不满了。当她初到的时候，四叔虽然照例皱过眉，但鉴于向来雇用女工之难，也就并不大反对，只是暗暗地告诫四婶说，这种人虽然似乎很可怜，但是败坏风俗的，用她帮忙还可以，祭祀时候可用不着她沾手，一切饭菜，只好自己做，否则，不干不净，祖宗是不吃的。

四叔家里最重大的事件是祭祀，祥林嫂先前最忙的时候也就是祭祀，这回她却清闲了。桌子放在堂中央，系上桌帏②，她还记得照旧的去分配酒杯和筷子。

---

① ［但是］只是。
② ［桌帏（wéi）］办婚丧事或祭祀时，悬挂在桌子前面用来遮挡的东西，多用布或绸缎制成。

"祥林嫂，你放着罢！我来摆。"四婶慌忙的说。

她讪讪①的缩了手，又去取烛台。

"祥林嫂，你放着罢！我来拿。"四婶又慌忙的说。

她转了几个圆圈，终于没有事情做，只得疑惑的走开。她在这一天可做的事是不过坐在灶下烧火。

镇上的人们也仍然叫她祥林嫂，但音调和先前很不同；也还和她讲话，但笑容却冷冷的了。她全不理会那些事，只是直着眼睛，和大家讲她自己日夜不忘的故事：

"我真傻，真的，"她说，"我单知道雪天是野兽在深山里没有食吃，会到村里来；我不知道春天也会有。我一大早起来就开了门，拿小篮盛了一篮豆，叫我们的阿毛坐在门槛上剥豆去。他是很听话的孩子，我的话句句听；他就出去了。我就在屋后劈柴，淘米，米下了锅，打算蒸豆。我叫，'阿毛！'没有应。出去一看，只见豆撒得满地，没有我们的阿毛了。各处去一问，都没有。我急了，央人去寻去。直到下半天，几个人寻到山墺里，看见刺柴上挂着一只他的小鞋。大家都说，完了，怕是遭了狼了。再进去；果然，他躺在草窠里，肚里的五脏已经都给吃空了，可怜他手里还紧紧的捏着那只小篮呢。……"她于是淌下眼泪来，声音也呜咽了。

这故事倒颇有效，男人听到这里，往往敛起笑容，没趣的走了开去；女人们却不独宽恕了她似的，脸上立刻改换了鄙薄的神气，还要陪出许多眼泪来。有些老女人没有在街头听到她的话，便特意寻来，要听她这一段悲惨的故事。直到她说到呜咽，她们也就一齐流下那停在眼角上的眼泪，叹息一番，满足的去了，一面还纷纷的评论着。

她就只是反复的向人说她悲惨的故事，常常引住了三五个人来听她。但不久，大家也都听得纯熟了，便是最慈悲的念佛的老太太们，眼里也再不见有一点泪的痕迹。后来全镇的人们几乎都能背诵她的话，一听到就烦厌得头痛。

"我真傻，真的，"她开首说。

"是的，你是单知道雪天野兽在深山里没有食吃，才会到村里来的。"他们立即打断她的话，走开去了。

---

① [讪（shàn）讪] 难为情的样子。

她张着口怔怔[①]的站着，直着眼睛看他们，接着也就走了，似乎自己也觉得没趣。但她还妄想，希图从别的事，如小篮，豆，别人的孩子上，引出她的阿毛的故事来。倘一看见两三岁的小孩子，她就说：

　　"唉唉，我们的阿毛如果还在，也就有这么大了。……"

　　孩子看见她的眼光就吃惊，牵着母亲的衣襟催她走。于是又只剩下她一个，终于没趣的也走了，后来大家又都知道了她的脾气，只要有孩子在眼前，便似笑非笑的先问她，道：

　　"祥林嫂，你们的阿毛如果还在，不是也就有这么大了么？"

　　她未必知道她的悲哀经大家咀嚼赏鉴了许多天，早已成为渣滓，只值得烦厌和唾弃；但从人们的笑影上，也仿佛觉得这又冷又尖，自己再没有开口的必要了。她单是一瞥他们，并不回答一句话。

　　鲁镇永远是过新年，腊月二十以后就忙起来了。四叔家里这回须雇男短工，还是忙不过来，另叫柳妈做帮手，杀鸡，宰鹅；然而柳妈是善女人[②]，吃素，不杀生的，只肯洗器皿。祥林嫂除烧火之外，没有别的事，却闲着了，坐着只看柳妈洗器皿。微雪点点的下来了。

　　"唉唉，我真傻，"祥林嫂看了天空，叹息着，独语似的说。

　　"祥林嫂，你又来了。"柳妈不耐烦的看着她的脸，说。"我问你：你额角上的伤痕，不就是那时撞坏的么？"

　　"唔唔。"她含胡的回答。

　　"我问你：你那时怎么后来竟依了呢？"

　　"我么？……"

　　"你呀。我想：这总是你自己愿意了，不然……。"

　　"阿阿，你不知道他力气多么大呀。"

　　"我不信。我不信你这么大的力气，真会拗他不过。你后来一定是自己肯了，倒推说他力气大。"

　　"阿阿，你……你倒自己试试看。"她笑了。

　　柳妈的打皱的脸也笑起来，使她蹙缩[③]得像一个核桃，干枯的小眼睛一看祥林嫂的额角，又钉住她的眼。祥林嫂似乎很局促了，立刻敛了笑容，旋转眼光，

---

① 〔怔(zhèng)怔〕这里是指因吃惊而失神愣住的样子。
② 〔善女人〕指吃斋念佛的女人。
③ 〔蹙(cù)缩〕皱缩。

自去看雪花。

"祥林嫂，你实在不合算。"柳妈诡秘的说。"再一强①，或者索性撞一个死，就好了。现在呢，你和你的第二个男人过活不到两年，倒落了一件大罪名。你想，你将来到阴司去，那两个死鬼的男人还要争，你给了谁好呢？阎罗大王只好把你锯开来，分给他们。我想，这真是……。"

她脸上就显出恐怖的神色来，这是在山村里所未曾知道的。

"我想，你不如及早抵当。你到土地庙里去捐一条门槛，当作你的替身，给千人踏，万人跨，赎了这一世的罪名，免得死了去受苦。"

她当时并不回答什么话，但大约非常苦闷了，第二天早上起来的时候，两眼上便都围着大黑圈。早饭之后，她便到镇的西头的土地庙里去求捐门槛。庙祝②起初执意不允许，直到她急得流泪，才勉强答应了。价目是大钱十二千。

她久已不和人们交口，因为阿毛的故事是早被大家厌弃了的；但自从和柳妈谈了天，似乎又即传扬开去，许多人都发生了新趣味，又来逗她说话了。至于题目，那自然是换了一个新样，专在她额上的伤疤。

"祥林嫂，我问你：你那时怎么竟肯了？"一个说。

"唉，可惜，白撞了这一下。"一个看着她的疤，应和道。

她大约从他们的笑容和声调上，也知道是在嘲笑她，所以总是瞪着眼睛，不说一句话，后来连头也不回了。她整日紧闭了嘴唇，头上带着大家以为耻辱的记号的那伤痕，默默的跑街，扫地，洗菜，淘米。快够一年，她才从四婶手里支取了历来积存的工钱，换算了十二元鹰洋③，请假到镇的西头去。但不到一顿饭时候，她便回来，神气很舒畅，眼光也分外有神，高兴似的对四婶说，自己已经在土地庙捐了门槛了。

冬至的祭祖时节，她做得更出力，看四婶装好祭品，和阿牛将桌子抬到堂屋中央，她便坦然的去拿酒杯和筷子。

"你放着罢，祥林嫂！"四婶慌忙大声说。

她像是受了炮烙④似的缩手，脸色同时变作灰黑，也不再去取烛台，只是

---

① [强(jiàng)]固执、不服劝导。
② [庙祝]旧时庙里管理香火的人。
③ [鹰洋]墨西哥银圆，币面铸有鹰的图案（墨西哥的国徽）。鸦片战争后，鹰洋大量流入我国，曾与我国自铸的银圆同在市场上流通。
④ [炮烙(páoluò)]古代一种酷刑。

失神的站着。直到四叔上香的时候,教她走开,她才走开。这一回她的变化非常大,第二天,不但眼睛窈陷①下去,连精神也更不济了。而且很胆怯,不独怕暗夜,怕黑影,即使看见人,虽是自己的主人,也总惴惴的,有如在白天出穴游行的小鼠,否则呆坐着,直是一个木偶人。不半年,头发也花白起来了,记性尤其坏,甚而至于常常忘却了去淘米。

"祥林嫂怎么这样了?倒不如那时不留她。"四婶有时当面就这样说,似乎是警告她。

然而她总如此,全不见有伶俐②起来的希望。他们于是想打发她走了,教她回到卫老婆子那里去。但当我还在鲁镇的时候,不过单是这样说;看现在的情状,可见后来终于实行了。然而她是从四叔家出去就成了乞丐的呢,还是先到卫老婆子家然后再成乞丐的呢?那我可不知道。

我给那些因为在近旁而极响的爆竹声惊醒,看见豆一般大的黄色的灯火光,接着又听得毕毕剥剥的鞭炮,是四叔家正在"祝福"了;知道已是五更将近时候。我在蒙眬中,又隐约听到远处的爆竹声联绵不断,似乎合成一天音响的浓云,夹着团团飞舞的雪花,拥抱了全市镇。我在这繁响的拥抱中,也懒散而且舒适,从白天以至初夜③的疑虑,全给祝福的空气一扫而空了,只觉得天地圣众歆享了牲醴和香烟④,都醉醺醺的在空中蹒跚⑤,豫备给鲁镇的人们以无限的幸福。

一九二四年二月七日。

---

① [窈(yǎo)陷]深陷。窈,幽深。
② [伶俐]即"伶俐"。
③ [初夜]上半夜。
④ [天地圣众歆(xīn)享了牲醴(lǐ)和香烟]这句的意思是说,天地间的众神享用了祭祀的酒肉和香火。歆,这里指神享用祭品。牲,原指祭祀用的牛、羊、猪三牲,后来也泛指祭祀用的肉类。醴,甜酒。香烟,香烛的烟火。
⑤ [蹒跚]腿脚不灵便,走路缓慢、摇摆的样子。

练习与思考

一、根据注音写出相应的汉字。

1. 我很 sǒng（　　）然，一见她的眼钉着我的，背上也就遭了芒刺一般。

2. 我在极短期的踌 chú（　　）中，想，这里的人照例相信鬼，然而她，却疑惑了。

3. "阿！地狱？"我很吃惊，只得支 wú（　　）着。

4. 你自己荐她来，又合伙劫她去，闹得 fèi（　　）反盈天的。

二、《祝福》前后三次描写祥林嫂的肖像。请填空，并说说所填词语表达的意义。

第一次逃到鲁镇时的肖像：头上扎着白头绳，乌裙，蓝夹袄，月白背心，年纪大约二十六七，脸色①＿＿＿＿，但两颊②＿＿＿＿。

第二次到鲁镇时的肖像：她③＿＿＿＿头上扎着白头绳，乌裙，蓝夹袄，月白背心，脸色青黄，只是两颊上已经④＿＿＿＿，顺着眼，眼角上带些泪痕，眼光也没有⑤＿＿＿＿了。

临死前的肖像：五年前的花白的头发，即今已经⑥＿＿＿＿，全不像四十上下的人；脸上⑦＿＿＿＿，黄中带⑧＿＿＿＿，而且⑨＿＿＿＿了先前悲哀的神色，仿佛是⑩＿＿＿＿似的；只有那眼珠⑪＿＿＿＿一轮，还可以表示她是一个活物。

三、小说中有许多描写表现了当时社会环境的特点，请根据作品中的这些描写，分析祥林嫂的故事是在怎样的社会环境中发生的。

四、优秀的小说中，描写人物的语言总是高度个性化的。欣赏人物语言，要听其言、想其人、知其心，还要看作家如何把握住人物的身份、个性，在什么场合让人物说出什么样的话来。联系课文内容，分析下列语言是如何体现出人物的性格特征的。

1. 一见面是寒暄，寒暄之后说我"胖了"，说我"胖了"之后即大骂其新党。

2. 那是，……实在，我说不清……。其实，究竟有没有魂灵，我也说不清。

3. 祥林嫂，你放着罢！

4. "祥林嫂，你实在不合算。"柳妈诡秘的说。"再一强，或者索性撞一个死，就好了。"

五、电影《祝福》对小说做了这样的改编：祥林嫂捐了门槛"赎罪"后却仍被鲁镇的人鄙夷，她愤然举起菜刀，砍向自己曾寄予无限希望的门槛。你认为这种改编是否符合小说中祥林嫂的思想性格？从文中找依据说说理由。

十二 春 之 声[1]

王 蒙

课文导读

> 《春之声》是运用"意识流"手法写成的小说，不重人物性格塑造，不重故事情节构思，不按正常时空顺序叙述，而是采用"放射性"结构，以坐在闷罐车厢这一特殊环境中主人公的心灵世界为端点，写出了时空切换中外部世界作用于主人公内心所引起的联想和心理状态，采撷特定时段的人文景观，语言结构独特，意象鲜明，反映出主人公为祖国命运忧喜悲欢，渴望祖国人民走进温暖春天的美好愿望。此外，意味深远的象征，寓情于景、情景交融的描述，也是这篇小说艺术上的显著特色。
>
> 阅读课文后请思考：个人的命运与国家的兴衰有什么关系？课文以"春之声"为题，有什么深刻含义？

  咣的一声，黑夜就到来了。一个昏黄的、方方的大月亮出现在对面墙上。岳之峰的心紧缩了一下，又舒张开了。车身在轻轻地颤抖，人们在轻轻地摇摆。多么甜蜜的童年的摇篮啊！夏天的时候，把衣服放在大柳树下，脱光了屁股的小伙伴们一跃跳进故乡的清凉的小河里，一个猛子扎出十几米，谁知道谁在哪里露出头来呢？谁知道被他慌乱中吞下的一口水里，包含着多少条蛤蟆蝌蚪呢？闭上眼睛，熟睡在闪耀着阳光和树影的涟漪之上，不也是这样轻轻地、轻轻地摇晃着的吗？失却了的和没有失却的童年和故乡，责备我吗？欢迎我吗？母亲的坟墓和正在走向坟墓的父亲！

  方方的月亮在移动，消失，又重新诞生。唯一的小方窗里透进了光束，是落日的余晖还是站台的灯？为什么连另外三个方窗也遮严了呢？黑咕隆咚，好像紧接着下午便是深夜。门咣地一关，就和外界隔开了。那愈来愈响的声音是下起了冰雹吗？是铁锤砸在铁砧上？在黄土高原的乡下，到处还靠人打铁，我们祖国

---

[1] 选自《人民文学》1980年第5期。王蒙（1934— ），作家、学者。

许多许多的下一站以后的下一站，你所寻找的生活就在那里

的胳膊有多么发达的肌肉！啊，当然，那只是车轮撞击铁轨的噪音，来自这一节铁轨与那一节铁轨之间的缝隙。目前不是正在流行一支轻柔的歌曲吗，叫作什么来着——《泉水叮咚响》。如果火车也叮咚叮咚地响起来呢？广州人可真会生活，不像这西北高原上，人的脸上和房屋的窗玻璃上到处都蒙着一层厚厚的黄土。广州人的凉棚下面，垂挂着许许多多三角形的瓷板，它们伴随着清风，发出叮叮咚咚的清音，愉悦着心灵。美国的抽象派音乐却叫人发狂。真不知道基辛格听我们的杨子荣咏叹调时有什么样的感受。京剧锣鼓里有噪音，所有的噪音都是令人不快的吗？反正火车开动以后的铁轮声给人以鼓舞和希望。下一站，或者下一站的下一站，或者许多许多的下一站以后的下一站，你所寻找的生活就在那里，母亲或者孩子，友人或者妻子，温热的澡盆或者丰盛的饮食正在那里等待着你。都是回家过年的，过春节，我们的古老的民族的最美好的节日，谢天谢地，现在全国人民都可以快快乐乐地过年了。再不会用"革命化"的名义取消春节了。

这真有趣。在出国考察三个月回来之后，在北京的高级宾馆里住了一阵——总结啦，汇报啦，接见啦，报告啦……之后，岳之峰接到了八十多岁的刚刚摘掉地主帽子的父亲的信。他决定回一趟阔别二十多年的家乡。这是不是个错误呢？他怎么也没想到要坐两个小时零四十七分钟的闷罐子车呀。三个小时以前，他还坐在从北京开往X城的三叉戟客机的宽敞、舒适的座位上。两个月以前，他还坐在驶向汉堡的易北河客轮上。现在呢，他和那些风尘仆仆的，在黑暗中看不清面容的旅客们挤在一起，就像沙丁鱼挤在罐头盒子里。甚至于他辨别不出火车到底是在向哪个方向行走，眼前只有那月亮似的光斑在飞速移动，火车的行驶究竟是和光斑方向相同抑或相反呢？他这个工程物理学家竟为这个连小学生都答得上来的、根本算不上是几何光学的问题伤了半天脑筋。

他已经有二十多年没有回过家乡了。谁让他错投了胎？地主，地主！1956年他回过一次家，一次就够用了——回家待了四天，却检讨了二十二年！而伟人的一句话，也够人们学习贯彻一百年。使他惶惑的是，难道人生一世就是为了做检讨？难道他生在中华，就是为了做一辈子检讨的吗？好在这一切都过去了。斯图加特的奔驰汽车工厂的装配线在不停地转动，车间洁净敞亮，没有多少噪音。西门子公司规模巨大，具有一百三十年的历史，而我们才刚刚起步。赶上，赶上！不管有多么艰难。哼，哼，哼，快点开，快点开，快开，快开，快，快，快，车轮的声音从低沉的三拍一小节变成两拍一小节，最后变成高亢的呼号了。闷罐子车也罢，正在快开。何况天上还有三叉戟？

尘土和纸烟的雾气中出现了旱烟叶发出的辣味，像是在给气管和肺针灸。梅花针大概扎在肺叶上了。汗味就柔和得多了。方言的浓度在旱烟与汗味之间，既刺激，又亲切。还有南瓜的香味哩！谁在吃南瓜？X城火车站前的广场上，没有见卖熟南瓜的呀。别的小吃和土特产倒是都有。花生、核桃、葵花子、柿饼、酸枣、绿豆糕、山药、蕨麻……全有卖的。就像变戏法，举起一块红布，向左指上两指，这些东西就全没了，连火柴、电池、肥皂都跟着短缺。现在呢，一下子又都变了出来，也许伸手再抓两抓，还能抓出更多的财富。柿饼和枣朴质无华，却叫人甜到心里。岳之峰咬了一口上火车前买的柿饼，细细地咀嚼着儿时的甜香。辣味总是一下子就能尝到，甜味却埋得很深很深。要有耐心，要有善意，要有经验，要知觉灵敏。透过辛辣的烟草和热烘烘的汗味儿，岳之峰闻到了乡亲们携带的绿豆香。绿豆苗是可爱的，灰兔子也是可爱的，但是灰色的野兔常常要毁坏绿豆。为了追赶野兔，他和小柱子一口气跑了三里，跑得连树木带田垄都摇来摆去。在中秋的月夜，他亲眼见过一只银灰色的狐狸，走路悄无声息，像仙人，像梦。

车声小了，车声息了。人声大了，人声沸了。咣——哧，铁门打开了，女列车员——一个高个子、大骨架的姑娘正在爽利地用家乡方言指挥下车和上车的乘客。"没有地方了，没有地方了，到别的车厢去吧！"已经在车上获得了自己的位置的人发出了这种无效的，也是自私的呼吁。上车的乘客正在拥上来，熙熙攘攘。到哪里都是熙熙攘攘。与我们的王府井相比，汉堡的街道上简直可以说是看不见人，而且市区的人口还在减少。岳之峰从飞机场来到X城火车站的时候吓了一跳——黑压压的人头，压迫得白雪不白，冬青也不绿了。难道是出了什么事情?1946年学生运动，人们集合在车站广场，准备拦车去南京请愿，也没有这么多人！岳之峰上大学的时候在北平，有一次他去逛故宫博物院，刚刚下午四点就看不见人影了，阴森森的大殿使他的后脊背冒凉气。他小跑着离开了故宫，上了拥挤的有轨电车才放心了一点。如果跑慢了，说不定珍妃会从井里钻出来把他拉下去哩！

但是现在，故宫南门和北门前买入场券的人排着长队，而且不是星期天。X城火车站前的人群令人晕眩，好像全中国有一半人要在春节前夕坐火车。到处都是团聚、相会、团圆饺子、团圆元宵，到处都是对于旧谊、对于别情、对于天伦之乐、对于故乡和童年的追寻。卖刚出屉的肉馅包子的，盖包子的白色棉褥子上尽是油污。卖烧饼、锅盔、油条、大饼的。卖整盒整盒的点心的。卖面包和饼干的。X车站和X城饮食服务公司倾全力到车站前露天售货。为了买两个烧饼也要挤出一身汗。岳之峰出了多少汗啊！他混饱了（环境和物质条件的急骤改变已使他分辨不出饥和饱了）肚子，又买到了去家乡的短途客车的票。找钱的时候使他一怔，写的是一块二，怎么只收了六毛呢？莫非是自己没有报清站名？他想再问一问，但是排在他后面的人已经占据了售票窗口前的有利阵地，他挤不回去了。

他怏怏地看着手中的火车票。火车票上黑体铅字印的是1.20元，但是又用双虚线勾上了两个占满票面的大字：陆角。这使他百思不得其解，简直像是一种生物学上的密码。"这是怎么回事？为什么我买一块二的票她却给了我六角钱的？"他自言自语。他问别人。没有人回答他。等待上车的人大多是一些忙碌得可以原谅的利己主义者。

各种信息在他的头脑里撞击。黑压压的人群。遮盖热气腾腾的肉包子的油污的棉被。候车室里张贴着的大字通告：关于春节期间增添新车次的情况和临时增添的新车次的时刻表。男女厕所门前排着等待小便的人的长队、陆角的双勾虚线、大包袱和小包袱、大篮筐和小篮筐、大提兜和小提兜……他得出了这最后一段行程会是艰难的结论，他有了思想准备。终于他从旅客们的闲谈中听到了"闷罐子车"这个词儿，他恍然了。人脑毕竟比电脑聪明得多。

上到列车上的时候，他有点垂头丧气。在20世纪80年代的第一个春节即将来临之时，正在梦寐以求地渴望实现四个现代化的人们，却还要坐瓦特和史蒂文森时代的闷罐子车！事实如此。事实就像宇宙，就像地球、华山和黄河、水和土、氢和氧、钛和铀，既不像想象那样温柔，也不像想象那么冷酷。不是吗？闷罐子车里坐满了人，而且还在一个两个、十个二十个地往人与人的空隙，分子与分子、原子与原子的空隙之中嵌进。奇迹般的不可思议，已经坐满了人的车厢里又增加了那么多人。没有人叫苦。

有人叫苦了："这个箱子不能压！"一个包着头巾抱着孩子的妇女试探着能不能坐到一只箱子上。"您到这边来，您到这边来。"岳之峰连忙站起身，把自己的靠边的位置让了出来。坐在靠边的地方，身子就能倚在车壁上，这就是最优越的"雅座"了。那女人有点不好意思，但终于抱着小孩子挪动了过来，她要费好大的力气才能不踩着别人。"谢谢您！"妇女用流利的北京话说。她抬起头，岳之峰好像看到一幅炭笔的素描，题目应该叫《微笑》。

丁零丁零的铃声响了，铁门又咣的一声关上了，是更深沉的黑夜，车外的暮色也正在浓重起来。大骨架的女列车员点起了一支白蜡，把蜡烛放到了一个方形的玻璃罩子里。为什么不点油灯呢？大概是怕煤油摇洒出来。偌大车厢，就靠这一支蜡烛照亮。些微的亮光，照得乘客变成了一个又一个的影子。车身又摇晃了，对面车壁上的方形的光斑又在迅速移动了。离家乡又近一些了。摘了帽子，又见到了儿子，父亲该可以瞑目了吧？不论是他的罪恶或者忏悔，不论是他的眼泪还是感激，也不论是他的狰狞丑恶还是老实善良，这一切都快要随着他的消失而云消雾散了。老一辈人正在一个又一个地走向河的那边。咚咚咚，噔噔噔，嘭嘭嘭，是在过桥了吗？连接着过去和未来、中国和外国、城市和乡村、此岸和彼岸的桥啊！

靠得很近的蜡烛把黑白分明的光辉和阴影印制在女列车员的脸上，女列车员像是一尊全身的神像。"旅客同志们，春节期间，客运拥挤，我们的票车去支援长途……提高警惕……"她说得挺带劲，每吐出一个字就像拧紧了一个螺母。她有一种信心十足、指挥若定的气概，以小小的年纪，靠一支蜡烛的光亮，领导着一车的乌合之众。但是她的声音也淹没在轰轰轰，嗡嗡嗡，隆隆隆，不是七嘴八舌，而是七十嘴八十舌的喧嚣里了。

自由市场、百货公司、香港电子石英表、豫剧片《卷席筒》、羊肉泡馍、醪糟蛋花、三接头皮鞋、三片瓦帽子、包产到组、收购大葱、中医治癌、差额选举、结婚筵席……在这些温暖的闲言碎语之中，岳之峰轮流把体重从左腿转移到右腿，再从右腿转移到左腿。幸好人有两条腿，要不然，无依无靠地站立在人和物的密集之中，可真不好受。立锥之地，岳之峰现在对这句成语才有了形象的理解。莫非古代也有这种拥挤的、没有座位和灯光的旅行车辆吗？但他给一个女同志让了"座位"。不，没有座，只有位。想不到她讲一口北京话，这使岳之峰兴致似乎高了一些。"谢谢""对不起"，在国外到处是这种礼貌的用语。忽然有一个装着坚硬的铁器的麻袋正在挤压他右腿的小腿肚子，而另一个席地而坐的人的脊背干脆靠到了他的酸麻难忍的左腿上。

简直是神奇。不仅在慕尼黑的剧院里观看演出的时候，而且在北京，在研究所、部里和宾馆里，在二十三平方米的住房和103和332路公共汽车上，他也想不到人们还要坐闷罐子车。这不是运货和运牲畜的车吗？倒霉！可又有什么倒霉的呢？咒骂是最容易不过的。咒骂闷罐子车比起制造新的美丽舒适的客运列车来，既省力又出风头。无所事事而又怨气冲天的人的口水，正在淹没着忍辱负重、埋头苦干的人的劳动。人们时而用高调，时而又用低调冲击着、替代着那些一件又一件，一天又一天，一年又一年的坚忍不拔的工作。

"给这种车坐，可真缺德！"

"你凑合着吧，过去，还没有铁路哩！"

"运兵都是用闷罐子车，要不，就暴露了。"

"要赶上拉肚子的就麻烦了，这种车上没有厕所。"

"并没有一个人拉到裤子里嘛！"

"有什么办法呢？每逢春节，有一亿多人要坐火车……"

黑暗中听到了这样一些交谈。岳之峰的心平静下来了。是的，这里曾经没有铁路，没有公路，连自行车走的路也没有。阔人骑毛驴，穷人靠两只脚。农民挑着一千五百个鸡蛋，从早晨天不亮出发，越过无数的丘陵和河谷，黄昏时候才能赶到X城。我亲爱的美丽而又贫瘠的土地！你也该富饶起来了吧？过往的记忆，已经像烟一样，雾一样淡薄了，但总不会被彻底忘却吧？历史，历史；现实，现实；理想，理想；哞——哞——咣喊咣喊……喀嘟喀嘟……沿着莱茵河的高速公路。山坡上的葡萄、暗绿色的河流。飞速旋转。

这不就是法兰克福的孩子们吗？男孩子和女孩子，黄眼睛和蓝眼睛，追逐着的，奔跑着的，跳跃着的，欢呼着的。喂食小鸟的，捧举鲜花的，吹响铜号的，扬起旗帜的。那欢乐的生命的声音。那友爱的动人的呐喊。那红的、粉的和白的玫瑰。那紫罗兰和蓝蓝的毋忘我。

不，那不是法兰克福，那是西北高原的故乡。一株巨大的白丁香把花开在了屋顶的灰色的瓦棱上,如雪,如玉,如飞溅的浪花。摘下一条碧绿的柳叶,卷成一个小筒,仰望着蓝天白云,吹一声尖厉的哨子,惊得两个小小的黄鹂飞起,挎上小篮,跟着大姐姐,去采撷灰灰菜,去掷石块,去追逐野兔,去捡鹌鹑的斑斓的彩蛋。连每一条小狗、每一只小猫、每一头牛犊和驴驹都在嬉戏,连每一根小草都在跳舞。

那是春天,是生命,是青年时代

不,那不是西北高原,那是1949年前的北平。华北局城工部(它的部长是刘仁同志)所属的学委组织了平津学生大联欢。营火晚会。"太阳下山明朝依旧爬上来……我的青春小鸟一去不回来。""山上的荒地是什么人来开?地上的鲜花是什么人来栽?"一支又一支的歌曲激荡着年轻人的心。最后,大家发出了使国民党特务胆寒的强音:"团结就是力量……让一切不民主的制度死亡!"信念和幸福永远不能分离。

不,那不是逝去了的、遥远的北平。那是解放了的、飘扬着五星红旗的首都。那是他青年时代的初恋,是第一次吹动他心扉的和煦的风。春节刚过,忽然,他觉察到了,风已经不那么冰冷,不那么严厉了。二月的风就带来了和暖的希望,带来了早春的消息。他跑到北海,冰还没有化哩,还没有什么游人哩。他摘下帽子,他解开上衣领下的第一个扣子。还是冬天吗?当然,还是冬天。然而是已经连接着春天的冬天,是冬与春的桥。有风为证,风已经不冷!风会愈来愈和煦,如醉,如酥……他欢迎着承受着别人仍然觉得凛冽、但是他已经为之雀跃的"春"风,小声叫着他悄悄地爱着的女孩子的名字。

那,那……那究竟是什么呢?是金鱼和田螺吗?是荸荠和草莓吗?是孵蛋的芦花鸡吗?是山泉、榆钱、返了青的麦苗和成双的燕子吗?他定了定神。那是春天,是生命,是青年时代。在我们的生活里,在我们每个人的心房里,在猎户星座和仙后星座里,在每一颗原子核,每一个质子、中子、介子里,不都包含着春天的力量、春天的声音吗?

他定了定神,揉了揉眼睛。分明是法兰克福的儿童在歌唱,当然,是德语。在欢快的童声合唱旁边,有一个顽强的、低哑的女声伴随着。

他再定了定神，再揉了揉眼睛，分明是在从 X 城到 N 地的闷罐子车上。在昏暗和喧嚣当中，他听到了德语的童声合唱和低哑的、不熟练的、相当吃力的女声伴唱。

什么？一台录音机。在这个地方听起了录音。一支歌以后又是一支歌，然后是一个成人的歌。三支歌放完了，是啪啦啪啦的揿动键钮的声音，然后三支歌重新开始。顽强的、低哑的、不熟练的女声也重新开始。这声音盖过了一切喧嚣。

火车悠长的鸣笛。对面车壁上的移动着的方形光斑减慢了速度，加大了亮度。在昏暗中变成了一个个的影子的乘客们逐渐显出了立体化的形状和轮廓。车身一个大晃，又一个大晃，大概是通过了岔道，又到站了。咣——哧，铁门打开了，站台的聚光灯的强光照进了车厢。岳之峰看清楚了，录音机就放在那个抱小孩子的妇女的膝头。开始下人和上人，录音机接受了女主人的指令，啪的一声，不唱了。

"这是……什么牌子的？"岳之峰问。

"三洋牌，这里人们开玩笑地叫它'小山羊'。"妇女抬起头来，大大方方地回答。岳之峰仿佛看到了她的经历过风霜，却仍然是年轻而又清秀的脸。

"从北京买的吗？"岳之峰又问，不知为什么这么有兴趣。本来，他并不是一个饶舌的人。

"不，就从这里。"

这里？不知是指 X 城还是火车正在驶向的某一个更小的城镇。他盯着"三洋"商标。

"你在学外国歌吗？"岳之峰又问。

妇女不好意思地笑了，"不，我在学外国语。"她的笑容既谦逊，又高贵。

"德语吗？"

"噢，是的。我还没学好。"

"这都是些什么歌儿呀？"一个坐在岳之峰脚下的青年问。岳之峰的连续提问吸引了更多的人。

"《小鸟，你回来了》《五月的轮转舞》和《第一株烟草花》，"女同志说，"欣梅尔——天空，福格尔——鸟儿，布鲁米——花朵……"她低声自语。

他们的话没有再继续下去。车厢里充满了的照旧是"别挤！""这个箱子不能坐！""别踩着孩子！""这边没有地方了！"之类的喊叫。

"大家注意啦！"一个穿着民警制服的人上了车，手里拿着半导体扬声喇叭，一边喘着气一边宣布道："刚才，前一节车厢里上去了两个坏蛋，浑水摸鱼，流氓扒窃。有少数坏痞，专门到闷罐子车上偷东西。那两个坏蛋我们已经抓住了。希望各位旅客提高警惕，密切配合，向刑事犯罪分子做坚决的斗争。大家听清楚了没有？"

"听清楚了！"车上的乘客像小学生一样齐声回答。

乘务警察满意地、匆匆地跳了下去，手提扩音喇叭，大概又到别的车厢做宣传去了。

岳之峰不由得也摸了摸自己携带的两个旅行包，摸了摸上衣的四个口袋和裤子的三个口袋。一切都健在无恙。

车开了。经过了短暂的混乱之后，人们又已经各得其所，各就其位。各人说着各人的闲话，各人打着各人的瞌睡，各人嗑着各人的瓜子，各人抽着各人的烟。"小山羊"又响起来了，仍然是《小鸟，你回来了》《五月的轮转舞》和《第一株烟草花》。她仍然在学着德语，仍然低声地歌唱着欣梅尔——天空，福格尔——鸟儿，布鲁米——花朵。

她是谁？她年轻吗？抱着的是她的孩子吗？她在哪里工作？她是搞科学技术的吗？是夜大的新学员吗？是"老三届"的毕业生吗？她为什么学德语学得这样起劲？她在追赶那失去了的时间吗？她做到了一分钟也不耽搁了吗？她有机会见到德国朋友或者到德国去或者已经到德国去过了吗？她是北京人还是本地人呢？她常常坐火车吗？有许多个问题想问啊。

"您听音乐吧。"她说，好像是在对他说。是的，三首歌曲以后，她没有揿键钮。在《第一株烟草花》后面，是约翰·斯特劳斯的《春之声圆舞曲》。闷罐子车正随着这春天的旋律而轻轻地摇摆着，熏熏地陶醉着，袅袅地前行着。

车到了岳之峰的家乡。小站，停车一分钟。响过了到站的铃，又立刻响起了发车的铃。岳之峰提着两个旅行包下了车，小站没有站台，闷罐子车又没有阶梯。每节车厢门口放着一个普通木梯，临时支上。岳之峰从这个简陋的木梯上终于下得地来，他长出了一口气。他向那位女同志道了再见，那位女同志也回答了他的再见。他有点依依不舍。他刚下车，还没等着验票出站，列车就开动了。他看到了闷罐子车的破烂寒碜的外表：有的地方已经掉了漆，灯光下显得白一块、花一块的。但是，下车以后他才注意到，火车头是蛮好的，是崭新的、清洁的、轻便的内燃机车。内燃机车绿而显蓝，瓦特时代毕竟没有内燃机车。内燃机车拖着一长列闷罐子车向前奔驶。天上升起了月亮。车站四周是薄薄的一层白雪。天与雪都泛着连成一片的青光。可以看到远处墓地上的黑黑的、永远长不大的松树。有一点风。他走在了坑坑洼洼的故乡土地上。他转过头，想再多看一眼那一节装有小鸟、五月、烟草花和约翰·施特劳斯的神妙的春之声的临时代用的闷罐子车。他好像还从来没有听过这么动人的歌。他觉得如今每个角落的生活都在出现转机，都是有趣的、有希望的和永远不应该忘怀的。春天的旋律、生活的密码，这是非常珍贵的。

1980 年

练习与思考

一、找出对下列词语中加点字词解释正确的一项。

1. 熙熙攘攘（ ） A.纷乱 B.排斥 C.抢夺 D.急迫
2. 风尘仆仆（ ） A.拍打 B.旅途 C.倒下 D.旅途劳累
3. 喧嚣（ ）   A.急促 B.怒吼 C.吵闹 D.放肆
4. 高亢（ ）   A.过度 B.高   C.极   D.很

二、仿句，就是仿照例句写句子。仿写时，我们首先要明确例句的句式结构特点，要追求"形似"，即句式相同。其次要明确例句的修辞手法、语言特点，再求"神似"，即修辞手法相同、语言畅达。依照下面语句的特点，各仿写一句。

1. 一株巨大的白丁香把花开在了屋顶的灰色的瓦棱上。如雪，如玉，如飞溅的浪花。

仿句：西去的太阳把_____。_____，_____，_____。

2. "O"是一只空杯，等待你用创造的双手去斟满美酒；但对于那些意志消沉者，"O"又是一个绝望的陷阱，是他们滴滴悔恨的泪珠。

仿句：_____，_____；_____，_____。

114

三、王蒙在《关于〈春之声〉的通信》中说道："我打破常规，通过主人公的联想，突破时间和空间的限制，把笔触引向过去和现在、外国和中国、城市和乡村。满天开花，放射性线条，一方面是尽情联想，闪电般的变化，互相切入，无边无际；一方面，却是万变不离其宗，放出去都能收回来，所有的射线都有一个共同的端点，那就是坐在1980年春节前夕的闷罐子车里我们的主人公的心灵。"请以第2自然段中"声音的联想"为例，简要说说作者意识流动的线索及其根据。

四、下边几段心理描写表现了岳之峰什么样的思想感情？

1. 1956年他回过一次家，一次就够用了——回家待了四天，却检讨了二十二年！

2. 就像变戏法，举起一块红布，向左指上两指，这些东西就全没了，连火柴、电池、肥皂都跟着短缺。现在呢，一下子又都变了出来，也许伸手再抓两抓，还能抓出更多的财富。

3. 他觉得如今每个角落的生活都在出现转机，都是有趣的、有希望的和永远不应该忘怀的。春天的旋律、生活的密码，这是非常珍贵的。

五、王蒙的作品反映了中国人民在前进道路上的坎坷历程，从中可以感受到他对社会和人生的态度、认识由初期的热情纯真转为后来的清醒冷峻而又不失乐观。王蒙感情充沛，在创作中进行不倦的探索和创新，成为当代文坛创作丰硕、始终保持创作活力的作家之一。课后阅读王蒙的其他作品，在班级里与同学交流阅读体会。

十三　一个人的遭遇（节选）[①]

[苏联]肖洛霍夫

课文导读

《一个人的遭遇》述说了一个从战争中挺过来的普通人的遭遇。小说塑造了一个逼真朴实的英雄形象，面对战争灾难，他凭着坚毅、尊严与温情这三样东西，让人在一曲悲凉沉郁的命运交响曲中，听到雄浑激越的战士的歌声。

课文通过主人公的内心活动变化展示出波澜起伏的故事情节，故事情节的发展表现了人物性格。请同学们阅读本文，编写故事情节提纲，以事（主人公的遭遇）为切入口，以情（主人公的感情历程）为分析重点，以场面描写为依托，剖析小说的主题，并认真思考：作者写的只是"一个人"的遭遇吗？

[前文梗概：战争结束后的一个春天，"我"在一个渡口邂逅退伍军人安德烈·索科洛夫，他带着一个小男孩到外地去谋生。索科洛夫在等待渡船的两小时内，叙述了自己半生的经历。索科洛夫17岁时十月革命爆发，国内战争时参加了红军。1922年的大饥荒夺去了他父母的性命。他复员后先务农，后来当了工人，和同是孤儿的伊林娜结婚，妻子贤惠，儿女聪明懂事，家庭和睦幸福。德国进攻苏联，卫国战争爆发，41岁的索科洛夫应征入伍。告别时妻子扑在他身上痛哭，火车启动了，他只得用力推开伊林娜，谁知竟成永别。索科洛夫在前线冒着炮火开车运输弹药，1942年受伤被俘，在战俘集中营他受尽了折磨，冒险逃跑但被抓回。德军在前线失利，调派战俘做工，索科洛夫被派为一个少校工程师开车，他找到机会俘虏了少校，冲过火线，回到了自己的队伍……]

[①] 节选自《诺贝尔文学奖全集》（北京燕山出版社2006年版），草婴译，有改动。肖洛霍夫（1905—1984），苏联作家，获1965年诺贝尔文学奖。

……上校和掩蔽部里所有的军官,个个都亲切地跟我握手道别。我出来的时候,激动极了,因为两年来没有受到过人的待遇。嗐,再有,老兄,当我跟首长谈话的时候,我的头好一阵习惯成自然地缩在肩膀里,仿佛怕挨打一样。你瞧,法西斯的俘虏营把我们弄得怎样啦……

我立刻从医院里写了一封信给伊林娜。写得很简单,怎样当了俘虏,怎样又带着德国少校逃回来。嗐,也不知道我怎么会像孩子那样吹起牛来的。我忍不住告诉她说,上校答应要奖赏我……

我吃吃睡睡地养了两个星期。他们给我吃得很少,但是次数很多,不然,如果让我尽量吃的话,我会胀死的,医生那么说。我完全养足了力气。可是过了两星期,却什么东西也吃不下了。家里没有回信来,说实话,我开始发愁了,东西根本不想吃,晚上也睡不着觉,各种古里古怪的念头尽在脑子里转动……第三个星期,我收到伏罗尼士①的一封来信。但那不是伊林娜写的,而是我的邻居,木匠伊凡·季莫斐耶维奇写的。唉,但愿老天爷不要让人家也收到这样的信!他告诉我说,还在1942年6月里,德国人轰炸飞机厂,一颗重型炸弹正中我的房子。伊林娜和两个女儿正巧在家里……嘿,他写道,连她们的影踪都没有找到,在房子的地方只留下一个深深的坑……当时我没有把信念到底。我的眼前一片黑,心缩成一团,怎么也松不开来。我倒在床上,躺了一会儿,才又把信念完了。那邻居写道,轰炸的时候我的儿子阿拿多里在城里。晚上他回到村子里,瞧了瞧弹坑,连夜又回城里去了。临走前对邻居说,他将请求上前线去当志愿军。就是这样。

等到我心松开了,血在耳朵里冲击的时候,就想起我的伊林娜在车站上怎样跟我难舍难分。这么看来,她那颗女人的心当时就预感到,我跟她再也不能在这个世界上见面了。可我当时却推了她一下……有过家,有过自己的房子,这一切都是多年来慢慢经营起来的,而这一切却都在刹那间给毁了,只留下我一个人。我想:"我这悲惨的生活会不会是一场梦呢?"在俘虏营里,我差不多夜夜——当然是在梦中——跟伊林娜,跟孩子们谈话,鼓励他们说:"我会回来的,我的亲人,不要为我悲伤吧,我很坚强,我能活下去的,我们又会在一块儿的……"原来,两年来我是一直在跟死人谈话呐?!

后来我从上校那儿得到了一个月的假期,一个星期以后已经来到伏罗尼士

---

① [伏罗尼士]地名,主人公索科洛夫的家乡。

了。我走到我们一家住过的那地方。一个很深的弹坑，灌满了黄浊的水，周围的野草长得齐腰高……一片荒凉，像坟地一样寂静。唉，老兄，我实在难受极了！站了一会儿，感到穿心的悲痛，又走回火车站。在那边我连一小时也待不下去，当天就回到了师里。

不过，过了3个月，我又像太阳从乌云里出来那样喜气洋洋啦：阿拿多里找到了。从前线寄了一封信给我，看来是从另一条战线寄来的。我的通信处，他是从邻居伊凡·季莫斐耶维奇那儿打听来的。原来，他先进了炮兵学校，他的数学才能在那边正巧用得着。过了一年毕业了，成绩优良，被派到前线，而信就是从前线写来的。他说，已经获得大尉的称号，在一座45毫米炮的炮位上指挥作战，得过6次勋章和奖章。一句话，各方面都比做老子的强多啦。我又为他感到骄傲得不得了！不论怎么说，我的亲生儿子当上大尉和炮兵连长了，这可不是马马虎虎的！而且还得到了那么光荣的勋章。尽管他老子只开开"斯蒂贝克"①，运运炮弹和别的军需品，但那没有关系。老子这一辈子已经完了，可是他，大尉的日子还在后面呢。

夜里醒来，我常常做着老头儿的梦：等到战争一结束，我就给儿子娶个媳妇，自己就住在小夫妻那儿，干干木匠活儿，抱抱孙子。一句话，尽是些老头儿的玩意。可是，就连我这些梦想也完全落空啦。冬天里我们一直不停地进行反攻，彼此就没工夫常常写信。等到战事快要结束，一天早晨，在柏林附近我寄了一封短信给阿拿多里，第二天就收到回信。这时候我才知道，我跟儿子打两条不同的路来到了德国首都附近，而且两人间的距离很近。我焦急地等待着，巴不得立刻能跟他见面。嘿，见是见到了……5月9日早晨，就是胜利的那一天，我的阿拿多里被一个德国狙击②兵打死了……

那天下午，连指挥员把我叫了去。我抬头一看，他的旁边坐着一个我不认识的炮兵中校。我走进房间，他也站了起来，好像看到一个军衔比他高的人。我的连指挥员说："索科洛夫，找你。"说完，他自己却向窗口转过身去。一道电流刺透我的身体，我忽然产生一种不祥的预感。中校走到我的跟前，低低地说："坚强些吧，父亲！你的儿子，索科洛夫大尉，今天在炮位上牺牲了。跟我一起去吧！"

---

① [斯蒂贝克]美国的一种汽车品牌。
② [狙（jū）击]埋伏在隐蔽地点伺机袭击敌人。

我摇摇晃晃，勉强站住脚跟。现在想起来，连那些都像做梦一样：跟中校一起坐上大汽车，穿过堆满瓦砾的街道；还模模糊糊地记得兵士的行列和铺着红丝绒的棺材。我看到阿拿多里，唉，老兄，就像此刻看到你一样清楚。我走到棺材旁边。我的儿子躺在里面，可他已经不是我的啦。我的儿子是个肩膀狭窄、脖子细长、喉结很尖的男孩子，总是笑嘻嘻的；但现在躺着的，却是一个年轻漂亮、肩膀宽阔的男人，眼睛半开半闭，仿佛不在看我，而望着我所不知道的很远的远方。只有嘴唇角上仍旧保存着的一丝笑意，让我认出他就是我的儿子小多里……我吻了吻他，走到一旁。中校讲了话。我的阿拿多里的同志们，朋友们，擦着眼泪，但是我没有哭，我的眼泪在心里干枯了。也许正因为如此，所以我的心才痛得那么厉害吧。

我在远离故乡的德国土地上，埋葬了自己最后的欢乐和希望。儿子的炮兵连鸣着礼炮，给自己的指挥员送丧。我的心里仿佛有样东西断裂了……我不知所以地回到自己的部队里。不久我复员了。上哪儿去呢？难道回伏罗尼士吗？决不！我记得在乌留平斯克住着一位老朋友，他还是冬天里因伤复员的，曾经邀我到他那儿去过。我一想起他，就动身到乌留平斯克去了。

我那个朋友和他的老婆住在城郊，自己有一所房子，却没有孩子。他虽然有些残疾，但仍旧在一个汽车连里当司机，我也在那边找了个工作。我就搬到他们的家里去住。他们很热情地招待我。我们把各种货物运到区里，秋天又被调去运输粮食。就在这时候我认识了我的新儿子。哦，就是在沙地上玩着的那一个。

有时候，开了长途归来，回到城里，第一件事就是到茶馆去吃些什么，当然喽，也免不了喝这么100克解解疲劳。说实话，我又爱上这不良的嗜好啦……有一次就在茶馆附近看见这个小家伙，第二天又看到了。可真是个脏小鬼：脸上溅满西瓜汁，尽是灰土，头发蓬乱，脏得要命，可是他那对眼睛呀，却亮得像雨后黑夜的星星！他那么惹我喜爱，说也奇怪，从此我就开始在想念他了，开了长途归来，总是急于想看到他。他就是在茶馆附近靠人家给他的东西过活的，——人家给他什么，他就吃什么。

第四天，我从国营农场装了一车粮食，一直拐到茶馆那儿。我的小家伙正巧在那边，坐在台阶上，摆动一双小脚，显然，他是饿了。我从车窗里伸出头来，向他叫道："喂，凡尼亚！快坐到车上来吧，我带你到大谷仓里去，再从那儿回来吃中饭。"他听到我的叫声，身子哆嗦了一下，跳下台阶，爬上踏脚板，悄悄地说:"您怎么知道我叫凡尼亚呢?"同时大大地睁着一双小眼睛,看我怎样回答他。嗯,我就对他说,我是一个有经验的人,什么都知道。

他从右边走来,我打开车门,让他坐在旁边,开动车子。他是个很活泼的小家伙,却不知怎的忽然沉默起来,想了一会儿,一双眼睛又慢慢地从自己那两条向上卷曲的长睫毛下打量着我,叹了一口气。这样的一个小雏儿①,可已经学会叹气了。难道他也应该来这一套吗?我就问他说:"凡尼亚,你的爸爸在哪儿呀?"他喃喃地说:"在前线牺牲了。""那么妈妈呢?""妈妈在我们来的时候给炸死在火车里了。""你们是从哪儿来的呀?""我不知道,我不记得……""你在这儿没有一个亲人吗?""没有一个。""那你夜里睡在哪儿呢?""走到哪儿,睡到哪儿。"

这时候,我的热泪怎么也忍不住了。我就一下子打定主意:我们再也不分开了!我要领他当儿子。我的心立刻变得轻松和光明些了。我向他俯下身去,悄悄地问:"凡尼亚,你知道我是谁吗?"他几乎无声地问:"谁?"我又同样悄悄地说:"我是你的爸爸。"

天哪,这一说可说出什么事来啦!他扑在我的脖子上,吻着我的腮帮、嘴唇、前额,同时又像一只太平鸟一样,响亮而尖厉地叫了起来,叫得连车厢都震动了:"爸爸!我的亲爸爸!我知道的!我知道你会找到我的!一定会找到的!我等了那么久,等你来找我!"他贴住我的身体,全身哆嗦,好像风下的一根小草。我的眼睛里蒙上了雾。我也全身打战,两手发抖……我当时居然没有放掉方向盘,真是奇怪极了!但我还是在无意间冲到水沟里,弄得马达也停了。在眼睛里的雾消散以前,我不敢再开,怕撞在什么人身上。就这么停了约莫有5分钟,我的儿子一直紧紧地贴住我,全身哆嗦,一声不响。我用右手抱住他,轻轻地把他压在自己的胸口上,同时用左手掉转车子,回头向家里开去。我哪儿还顾得到什么谷仓呢?根本把它忘掉了。

我把车子抛在大门口,双手抱起自己的新儿子,把他抱到屋子里。他用两只小手勾住我的脖子,一直没有松开。他又把自己的小脸蛋,贴在我那没有刮过胡子的腮帮上,好像粘住了一样。我就是这样把他抱到屋子里的。主人夫妇俩正巧都在家里。我走进去,向他们眨眨眼睛,神气活现地说:"你们瞧,我可找到我的凡尼亚了!好人们,接待我们吧!"他们这对没有孩子的夫妇,一下子明白

---

① [雏(chú)儿]这里指幼小的孩子。

是怎么回事了，就跑来跑去，忙碌起来。我却怎么也不能把儿子从自己的身上放下。好不容易总算把他哄下来了。我用肥皂给他洗了手，让他在桌旁坐下。女主人给他在盘子里倒了菜汤，看他怎样狼吞虎咽地吃着，看得掉下眼泪来。她站在火炉旁，用围裙擦着眼泪。我的凡尼亚看到她在哭，跑到她的跟前，拉拉她的衣襟说："姑姑，您为什么哭呀？爸爸在茶馆旁边把我找到了，大家都应该高高兴兴，可您却在哭。"而她呀，嗐，听了这话哭得更厉害，简直全身都哭湿啦！

吃过饭，我带他到理发馆去，给他理了发；回到家里，又亲自给他在洗衣盆里洗了个澡，用一条干净的大毛巾把他包起来。他拥抱了我，就这样在我的手里睡着了。我小心翼翼地把他放在床上，把车子开到大谷仓，卸了粮食，又把车子开到停车处，连忙跑到铺子里。我给他买了一条小小的呢裤子、一件衬衫、一双漏孔皮鞋、一顶草帽。当然喽，这些东西不但尺寸不对，质料也不合用。为了那条裤子，我还给女主人骂了一顿。她说："你疯啦，这么热的天气叫孩子穿呢裤子！"说完立刻把缝纫机拿出来放在桌上，在箱子里翻了一通。过了一小时，她就给我的凡尼亚缝好一条短裤，一件短袖子的白衬衫。我跟他睡在一块儿，好久以来头一次很安宁地睡去了。不过夜里却起来了三四次。我一醒来，看到他睡在我的胳肢窝下，好像一只麻雀栖在屋檐下，我的心里快乐极了，简直无法用言语来形容！我努力不翻身，免得把他弄醒，但还是忍不住，悄悄地坐起来，划亮一根火柴，瞧瞧他的模样儿……

我天没亮就醒了，不明白为什么感到那么窒闷。原来是我这个儿子从被单里滚出来，伸开四肢，横躺在我的身上，一只小脚正巧压在我的喉咙上。跟他一块儿睡很麻烦，可是习惯了，没有他又觉得寂寞。夜里，他睡熟了，我一会儿摸摸他的身体，一会儿闻闻他的头发，我的心就轻松了，变软了，要不它简直要被忧伤压得像石头一样了……

开头他跟我一起坐在车子上跑来跑去，后来我明白了，那样是不行的。我一个人需要些什么呢？一块面包、一个葱头、一撮盐，就够兵士饱一整天。可是跟他一起，事情就不同了：一会儿得给他弄些牛奶，一会儿得给他烧个鸡蛋，又不能不给他弄个热菜。但是工作不能耽搁。我硬着心肠，把他留在家里，托女主人照顾。结果他一直哭到晚上。到了晚上，就跑到大谷仓来迎接我。在那边一直等到深夜。

开头一个时期，我跟他一起很吃力。有一次，天还没断黑我们就躺下睡觉了，因为我在白天干得很累，可他却一会儿像小麻雀一样叽叽喳喳说个不停，一会儿又不知怎的忽然沉默了。我问他说："乖儿子。你在想什么呀？"他却眼睛盯住天花板，反问我说："好爸爸，你把自己的皮大衣放到哪儿去啦？"我生平不曾有过什么皮大衣啊！我想摆脱他的纠缠，就说："留在伏罗尼士了。""那你为什么找了我这么久呀？"我回答他说："嗳，乖儿子。我在德国，在波兰，在整个白俄罗斯跑来跑去，到处找你，可你却在乌留平斯克。""那么乌留平斯克离德国近吗？波兰离我们的家远不远呢？"在睡觉以前我们就这样胡诌着。

老兄，你以为关于皮大衣，他只是随便问问的吗？不，这都不是没有缘故的。这是说，他真正的父亲从前曾经穿过这样的大衣，而他就记住了。要知道，孩子的记性，好比夏天的闪光，突然燃起，刹那间照亮一切，又熄灭了。他的记性就像闪光，有时候会突然发亮。

也许，我跟他在乌留平斯克会再待上一年，可是在11月里我闯了祸：我在泥泞地上跑着，在一个村子里我的车子滑了一下。这时候正巧有条牛走过，就给撞倒了。嗯，当然喽，娘儿们大叫大嚷，人们跑拢来，交通警察也来了。他拿走了我的司机执照，虽然我再三请求他原谅，但还是没有用。牛站起来，甩甩尾巴，跑到巷子里去了，可我却失去了执照。冬天就干了一阵木匠活儿，后来跟一个朋友通信，——他是我过去的同事，也是你们省里的人，在卡沙里区当司机——他请我到他那儿去。他来信说，我可以先去当半年木工，以后可以在他们省里领到新的执照。我们父子俩现在正是要走到卡沙里去。

嗐，说句实话，即使不发生这次撞牛的事，我也还是要离开乌留平斯克的。这颗悲愁的心不让我在一个地方长待下去。等到我的凡尼亚长大些，得送他进学校了，到那时我也许会安定下来，落户在一个地方。现在可还要跟他一起在俄罗斯的地面上走走。

"他走起来很吃力吧。"我说。①

其实他很少用自己的腿走，多半是我让他骑在肩上，背着他走的，如果要活动活动身体，他就从我的身上爬下来，在道路旁边跳跳蹦蹦地跑着，赛过一只小羊。这些，老兄，倒没什么，我跟他不论怎样总可以过下去的，只是我的心震荡得厉害，

① ["他走起来很吃力吧。"我说。]此句是小说中听故事的"我"的话。

得换一个活塞了……有时候，它收缩和绞痛得那么厉害，眼睛里简直一片漆黑。我怕有一天会在睡着的时候死去，把我的小儿子吓坏。此外，还有一件痛苦的事：差不多天天夜里梦见死去的亲人。而最常见的梦是：我站在带刺的铁丝网里面，他们却在外边，在另外一边……我跟伊林娜、跟孩子们谈着一切，可是刚想拉开铁丝网，他们就离开我，仿佛在跟前消失了……奇怪得很，白天我总是表现得很坚强，从来不叹一口气，不叫一声"哎哟"，可是夜里醒来，整个枕头总是给泪水浸透了……

  树林里听到我那个同志的叫声和划桨声。

  这个陌生的，但在我已经觉得很亲近的人，站了起来，伸出一只巨大的、像木头一样坚硬的手：

  "再见，老兄，祝你幸福！"

  "祝你到卡沙里一路平安。"

  "谢谢。喂，乖儿子，咱们坐船去。"

  男孩子跑到父亲跟前，挨在他的右边，拉住父亲的棉袄前襟，在迈着阔步的大人旁边急急地跑着。

  两个失去亲人的人，两颗被空前强烈的战争风暴抛到异乡的沙子……什么东西在前面等着他们呢？我希望：这个俄罗斯人，这个具有不屈不挠的意志的人，能经受一切；而那个孩子，将在父亲的身边成长，等到他长大了，也能经受一切，并且克服自己路上的各种障碍，如果祖国号召他这样做的话。

  我怀着沉重的忧郁，用目光送着他们……本来，在我们分别的时候可以平安无事，可是，凡尼亚用一双短小的腿连跳带蹦地跑了几步，忽然向我回过头来，挥动一只粉红色的小手。刹那间，仿佛有一只柔软而尖利的爪子，抓住了我的心，我慌忙转过脸去。不，在战争几年中白了头发、上了年纪的男人，不仅仅在梦中流泪，在清醒的时候也会流泪。这儿重要的是能及时转过脸去。这儿最重要的是不要伤害孩子的心，不要让他看到，在你的脸颊上怎样滚动着吝啬而伤心的男人的眼泪……①

---

① ［树林里……男人的眼泪……］此部分是小说中"我"的叙述。

练习与思考

一、给下列加点的字注音。

狙（　）击　　瓦砾（　）　　嗜（　）好　　一撮（　）盐　　胡诌（　）

塞（　）车　　塞（　）责　　边塞（　）　　活塞（　）　　堵塞（　）

二、选词填空。

1. 等到我心松开了，血在耳朵里（冲击、撞击）的时候，就想起我的伊林娜……

2. 她那颗女人的心当时就（预感、预料）到，我跟她再也不能在这个世界上见面了。

3. 一道电流（穿透、刺透）我的身体，我忽然产生一种不祥的预感。

4. 他又把自己的小脸蛋，（靠在、贴在）我那没有刮过胡子的腮帮上，好像粘住了一样。

5. 只是我的心（震动、震荡）得厉害，得换一个活塞了……

三、阅读课文，填写下表。分析主人公命运的三大波折、六次起伏，概括出他的性格特点。

三大波折	六次起伏	主人公性格
第一大波折		
第二大波折		
第三大波折		

四、有时一个新颖、别致的细节，会一下子打入读者的心底，它连同人物的全部血肉永远留在记忆里。当凡尼亚举手向"我"告别时，作者写道："仿佛有

一只柔软而尖利的爪子,抓住了我的心。"这是一种什么样的感觉?"我"为什么不想让孩子看到眼泪?

五、北京、广州等城市曾经兴起一种名为"图书漂流"的读书活动。在一些公共场所立起了一些书架,书架上的图书贴着纸条,纸条上写着"您可以随意取阅,读完后,请把它放回'漂流书架';您如果有想'放漂'的图书,也可随时上架"。请想象一下,如果你参与"图书漂流"活动,"放漂"《一个人的遭遇》或《老人与海》等小说,你会写一段怎样的话以引起读者的阅读兴趣,并提醒他继续参与"图书漂流"活动。要求在90字以内(含标点符号)。

十四　老人与海（节选）①

［美国］海明威

课文导读

> 孤单的老人、无边的大海，一场人与自然搏斗、人与命运抗争的惊心动魄的故事在他们之间发生。
>
> 老人说："一个人并不是生来要给打败的，你尽可以把他消灭掉，可就是打不败他。"可是老人每取得一点胜利都付出了惨重的代价，最后仍然遭到无可挽救的失败。老人真的失败了吗？
>
> 海明威说："冰山运动之所以雄伟壮观，是因为他只有八分之一在水面上。"这就是著名的"冰山原则"。露出水面的是形象，隐藏在水下的是思想感情，形象越集中鲜明，感情越深沉含蓄。为使"水上"部分简约凝练，海明威的语言形成了一种"电报体风格"；为使"水下"的部分深厚阔大，他还借助象征的手法，使作品蕴含深意。你能说出大海、鲨鱼的象征意义吗？

鲨鱼的出现不是偶然的。当一大股暗黑色的血②沉在一海里深的海中然后又散开的时候，它就从下面水深的地方蹿上来。它游得那么快，什么也不放在眼里，一冲出蓝色的水面就涌现在太阳光下。然后它又钻进水里去，嗅出了踪迹，开始顺着船和鱼所走的航线游来。

有时候它也迷失了臭迹，但它很快就嗅出来，或者嗅出一点儿影子，于是它就紧紧地顺着这条航线游。这是一条巨大的鲭鲨③，生来就游得跟海里速度最快的鱼一般快。它周身的一切都美，只除了上下颚。它的脊背蓝蓝的像是旗鱼的脊背，肚子是银白色的，皮是光滑的，漂亮的。它生得跟旗鱼一样，不同的是它那巨大的两颚，游得快的时候它的两颚是紧闭起来的。它在水面下游，高耸的脊

---

① 节选自《老人与海》（上海译文出版社1979年版），海观译，有改动。欧内斯特·海明威（1899—1961），美国作家。
② ［暗黑色的血］是被捕获的马林鱼流的血，形成了一道臭（xiù）迹，引来了鲨鱼。
③ ［鲭（qīng）鲨］一种凶猛的大鲨鱼，体庞大，长达20米。

鳍①像刀子似的一动也不动地插在水里。在它紧闭的双唇里，它的8排牙齿全部向内倾斜着。跟寻常大多数鲨鱼不同，它的牙齿不是角锥形的，像爪子一样缩在一起的时候，形状就如同人的手指头。那些牙齿几乎跟老头儿的手指头一般长，两边都有剃刀似的锋利的口子。这种鱼天生地要吃海里一切的鱼，尽管那些鱼游得那么快，身子那么强，战斗的武器那么好，以至于没有别的任何的敌手。现在，当它嗅出了新的臭迹的时候，它就加快游起来，它的蓝色的脊鳍划开了水面。

老头儿看见它来到，知道这是一条毫无畏惧而且为所欲为的鲨鱼。他把渔叉准备好，用绳子系住，眼眨也不眨地望着鲨鱼向前游来。绳子短了，少去它割掉用来绑鱼的那一段。

老头儿现在的头脑是清醒的、正常的，他有坚强的决心，但是希望不大。他想：能够撑下去就太好啦。看见鲨鱼越来越近的时候，他向那条死了的大鱼望上一眼。他想：这也许是一场梦。我不能够阻止它来害我，但是也许我可以捉住它。Dentuso②，他想。去你的吧。

鲨鱼飞快地逼近船后边。它去咬那条死鱼的时候，老头儿看见它的嘴大张着，看见它在猛力朝鱼尾巴上面的肉里咬进去的当儿，它那双使人惊奇的眼睛和咬得格崩格崩的牙齿。鲨鱼的头伸在水面上，它的脊背也正在露出来，老头儿用渔叉攮③到鲨鱼头上的时候，他听得出那条大鱼身上皮开肉绽的声音。他攮进的地方，是两只眼睛之间的那条线和从鼻子一直往上伸的那条线交叉的一点。事实上并没有这两条线。有的只是那又粗大又尖长的蓝色的头，两只大眼，和那嘎吱作响、伸得长长的、吞噬一切的两颚。但那儿正是脑子的所在，老头儿就朝那一个地方扎进去了。他鼓起全身的气力，用他染了血的手把一杆锋利无比的渔叉扎了进去。他向它扎去的时候并没有抱着什么希望，但他抱有坚决的意志和狠毒无比的心肠。

鲨鱼在海里翻滚过来。老头儿看见它的眼珠已经没有生气了，但是它又翻滚了一下，滚得自己给绳子缠了两道。老头儿知道它是死定了，鲨鱼却不肯承认。接着，它肚皮朝上，尾巴猛烈地扑打着水面，两颚嘎吱作响，像一只快艇一样在

---

① [脊鳍（qí）] 也叫背鳍。鱼类背部的鳍。
② [Dentuso] 西班牙语，意为"牙齿锋利的"，这是当地对鲭鲨的俗称。
③ [攮（nǎng）] 刺。

127

水面上破浪而去。海水给它的尾巴扑打得白浪滔天，绳一拉紧，它的身子四分之三都脱出了水面，那绳不住地抖动，然后突然折断了。老头儿望着鲨鱼在水面上静静地躺了一会儿，后来它就慢慢地沉了下去。

"它咬去了大约40磅，"老头儿高声说。他想：它把我的渔叉连绳子都带去啦，现在我的鱼又淌了血，恐怕还有别的鲨鱼会窜来呢。

他不忍朝死鱼多看一眼，因为它已经给咬得残缺不全了。鱼给咬住的时候，他真觉得跟他自个儿身受的一样。

他想，但是我已经把那条咬我的鱼的鲨鱼给扎死啦。我从来没看过这么大的Dentuso。谁晓得，大鱼我可也看过不少呢。

他想，能够撑下去就太好啦。这要是一场梦多好，但愿我没有钓到这条鱼，独自躺在床上的报纸上面。

"可是一个人并不是生来要给打败的，"他说，"你尽可以把他消灭掉，可就是打不败他。"他想：不过这条鱼给我弄死了，我倒是过意不去。现在倒霉的时刻就要来到，我连渔叉也给丢啦。Dentuso 这个东西，既残忍，又能干；既强壮，又聪明。可我比它更聪明。也许不吧，他想。也许我只是比它多了个武器吧。

"别想啦，老家伙，"他又放开嗓子说，"还是把船朝这条航线上开去，有了事儿就担当下来。"

"想点开心的事吧，老家伙，"他说，"一分钟一分钟过去，离家越来越近了。丢掉了40磅鱼肉，船走起来更轻快些。"

他很清楚，把船开到海流中间的时候会出现什么花样。但是现在一点办法也没有。

"得，有主意啦，"他大声说，"我可以把我的刀子绑在一只桨把上。"

他把舵柄夹在胳肢窝里，用脚踩住帆脚绳，把刀子绑在桨把上了。

"啊，"他说，"我照旧是个老头儿。不过我不是赤手空拳罢了。"

这时风大了些，他的船顺利地往前驶去。他只看了看鱼的前面一部分，他又有点希望了。

他想，不抱着希望真蠢。此外我还觉得这样做是一桩罪过。他想，别想罪过了吧。不想罪过，事情已经够多啦，何况我也不懂得这种事。

我不懂得这种事，我也不怎么相信。把一条鱼弄死也许是一桩罪过。我猜想一定是罪过，虽然我把鱼弄死是为了养活我自己，也为了养活许多人。不过，那样一来什么都是罪过了，别想罪过了吧。现在想它也太迟啦，有些人是专门来考虑犯罪的事儿的，让那些人去想吧。你生来是个打鱼的，正如鱼生来是条鱼。

他总喜欢去想一切跟他有关联的事情，同时因为没有书报看，也没有收音机，他就想得很多，尤其是不住地在想到罪过。他想，你把鱼弄死不仅仅是为了养活自己，卖去换东西吃。你弄死它是为了光荣，因为你是个打鱼的。它活着的时候你爱它，它死了你还是爱它。你既然爱它，把它弄死了就不是罪过。不然别的还有什么呢？

"你想得太多啦，老头儿。"他高声说。

他想，你倒很乐意把那条鲨鱼给弄死的。可是它跟你一样靠着吃活鱼过日子。它不是一个吃腐烂东西的动物，也不像有些鲨鱼似的，只是一个活的胃口。它是美丽的、崇高的，什么也不害怕。

"我弄死它为了自卫，"老头儿又高声说，"我把它顺顺当当地给弄死啦。"

他想，况且，说到究竟，这一个总要去杀死那一个。鱼一方面养活我，一方面要弄死我。孩子是要我养活的。我不能过分欺骗自己了。

他靠在船边上，从那条死鱼身上给鲨鱼咬过的地方撕下了一块肉。他嚼了一嚼，觉得肉很好，味道也香，像牲口的肉，又紧凑又有水分，可就是颜色不红。肉里面筋不多，他知道可以在市场上卖大价钱。可是他没法叫肉的气味不散到水里去，他知道倒霉透顶的事儿快要发生了。

风在不住地吹，稍微转到东北方去，他知道，这就是说风不会减退了。老头儿朝前面望了一望，但是他看不见帆，看不见船，也看不见船上冒出来的烟。只有飞鱼从船头那边飞出来，向两边仓皇地飞走，还有的就是一簇簇黄色的马尾藻。他连一只鸟儿也看不见。

他已经在海里走了两个钟头，在船艄歇着，有时候嚼嚼从马林鱼身上撕下来的肉，尽量使自己好好休息一下，攒些力气，这时他又看见了两条鲨鱼中间的第一条。

"呀，"他嚷了一声。这个声音是没法可以表达出来的，或许这就像是一个人在觉得一根钉子穿过他的手钉进木头里的时候不自主地发出的喊声吧。

"星鲨①，"他高声说。他看见第二条鱼的鳍随着第一条鱼的鳍冒上来，根据

---

① [星鲨]原文为Calano（加拉诺），意思是"杂色斑驳的"，是一种鲨鱼的俗称。星鲨是一种小鲨鱼。这里将"Calano"译作"星鲨"，以表示老人对犁头鲨的轻蔑。

那褐色的三角形的鳍和那摆来摆去的尾巴，他认出这是两条犁头鲨①。它们嗅出了臭迹以后就兴奋起来，因为饿得发呆了，它们在兴奋中一会儿迷失了臭迹，一会儿又把臭迹找出来。但是它们却始终不停地向前逼近。

　　老头儿系上帆脚绳，把舵柄夹紧。然后他拿起了上面绑着刀子的桨。他轻轻地把桨举起来，尽量轻轻地，因为他的手痛得不听使唤了。然后，他又把手张开，再轻轻地把桨攥住，让手轻松一些。这一次他攥得很紧，让手忍住了疼痛不缩回来，一面注意着鲨鱼的来到。他看得见它们的阔大的、扁平的铲尖儿似的头，以及那带白尖儿的宽宽的胸鳍。这是两条气味难闻的讨厌的鲨鱼，是吃腐烂东西的，又是凶残嗜杀的。饥饿的时候，它们会去咬一把桨或者船的舵。这些鲨鱼会趁海龟在水面上睡觉的时候就把它们的四肢咬掉。它们饥饿的时候会咬到水里游泳的人，即使人身上没有鱼血的气味或者鱼的黏液。

　　"呀，"老头儿说，"星鲨，来吧，星鲨。"

　　它们来了。但是它们没有像鲭鲨那样地游来。一条鲨鱼转了一个身，就钻到船底下看不见的地方，它把那条死鱼一拉又一扯，老头儿感觉到船在晃动。另一条鲨鱼用它裂缝似的黄眼睛望着老头儿，然后飞快地游到船跟前，张着半圆形的大嘴朝死鱼身上被咬过的部分咬去。在它那褐色的头顶和后颈上，在脑子和脊髓相连的地方，清清楚楚地现出了一条纹路，老头儿就用绑在桨上的刀子朝那交切点攥进去，又抽出来，再攥进它的猫似的黄眼睛里。鲨鱼放开了它咬的死鱼，从鱼身上滑下去，死去的时候还吞着它咬下的鱼肉。

　　由于另一条鲨鱼正在蹂躏②死鱼的缘故，船身还在晃荡，老头儿松开了帆脚绳，让船向一边摆动，使鲨鱼从船底下出来。一看见鲨鱼，他就从船边弯着身子把刀子朝它身上扎去。他要扎的只是肉，可是鲨鱼的皮很结实，好不容易才把刀子戳进去。这一下不仅震痛了他的手，也震痛了他的肩膀。鲨鱼又很快地露出头来，当它的鼻子伸出水面来靠在死鱼身上的时候，老头儿对准它的扁平的脑顶中央扎去，然后把刀子拔出，又朝同一个地方扎了一下。它依旧闭紧了嘴咬住鱼，于是老头儿再从它的左眼上戳进去，但它还是缠住死鱼不放。

　　"怎么啦？"老头儿说着又把刀子扎进它的脊骨和脑子中间去。这一次戳进去很容易，他觉得鲨鱼的软骨断了。老头儿又把桨翻了一个身，把刀放在鲨鱼的

---

① [犁头鲨]鲨鱼的一种，体扁平，头呈犁头状，长1米多。
② [蹂躏(róulìn)]践踏，比喻用暴力欺压、侮辱、侵害。

两颚中间，想把它的嘴撬开。他把刀子绞了又绞，当鲨鱼嘴一松滑下去的时候，他说："去，去，星鲨。滑到一海里深的水里去。去见你的朋友吧，也许那是你的妈妈呢。"

老头儿擦了一擦他的刀片，把桨放下。然后他系上了帆脚绳，给帆张开了风，把船顺着原来的航线开去。

"它们准是把它吃掉四分之一了，而且吃的净是好肉，"他大声说，"我真盼望这是一场梦，但愿我根本没有把它钓上来。鱼啊，这件事可真教我不好受。从头错到底啦。"他不再说下去，也不愿朝鱼看一眼。它的血已经淌尽了，还在受着波浪的冲击，他望了望它那镜子底似的银白色，它身上的条纹依然看得出来。

"鱼啊，我不应该把船划到这么远的地方去，"他说，"既不是为了你，也不是为了我。我很不好受，鱼啊。"

好吧，他又自言自语地说。望一望绑刀的绳子，看看断了没有。然后把你的手弄好，因为还有麻烦的事儿没有来到呢，他想。

"有一块石头磨磨刀子该多好，"老头儿检查了一下绑在桨把上的绳子以后说，"我应该带一块石头来。"他想，好多东西都是应该带来的，但是你没有带来，老家伙。现在不是想你没有的东西的时候。想一想用你现有的东西可以做的事儿吧。

"你给我想出了很巧妙的主意，"他放开了喉咙说，"可是我懒得听下去啦。"

他把舵柄夹在胳肢窝里，双手泡在水里，随着船往前漂去。

"天晓得，最后那一条鲨鱼撕去了我好多鱼肉，"他说，"可是船现在轻松些了。"他不愿去想给撕得残缺不全的鱼肚子。他知道，鲨鱼每次冲上去猛扯一下，就给扯去了好多的死鱼肉，现在死鱼已经成为一切鲨鱼追踪的途径，宽阔得像海面上的一条大路一样了。

他想，这是把一个人养活一整个冬天的鱼啊。别那样想吧。歇一歇，把你的手弄好，守住剩下来的鱼肉。水里有了那么多的气味，我手上的血腥味也算不得什么，何况手上的血淌得也不多。给割破的地方并算不了什么。淌血会叫我的左手不抽筋。

他想，我现在还有什么事儿可想呢？没有。什么也别去想它，只等着以后的鲨鱼来到吧。我希望这真是一场梦，他想。但是谁晓得呢？也许结果会很好的。

下一个来到的鲨鱼是一条犁头鲨。它来到的时候就活像一只奔向猪槽的猪，如果一只猪的嘴有它的那么大,大得连你的头也可以伸到它嘴里去的话。老头儿先让它去咬那条死鱼,然后才把绑在桨上的刀扎进它的脑子里去。但是鲨鱼一打滚就往后猛地一挣,那把刀子咔嚓一声折断了。

老头儿只管去掌他的舵,连看也不看那条大鲨鱼,它慢慢地沉到水里去,最初还是原来那么大,然后渐渐小下去,末了只有一丁点儿了。这种情景老头儿一向是要看得入迷的,可是现在他望也不望一眼。

"我还有鱼钩呢,"他说,"但是那没用处。我有两把桨,一个舵把,还有一根短棍。"

他想,这一回它们可把我打败了。我已经上了年岁,不能拿棍子把鲨鱼给打死。但是,只要我有桨,有短棍,有舵把,我一定要想法去揍死它们。

他又把手泡在水里。这时天色渐渐地向晚。除了海和天以外什么也看不出来。天上的风刮得比先前大了些,他希望马上能够看到陆地。

"你累乏啦,老头儿,"他说,"里里外外都累乏啦。"

直到太阳快落下去的时候,鲨鱼才又向他扑来。

老头儿看见两个褐色的鳍,顺着死鱼在水里造成的那条宽阔的路线游着。它们甚至不去紧跟着鱼的气味,就肩并肩地直朝着小船扑来。

他扭紧了舵,把帆脚绳系好,从船艄下面去拿那根短棍。这是把一个断了的桨锯成二英尺半长左右的一个桨把子。因为那个桨把子有个把手,他用一只手攥起来才觉得方便,他就稳稳地把它攥在右手里,用手掌弯弯地握着,一面望着鲨鱼的来到。两条都是"星鲨"①。

他想,我要先让第一条鲨鱼把死鱼咬紧了,然后再朝它的鼻尖儿揍,或者照直朝它的头顶上劈去。

两条鲨鱼一道儿来到跟前,他看见离得最近的一条张开大嘴插进死鱼的银白色的肚皮时,他把短棍高高地举起,使劲捶下,朝鲨鱼的宽大的头顶狠狠地劈去。短棍落下的当儿,他觉得好像碰到了一块坚韧的橡皮,同时他也感觉到打在铁硬的骨头上。鲨鱼从死鱼身上滑下去的时候,他又朝它的鼻尖上狠狠地揍了一棍。

另一条鲨鱼原是忽隐忽现的,这时又张开了大嘴扑上来。当它咬住了死鱼闭紧了嘴的时候,老头儿看得见从它嘴角上漏出的一块块白花花的鱼肉。他用棍子

---

① ["星鲨"]星鲨加引号,表示并非真的是星鲨。

对准了它打去，只是打中了它的头。鲨鱼朝他望了一望，然后把它咬住的那块肉撕去。当它衔着鱼肉逃走的时候，老头儿又揍了它一棍，但是打中的只是橡皮似的又粗又结实的地方。

"来吧，星鲨，"老头儿说，"再来吧。"

鲨鱼又冲上来，一闭住嘴就给老头儿揍了一棍。他把那根棍子举到不能再高的地方，结结实实地揍了它一下。这一回他觉得他已经打中了它的脑盖骨，于是又朝同一个部位打去，鲨鱼慢慢吞吞地把一块鱼肉撕掉，然后从死鱼身上滑下去了。

老头儿留意望着那条鲨鱼会不会再回来，可是看不见一条鲨鱼。一会儿他看见一条在水面上打着转儿游来游去。他却没有看到另一条的鳍。

他想，我没指望再把它们弄死了。当年年轻力壮的时候，我会把它们弄死的。可是我已经叫它们受到重伤，两条鲨鱼没有一条会觉得好过。要是我能用一根垒球棒，两只手抱住去打它们，保险会把第一条鲨鱼打死。甚至现在也还是可以的。

他不愿再朝那条死鱼看一眼。他知道它的半个身子都给咬烂了。在他跟鲨鱼格斗的时候，太阳已经落下去了。

"马上就要天黑，"他说，"一会儿我要看见哈瓦那①的灯火了。如果我往东走得更远，我会看见从新的海滩上射出的灯光来的。"

他想，现在离港口不会太远了。我希望没有人替我担心。只有那孩子，当然，他一定会替我担心的。可是我相信他有信心。好多打鱼的老头儿也会替我担心的。还有好多别的人。我真是住在一个好地方呀。

他不能再跟那条大鱼讲话，因为它给毁坏得太惨啦。这时他的脑子里突然想起了一件事。

"你这半条鱼啊，"他说，"你原来是条整鱼的。我过意不去的是我走得太远，这把你和我都给毁啦。可是我们已经弄死了许多鲨鱼，你和我，还打伤好多条。老鱼，你究竟弄死过多少鱼啊？你嘴上不是白白地生了那个长吻②的。"

他总喜欢想到这条死去的鱼，想到要是它能够随意地游来游去，它会怎么样去对付一条鲨鱼。他想，我应该把它的长吻儿砍掉，用它去跟鲨鱼斗。可是船上

---

① [哈瓦那]古巴的首都。桑提亚哥是一位古巴移民。
② [长吻]指大鱼的长嘴。

没有斧头，后来又丢掉了刀子。

话又说回来，当时要是我能够把它的长吻儿砍掉，绑在桨把上的话，那该是多好的武器呀。那样一来，我俩就会一同跟它们斗啦。要是它们在夜里窜来，你该怎么办呢？你有什么办法呢？

"跟它们斗，"他说，"我要跟它们斗到死。"

现在已经天黑，可是天边还没有红光，也看不见灯火，有的只是风，只是扯得紧紧的帆，他觉得大概他已经死了。他合上两只手，摸一摸手掌心。它们没有死，只要把它们一张一合，他还觉得活活地痛哩。他把脊背靠在船艄上，才知道他没有死。这是他的肩膀告诉他的。

他想，我许过愿，要是我捉到了这条鱼，我一定把所有的那些祷告都说一遍。但是我现在累得说不出了。倒不如把麻袋拿过来盖在我的肩膀上。

他躺在船艄，一面掌舵一面留意着天边红光的出现。他想，我还有半条鱼。也许我有运气把前面半条鱼带回去。我应该有点儿运气的。可是没有呀，他说。你走得太远，把运气给败坏啦。

"别胡说八道啦，"他又嚷起来，"醒着，掌好舵。也许你的运气还不小呢。"

"我倒想买点儿运气，要是有地方买的话。"他说。

我拿什么去买运气呢？他自己问自己。我买运气，能够用一把丢掉的渔叉、一把折断的刀子、一双受了伤的手吗？

"可以的，"他说，"你曾经想用海上的84天去买它。它们也几乎把它卖给了你。"

他想：别再胡思乱想吧。运气是各式各样的，谁认得出呢？可是不管什么样的运气我都要点儿，要什么报酬我给什么。他想，我希望我能见到灯光。我想要的事儿太多，但灯光正是我现在想要的。他想靠得舒服些，好好地去掌舵；因为觉得疼痛，他知道他并没有死。

大约在夜里10点钟的时候，他看见了城里的灯火映在天上的红光。最初只是辨认得出，如同月亮初升以前天上的光亮。然后，当渐渐猛烈的海风掀得波涛汹涌的时候，才能从海上把灯光看得清楚。他已经驶进红光里面，他想，现在他马上就要撞到海流的边上了。

他想，现在一切都过去了。不过，也许它们还要向我扑来吧。可是，在黑夜里，没有一件武器，一个人怎么去对付它们呢？

  他现在身体又痛又发僵，他的伤口和身上一切用力过度的部分都由于夜里的寒冷而痛得厉害。他想，我希望我不必再去跟它们斗啦。我多么希望我不必再跟它们斗呀。

  可是到了半夜的时候，他又跟它们斗起来，这一回他知道斗也不会赢了。它们是成群窜来的，他只看到它们的鳍在水里划出的纹路，和它们扑到死鱼身上去的时候所放出的磷光。他用棍棒朝它们的头上打去，听到上下颚裂开和它们钻到船下面去咬鱼的时候把船晃动的声音。凡是他能够感觉到的、听见的，他就不顾一切地用棍棒劈去。他觉得有什么东西抓住了他的那根棍，随着棍就丢掉了。

  他把舵把从舵上拽掉，用它去打、去砍，两只手抱住它，一次又一次地劈下去，但是它们已经窜到船头跟前去咬那条死鱼：一忽儿一个接着一个地扑上来，一忽儿一拥而上。当它们再一次折转身扑来的时候，它们把水面下发亮的鱼肉一块一块地撕去了。

  最后一条鲨鱼朝死鱼的头上扑来，他知道一切都完了。于是他用舵把对准鲨鱼的头打去，鲨鱼的两颚正卡在又粗又重的死鱼头上，不能把它咬碎。他又迎面劈去，一次，两次，又一次。他听到舵把折断的声音，再用那裂开了的桨把往鲨鱼身上戳去。他觉得桨把已经戳进去，他也知道把子很尖，因此他再把它往里面戳。鲨鱼放开鱼头就翻滚着沉下去。那是来到的一大群里最后的一条鲨鱼。它们再也没有什么东西可吃了。

  老头儿现在简直喘不过气来，同时他觉得嘴里有一股奇怪的味道。这种味道带铜味，又甜。他担心了一会儿。不过那种味道并不多。

  他往海里啐了一口唾沫，说："吃吧，星鲨。做你们的梦去，梦见你们弄死了一个人吧。"

  他知道他终于给打败了，而且一点补救的办法也没有，于是他走回船艄，发现舵把的断成有缺口的一头还可以安在舵的榫头①上，让他凑合着掌舵。他又把麻袋围在肩膀上，然后按照原来的路线把船开回去。现在他在轻松地开着船了，他的脑子里不再去想什么，也没有感觉到什么。什么事都已过去，现在只要把船尽可能好好地、灵巧地开往他自己的港口去。夜里，鲨鱼又来咬死鱼的残骸，像一个人从饭桌子上去捡面包皮似的。老头儿睬也不睬它们，除了掌舵，什么事儿都不睬。他只注意到他的船走得多么轻快，多么顺当，没有其重无比的东西在旁

---

① ［榫（sǔn）头］器物两部分利用凹凸相接的凸出的部分。

边拖累它了。

　　船还是好好的，他想。完完整整，没有半点儿伤损，只除了那个舵把。那是容易配上的。

　　他感觉到他已经驶进海流里面，看得出海滨居住区的灯光。他知道他现在走到什么地方，到家不算一回事儿了。

　　风总算是我们的朋友，他想。然后他又加上一句：不过也只是有时候。还有大海，那儿有我们的朋友，也有我们的敌人。床呢，他又想。床是我的朋友。正是床啊，他想。床真要变成一件了不起的东西。一旦给打败，事情也就容易办了，他想。我绝不知道原来有这么容易。可是，是什么把你打败的呢？他又想。

　　"什么也不是，"他提高嗓子说，"是我走得太远啦。"

　　当他驶进小港的时候，海滨酒店的灯火已经熄灭，他知道人们都已上床睡去。海风越刮越大，现在更是猖狂了。然而港口是静悄悄的。于是他把船向岩石下面的一小块沙滩跟前划去。没有人来帮助他，他只好一个人尽力把船划到岸边。然后他从船里走出，把船系在岩石旁边。

　　他放下桅杆，卷起了帆，把它捆上，然后把桅杆扛在肩膀上，顺着堤坡往岸上走去。这时他才知道他已经疲乏到什么程度。他在半坡上歇了一会儿，回头望了一望，借着水面映出的街灯的反光，看见那条死鱼的大尾巴挺立在船艄后面。他看见鱼脊骨的赤条条的白线，黑压压一团的头，伸得很长的吻和身上一切光溜溜的部分。

练习与思考

一、下列各项中，加点字的注音完全正确的一项是（　　）

A. 沮（jǔ）丧　　撬（qiào）走　　塞（sè）满　　豁（huò）出去
B. 榫（sǔn）头　　报酬（chóu）　　蹂躏（lìn）　　攥（cuán）起来
C. 刹（shā）车　　脊鳍（qí）　　残骸（hái）　　胳（gā）肢窝
D. 绰（chuò）号　　模（mú）样　　吞噬（shì）　　皮开肉绽（dìng）

二、下列各句中，横线上填入的词语最为恰当的一项是（　　）

①这种鱼天生地要吃海里一切的鱼，尽管那些鱼游得那么快，身子那么强，

战斗的武器那么好，_____于没有别的任何的敌手。

②老头儿又把桨_____了一个身，把刀_____在鲨鱼的两颚中间，想把它的嘴_____开。

③现在已经天黑，_____天边还没有红光，_____看不见灯火，有的只是风，只是扯得紧紧的帆，他觉得大概他已经死了。

A. 以致　转/戳/撬　可是/也　　B. 以致　转/戳/绞　因为/所以
C. 以至　翻/放/撬　可是/也　　D. 以至　翻/放/绞　可是/而且

三、阅读课文，圈画出描写鲨鱼的语句与同学交流。想想作者为什么要浓墨重彩地描绘鲨鱼？

四、分析下列心理描写对塑造人物形象的作用。

1. 这也许是一场梦。我不能够阻止它来害我，但是也许我可以捉住它。

2. 他知道他终于给打败了，而且一点补救的办法也没有。

3. "可是一个人并不是生来要给打败的，"他说，"你尽可以把他消灭掉，可就是打不败他。"

五、小说的题目原为《人的尊严》，后更名为《老人与海》。思考并讨论：作者为什么要这样改？有何深意？

*十五　微型小说两篇

阅读提示

　　微型小说多取材于生活中具有典型意义的一个小片段或一两个镜头，以近似速写的笔法，勾勒出人物的轮廓或性格的某一侧面，以小见大，生动活泼。本课两篇微型小说尽管作者国别不同，但都巧妙地表达了作者关注人生、关注社会的思想。

　　《等待散场》写了一对青年恋人温馨而又甜蜜的爱情。小说没有正面描写小伙子与妙龄女郎的爱情故事，而只是选取了小伙子与姑娘在剧场内外互相守候的两个细节，借助"我"这个旁观者和《天鹅湖》舞剧的暗示彰显了主题。

　　《他母亲的伙伴》截取了母子街头卖报的生活片段，充溢着在贫困生活中母子相依为命的暖暖温情。结尾含蓄耐读，犹如卵石击水，激起阅读者感情的波澜。

　　同学们，让我们带着一双"揭秘"的眼睛来欣赏两位作者是如何巧妙构思，把简单的故事雕琢成精美的艺术品的。我们可以从中体味人生的丰富多彩，相信它的每个阶段都会给我们留下值得记忆的片段。

等待散场[①]

刘心武

　　已经是晚上9点钟了，我才到达剧场门前。剧场里的芭蕾舞剧《天鹅湖》[②]肯定已经跳完了如梦如幻的第二幕，而且华丽诡异的第三幕说不定也所剩无多。我是个狂热的芭蕾舞迷，因此，尽管因为业务上的急事耽搁到8点40分才得以

[①] 选自《微型小说选刊》1998年第15期。刘心武（1942—　），作家。
[②] [《天鹅湖》]取材于俄罗斯童话。讲的是王子齐格弗里德在湖畔与被魔王罗特巴尔德用魔法变成白天鹅的公主奥杰塔相遇、相知、相爱，历经磨难有情人终成眷属的故事。这个经典爱情故事由于柴可夫斯基的创作又成为一部充满诗情画意和浪漫色彩的艺术经典。

脱身，还是风风火火地钻进出租车赶到剧场。

我出了汽车才感觉到下着小雨。从我下车的地方到通向剧场大门的宽大阶梯还有一小段距离，为了避免淋雨，我从售票处以及相连的平房那儿绕向阶梯，因为那里有挡雨的棚檐。我一边小跑，一边朝剧院大门望去，我觉得那一连串的门扇仿佛都已关闭，根本没有检票的人影了，我是否还能入场呢？惶急中，我忽然撞到一个人的肩膀上，要不是他及时闪避，我们俩说不定都得倒地。

我立足定神一看，是个小伙子，戴着一副眼镜。他的眼珠子在镜片后也细细打量着我。

"您有票吗？"

我吃了一惊。竟还有比我更痴迷芭蕾舞的。这剧场前的小广场上，只有路灯光下，霏霏细雨中活像巨型甲虫的小汽车，默默地斜趴成一大排，除了我们俩再没别的人影。里面舞台上那最令人眼眩心迷的西班牙舞大概已经跳过，王子正在上黑天鹅的当……剧已过半，他还在这里等退票！

"我自己要看！"我一边回答他，一边掏我的票。咦，怎么没有？

"不，"那小伙子蔼然地对我说，"我不要您的票，您快进去看吧！"

我从衣兜里掏出一堆名片，从中抽出了那张宝贵的戏票，顺口问："你不看，待在这儿干什么？"

"等散场。等她出来。"

我立刻明白，是一对恋人同来等退票，只等到一张，因此小伙子让姑娘先进去了。我倏地忆及自己的青春，一些当年的荒唐与甜蜜场景碎片般闪动在我心间，我不由得表态："啊，你比我更需要……你进去吧！"

我把票递给他，他接过去，仔细地看了一下排数座号，退给了我。我那张票是头等席，180元一张。他是等我主动打折么？我忙表态："不用给钱，快进去吧！"他还是不要，说："您这票的位置……离她太远……"我说："咳，那有什么关系！你可以到她那排，把这个好位置让给她旁边的人……至少，你可先到她那排，告诉她，你也进来了……"他却仍然把我持票的手推开了。

我觉得这个小伙子很古怪。他已然耽搁了我的时间，而且还拂了我的好意，我恼怒得反而不想进剧场了，我很粗暴地说："你有病！"

小伙子很难为情，解释说："我答应在外面等她……她也许会随时提前出来……我还是要在这儿一直等着散场……"说着便扭头朝剧场大门张望，生怕在

139

我们交谈的一瞬间，那姑娘会从门内飘出，而他没能及时迎上去。

我抛开那小伙子，跑向剧场大门。小雨如酥，我险些滑跌在门前台阶上。从每扇门的大玻璃都可以看到前廊里亮着的灯光，可是我推了好几扇门都推不开。后来我发现最边上的一扇是虚掩的，忙推开闪进。前廊里有位女士，我走过去把票递给她，她吃了一惊，迷惘地看看我，摇头，紧跟着前廊与休息厅的收票口那儿走来一位穿制服的人，显然，那才是收票员。他先问那位女士："您不看了吗？"又问我："您是……怎么回事儿？"我发现先遇上的那位女士，不，应该说是一位妙龄女郎，站在前廊门边，隔着玻璃朝外看。我也扭身朝外望去，只见那个小伙子仍在原地，双臂抱在胸前，痴痴地朝剧场大门这边守候着……

从演出区泄出《天鹅湖》最后一景的乐曲，王子与白天鹅的爱情即将冲破恶魔的阻挠而终于圆满。妙龄女郎望着雨丝掩映的那个身影，忽然咬紧嘴唇，眼里闪出异样的光……我站在那儿，摩挲①着鬓边白发，沉浸在永恒的旋律里……

他母亲的伙伴②

[澳大利亚] 亨利·劳森

灯光下，剧院门口的台阶上，坐着一个面容憔悴的妇人。她手里抱着一个孩子，身旁站着两个，膝上放着一叠报纸，紧挨脚边的一个雪茄烟盒就搁在人行道上，里面装满了火柴、靴带和骨领扣。

一位绅士模样的人，从马路对面的"大理石酒吧间"走了出来。他在人行道上站了片刻，看了看表，然后径自向剧院走去。他穿过大街，在走近人行道的时候，把手伸进了衣袋里。

"买报，先生？"一个报童叫道。"来哟，先生，有《新闻》，还有《星》。"

但那位"先生"已经注意到了台阶上的妇人，并朝她走去。

"买报吧，先生！这里有《星》。"孩子嚷着，一下子闪到他跟前，目光很快地从"先生"脸上转向卖报的女人，他说："没关系，先生！都是一样的——她是我母亲……谢谢！"

---

① [摩挲（suō）] 用手抚摸。
② 选自《世界微型小说精选简评集》（广西民族出版社1988年版）。亨利·劳森（1867—1922），澳大利亚作家。

问题与讨论

一、《等待散场》的主人公是小伙子和妙龄女郎，为什么却写了那么多关于"我"的内容？"我"在文中究竟有什么作用？

二、《他母亲的伙伴》最后写道："没关系，先生！都是一样的——她是我母亲……谢谢！"请简要分析这句话在文中的作用。

三、微型小说写的虽然是生活的小片段，却是生活的高度浓缩。谈谈这两篇小说各自表达了什么主题。

表达与交流

口语交际

采 访

【案例】

作为偶像

一

记者：从凯旋到现在，差不多有3个月的时间了，全国观众都比较关心你。到外太空去了一次，你现在觉得身体怎么样？

杨利伟：从外太空回来之后到现在，整个恢复情况还可以，感觉还不错。

记者：这一次中国载人航天飞行非常成功，你很好地完成了任务，现在有很多人对航天科学很感兴趣。你有没有想到这会对青少年产生怎样的影响？

杨利伟：随着社会发展，加快对外太空的研究、探索和开发是一个必然的趋势。这次载人航天飞行，会激励很多青少年去热爱科学、崇尚科学，激发他们对航天事业的浓厚兴趣。

记者：如果让你给年轻人一些忠告或建议，你有什么话要对他们说？

杨利伟：他们需要一种精神，一种航天精神。有了这种特别的精神激励，不管是在学习上，还是在工作中，我想很多困难都会迎刃而解。

二

记者：我们后来看到一个纪录片，记录你从训练到最后升空的整个过程。我注意到一个细节，是说已经选定你了，你已经知道第二天要飞了。起飞这一天的早晨，叫你起床，叫了两次。这么激动人心的时刻你还能很好地睡觉，保持平静的心情，你当时是怎么考虑的？

杨利伟：知道选中我去进行首飞时，心情确实很激动。从执行任务的角度来说，第二天载人飞船就要发射了，我要尽可能地保持平静，控制自己的情绪。如果休息不好，就可能影响任务的执行。这也是航天员应该具备的一项基本素质。

记者：我还听到过一个细节，是说你在升空的那天早上，把手表托付给战友，让他帮你保存。我们知道去年春节期间，美国航天飞机又出了一次重大事故，有航天员牺牲，你当时有没有这样的念头，就是说有没有担心过这种事情的发生？

杨利伟：当时没有那种想法，因为走的时候，我们要带很多东西过去，包括一些随身的物品，而升空时这些东西都不能带，肯定是要交给战友带回来。……航天事业本身是一个高风险的事业，这是毫无疑问的，你过多地去想它也没有什么用，关键是这件事情值得不值得你去做，也就是我刚才说的，这个使命确实是很神圣的。

三

记者：在这么多年的训练中，你觉得什么项目，或者什么事情对你来说是最难熬的？

杨利伟：我们平时训练，艰苦的项目确实太多了，也说不上哪一项更难熬。比如超重训练、低压缺氧训练以及在沙漠进行生存训练，等等，对我们来说都是极限的挑战。给你举一个例子：做离心机训练，我们一只手拿着对答的按键，一只手拿着报警器，如果感觉不舒服或者身体实在承受不了，你可以按报警器，这样马上就可以停下来，自己的痛苦就减轻了。但是这么多年过去了，据我所知，我们这十几个人没有一个人去把报警器按响。

记者：那么，在你的心里有一些什么样的念头或者信念支撑着你，让你一直坚持训练呢？

杨利伟：我觉得就是对航天事业的执着吧。

这是东方卫视记者采访"中国飞天第一人"杨利伟的实录节选。本次采访力图通过一系列问题让杨利伟向公众敞开心扉，展示他作为"偶像"人物的个性特征和一代航天人的精神品质。记者正是围绕这一中心设计了三组问题：第一组问题围绕"偶像"的影响来设计；第二组问题围绕超人的心理素质来设计；第三组问题围绕非凡的意志品质来设计。采访过程中，记者首先从杨利伟的近况谈起，以关切之情缩短了与采访对象的感情距离。记者善于从细节入手，如"叫你起床，叫了两次"，从而引出问题，问题具体、明确而巧妙。在深入采访对象内心世界时，记者先用细节引入，再援引国外的事实，避免了直接提问的唐突，问题提得入情入理。杨利伟则善于倾听，得体应对，准确作答，传递信息简洁明晰。

【相关知识】

采访是从采访对象那里获得自己所需要的信息的一种口语交流形式。由于采访目的、对象、环境的不同，采访过程存在着种种不确定性，因此，就需要充分做好采访前的准备工作，学习和掌握一定的采访方法和技巧。

一、采访前的准备

1. 材料准备

采访前的材料准备是为了增强对所报道对象的认识和了解，在最短的时间内获得尽可能丰富、翔实、有价值的材料，使采访获得成功。

首先，必须准备相关的资料。一般情况下，需要准备的文字资料有直接的资料和间接的资料。所谓直接的资料，是由被采访者自己所能提供的与其有直接关系的现成文字资料，如被采访者写的回忆录、文章等。所谓间接的资料，一般是指与采访对象有关的一切文字的东西。如果进行体育比赛项目的报道，那么就要翻阅该项目的有关资料，如它的发展史、历史纪录的创造者，以及各参赛队的风格、特点等。

其次，要围绕报道内容了解有关情况。从宏观上讲，就是要站在全局角度，掌握党和国家的政策，全局范围内出现的新情况、新问题、新动态，等等。这样有助于在采访时站得高、看得远、抓得准。从微观上来说，就是了解被采访者的历史和现状。比如我们去采访某一个人，就要通过不同的方式、不同的渠道事先了解他的经历、性格习惯、特长，等等。

最后，必要的知识准备是做好采访工作的又一个重要环节。当然，一个人的文化知识素养，更重要的是靠平时持之以恒的长期积累。我们平时要多读书，广泛涉猎各个学科的知识，注意收集和追踪新知识、新信息，还要时时关心国内外大事和社会上各种各样的事物，不断丰富自己的知识积累。

2. 列采访提纲

在采访提纲的准备过程中，我们要善于把复杂的问题和过程"浓缩"成一个或数个简单的问题。这样，既便于对方回答，也可以节省被采访者为组织自己思路和谈无用材料所花费的时间，以缩短采访过程。

在我们的采访提纲拟定后，还有一个细节不容忽视，那就是知会被采访对象。设法让被采访对象与自己一起进行准备，让对方知道你要采访的中心大意，这对一个成功的采访来说是十分必要的。

二、采访时的提问技巧

采访的艺术就是提问的艺术。如果提问得当会使采访活动事半功倍，相反，则势必会给采访带来阻力，甚至导致采访失败。

1. 要了解采访对象

俗话说："射箭要看靶子，弹琴要看听众。"采访时要看好对象，要区分对象的身份、知识水平和人生阅历等多方面因素，做到因人提问。

2. 要问得切题

中央电视台主持人敬一丹在石家庄签名售书，一名记者对她采访时问道："你如何看待中国目前的新闻舆论监督作用？你怎样处理生活和事业的关系？"敬一丹听后回应他说："你的问题太大了，恐怕我回答不了。"可见，采访提问一定要围绕一个主题，如果问得唐突、生硬、笼统，就会导致采访失败。

3. 要问得简洁

有一位记者在采访追捕逃犯的干警时问道："你们是哪个公安局的？你们怎么得到这个消息的？你们有多少人参加了这次行动？现在情况怎么样？"这样的提问往往使对方很难做出完整的回答，因为人的记忆力是有限的，如果提问时问题过多过长，会令采访对象难以理解或前记后忘。

4. 要问得有意义

有位记者问一个高考的学生："你想不想考上一所理想的大学？"问一个刚搬进新居的居民："搬进新居你高兴吗？"试想哪个学生不想考上理想的大学？哪个居民搬进新居不高兴？这样的问题显然是没什么意义的。

【练一练】

为提高学生的自我管理能力，活跃住宿学生的课余文化生活，学校成立了学生宿舍管理委员会。假如你是学校的一名小记者，将在学校领导、班主任、住宿学生中选择一位进行采访，以了解他们对此事的态度，你将选择哪一位？怎样提问？请拟写采访提纲（包括问题）。

写 作

材料的详略

【训练重点】

一、明确写作要有详有略，重点突出。

二、了解确定材料详略的原则和规律。

三、能够根据表达中心的需要确定材料的详略，掌握详写和略写的基本能力。

【写作指导】

一篇文章中可能要用几个材料，而每个材料在这篇文章当中的作用又不尽相同，有主次之分。在文章中起至关重要作用的材料为主要材料，在文章中起辅助作用的为次要材料。详写，指材料的表述要具体、详尽，将人物与事件的面貌、议论与说明的道理等具体、清晰地呈现出来，使人印象深刻，心悦诚服；略写，指材料表述概括、简略，以较少的文字将事物或思想轮廓表现出来。一般而言，主要材料详处理，次要材料略处理。

决定材料主次详略，可以根据以下原则。

第一，根据文章立意的需要而定。对文章立意表达作用大的为主要材料，应详写。例如《过秦论》一文中，作者对秦孝公时的"兴"，"孝公既没，惠文、武、昭襄"时的"强"，"及至始皇"时的"盛"都做了较详细的叙述，有的甚至还用反衬手法进一步突出。作者对秦以外的九国人才一一列举，可谓详备之至。一般人认为用"人才济济"4个字来概括也未尝不可。其实作者是以极言九国人多势盛，来反衬秦之极其强大，为最后一段的议论"蓄势"，如此强大的秦国，为什么最终灭亡了呢？其目的正是使文章的中心更加鲜明突出。

第二，根据读者的情况而定。古人云："作文，他人所详者我略，他人所略者我详。"就是说，那些别人可能不了解的新的材料应该详写，而人们所熟知的内容应该略写；人们较难理解的要详写，而那些"意义自明、无须多说"的就要略写。如《胡同文化》一文指出，胡同文化是北京的市民文化，是北京文化的重要组成部分。而胡同名称来源的奇特，读者不甚了解，作者就详细介绍了皇家储物地、名人居住地、行业集中地、形状相似地和不知以何取义等多种名称来源，于平淡中细数胡同的多与奇，带我们去细细体味胡同和北京人生活极其密切的关系。

第三，根据材料的情况而定。凡是新颖又确能表现立意的材料，应作为主要材料不厌其详，同时，又不能使之陷于孤立，还要佐以必要的次要材料烘托它。如要阐述"生命的意义"这一话题，我们可以列举许多科学家的例子，如史蒂芬·霍金、哥白尼、布鲁诺、诺贝尔、居里夫人等。这些科学家的例子就是性质相同的材料。我们可以详写史蒂芬·霍金，原因至少有三个：一是其成就大，霍金在物理力学、广义相对论和量子力学领域做出了伟大的贡献，被誉为"继爱因斯坦后最伟大的科学家"。二是霍金的事例相对新颖。三是霍金是残疾人，更能表现其坚忍的品格和自强不息的精神。而哥白尼、布鲁诺、诺贝尔、居里夫人等例子早为大家熟知则可略写。

总之，处理材料的主次详略要从对整篇文章是否有利的角度去考虑安排。

【练一练】

一、如果分别以"校运会——我们的节日"和"记一次运动会"为题来写学校运动会，对开幕式这个材料，哪篇文章可以详写？哪篇文章只能一笔带过？赛前训练这个材料，哪篇文章可以详写？哪篇文章只能略写或可以只字不提？

二、阅读下面的材料，自拟题目，写一篇记叙文。

1931年，华沙镭学研究院举行落成典礼。镭的发现者居里夫人被簇拥到主席台上，接受鲜花与喝彩。忽然，居里夫人急急离开了主席台，一直走到一位白发苍苍的老年妇人身边，弯下了腰，深情地吻了她的双颊，随后推着她坐的轮椅向主席台走去。她是谁？原来是居里夫人的老师。

要求：

1. 根据材料确定文章中心。
2. 详略得当地安排材料。
3. 不少于600字。

提示：可以在原材料的基础上展开合理而丰富的想象，并且根据文章的中心对材料的详略进行正确的处理。

语文综合实践活动

抓住属于自己的美丽
——"我的形象设计"交流活动

【活动的目的与任务】

一、培养根据活动主题和目的搜集、整理、筛选、利用资料的能力。

二、掌握采访的方法与技巧。

三、培养协作意识、探究能力，提高审美情趣。

【活动流程】

活动准备 ⇒ 组建小组 明确任务 ⇒ 1. 交流礼仪规范知识 2. 确定形象设计的目标

每组任务可不同

学生服饰设计，或未来职业装设计

分组活动 ⇒ 分工合作 ⇒ 1. 搜集信息 2. 进行专题采访 3. 形象设计 ⇒ 组内交流 ⇒ 后期加工

交流汇总信息，推出最佳设计

建议使用电子演示文档，个体或群体展示

班集体活动 ⇒ 班级活动 ⇒ 活动评价

小组成果展示，体现小组特色

形成一定的评价标准，学生自我体验，自我评价

【活动指导】

一、活动准备

1. 组建小组

按每组5个人左右组建。

2. 明确任务

在老师的指导协调下，不同小组的任务可以不同。可以按"中职校的学生形象"专题，设计学生运动装、休闲装、时尚装；也可以结合自己未来的职业，按"我（们）的未来形象"专题，设计职业装、工作服等。

二、分组活动

1. 信息的收集与筛选

运用在本单元中学到的采访知识去采访身边的家长、老师、朋友、同学，采访问题可以设计为：您认为学生自己设计服装有必要吗？您能否评价一下我校的师生校服？您关注时尚资讯信息吗？您是通过什么渠道（电视传媒、报刊平媒还是网络媒体）获取这些时尚资讯的呢？等等。

同学们可以从图书馆、网络等渠道搜集相关资料，搜集有关服装设计的理念、有关服饰学的知识、礼仪与服饰的关系等，还可以搜集各类服饰图片资料。

每位同学用一两句话记下个人采访和搜集资料后的感悟。

2. 服装的设计

服装的设计要大方得体，富有朝气和活力，具有学生或职业特色，能展现学生或者未来职业者形象。

3. 组内交流

向同学介绍设计构想，限时3分钟。组内推出一个最佳设计后，全组成员合作，制作电子演示文档，撰写解说词。如果条件许可，可做好现场实物展示。

三、班集体活动

1. 小组最佳设计展示

在主持人的组织下，各小组采用多媒体或者现场模特展示等方式向同学介绍本组的设计理念、设计心得及成果等。

2. 活动评价

学生自我体验，自我评价，可以形成一套形象设计评价标准。

四、成果展示

根据各组推荐，评出班级最佳设计。主持人或者其他组的代表可以现场采访获胜小组成员。

课外古代诗词诵读

虞美人①

李 煜

春花秋月何时了②？往事③知多少。小楼昨夜又东风，故国不堪回首月明中④。

雕栏玉砌应犹在⑤，只是朱颜改⑥。问君⑦能有几多愁？恰似一江春水向东流。

---

① 选自《南唐二主词》（上海古籍出版社2003年版）。李煜（937—978），字重光，五代时南唐国主，世称李后主。
② ［春花秋月何时了］意思是，时光流转不息。
③ ［往事］指词人过去在南唐当皇帝时寻欢作乐的宫廷生活。
④ ［故国不堪回首月明中］意思是说，在皎洁的月光下，回想起故国的情景，精神上的痛苦真难以忍受。故国，指被北宋灭亡的南唐。
⑤ ［雕栏玉砌应犹在］南唐的华丽宫殿应该还存在吧。雕栏，雕花的栏杆。玉砌，像白玉一样的台阶。
⑥ ［朱颜改］红润的脸色变得苍白、憔悴。朱颜，代称原南唐宫廷中的宫女。
⑦ ［问君］这里是假设的问话，把自己当作第二人称来说。

151

凤栖梧[1]

柳 永

伫倚危楼风细细[2]。望极春愁,黯黯生天际[3]。草色烟光残照里,无言谁会凭阑意[4]。

拟把疏狂图一醉[5]。对酒当歌,强乐[6]还无味。衣带渐宽终不悔,为伊[7]消得人憔悴。

---

[1] 选自《全宋词》(中华书局2009年版)。凤栖梧,词牌名,也叫"蝶恋花"。
[2] [伫倚危楼风细细]一个人长久地站立在高楼上,春风轻轻吹拂着面颊。伫,久立。危楼,高楼。
[3] [望极春愁,黯黯生天际]在目力所及的天边,仍然不见思念中的恋人,不禁黯然神伤,一缕春愁油然而生。黯黯,神情沮丧的样子。
[4] [无言谁会凭阑意]意思是,主人公倚着栏杆默默无言,又有谁会理解他心中的思念之意呢? 会,领会、理解。凭,靠着。阑,即栏,楼上的栏杆。
[5] [拟把疏狂图一醉]意思是,打算豁达一下,借酒浇愁,以求一醉。疏狂,豁达、洒脱。
[6] [强乐]勉强寻欢作乐。
[7] [伊]她,主人公远方的恋人。

第四单元

单元导语

热爱文学，钟情艺术，可以充盈我们的内心，慰藉我们的灵魂，提升我们的修养。用探询的眼光去寻觅文学、艺术，触摸令我们感动的东西时，我们会陶醉，会震撼，会从蒙昧走向智慧。

本单元所选的五篇课文，或指出树立好文风的重要意义，或提出进行文学艺术欣赏的方法途径，或论述艺术的表现手法。《反对党八股》（节选）阐明了必须抛弃党八股，采取生动活泼新鲜有力的马克思列宁主义的文风的重要意义；《文学的趣味》中阐述的关于文学鉴赏的真知灼见，给人以启迪；《运用之妙，存乎一心》通过对生动鲜活的诗词的鉴赏，阐述了语言运用的理论，既有理论深度，又富有美感；《音乐就在你心中》对"音乐是什么"做了新的诠释，引人遐想；《中国艺术表现里的虚和实》在展现中国艺术魅力的同时，引人深思。

学习本单元，我们要重点掌握正确分析观点的方法。所谓观点就是作者在文章中表现出来的对某种具体事物的或赞同或反对的主观倾向，是作者在文中所表现的主旨，是文章内容的核心。把握住文章的观点，就为正确领会文章奠定了基础。作者观点态度的表达，常因文体、风格或其他因素的影响而有差异。或明示，直接表明观点态度；或暗示，含蓄委婉地抒写感情倾向；或集中议论抒情，一目了然；或散见于字里行间，若隐若现。所谓分析就是将其分解和剖析。我们可以从文章内容、文体特点、标志性词语、文章背景资料、文章风格等方面入手，把核心内容、主要特点、主题精神等剖析开来，展示其内部结构，来揭示材料之间的因果联系，把握作

者要表现的主旨。

　　学习本单元，我们要注意掌握语句扩展、语段压缩的方法。语句扩展是指根据表达中心的需要，把简单凝练的语句或一组词语扩展成表达具体明朗、语言丰富多彩的语段。语段压缩就是对一个自然段或一个句群或几个自然段的信息做筛选、提炼、整合，并用恰当的概括性语言表达出来。

　　通过学习，同学们还要学会在写作中正确处理观点与论证的关系，学会写会议纪要，并通过"问渠那得清如许，为有源头活水来——艺术欣赏心得交流会"这一语文综合实践活动提高语文应用能力。

阅读与欣赏

十六　反对党八股（节选）[①]

（一九四二年二月八日）
毛泽东

课文导读

　　1942年2月8日，毛泽东同志在延安干部会上发表的《反对党八股》的讲演，一针见血地指出了党在当时存在的文风问题，由此拉开了整顿党的文风的序幕。课文是其中的节选。

　　课文揭露了党八股的罪状和危害，阐明了采取马克思列宁主义的文风的重要意义。作者条分缕析，说理透彻，语言生动活泼、新鲜有力。阅读课文，首先，要理解党八股八大罪状的主要内容，正确把握和深刻理解作者的观点。其次，分析作者是按照什么顺序列举党八股的八大罪状的，整体把握作者的论述思路。最后，以某一个段落为例，分析作者是如何层层深入地批判党八股罪状的，弄清党八股各种罪状的表现、危害、根源和克服方法，领会课文边破边立和运用多种论证方法的论述效果。学习时，要反复品读，理解文中比喻、俗语、成语以及口语化语言的表达作用，体会课文深入浅出的论述特点。

　　阅读课文，联系自己的学习经验和体会，谈谈你对采取马克思列宁主义的文风的认识。

　　现在来分析一下党八股的坏处在什么地方。我们也仿照八股文章的笔法来一个"八股"，以毒攻毒，就叫做八大罪状吧。

　　党八股的第一条罪状是：空话连篇，言之无物。我们有些同志欢喜写长文章，但是没有什么内容，真是"懒婆娘的裹脚，又长又臭"。为什么一定要写得那么长，又那么空空洞洞的呢？只有一种解释，就是下决心不要群众看。因为长

[①] 选自《毛泽东选集》第三卷（人民出版社1991年版）。

而且空，群众见了就摇头，哪里还肯看下去呢？只好去欺负幼稚的人，在他们中间散布坏影响，造成坏习惯。去年六月二十二日，苏联进行那么大的反侵略战争，斯大林在七月三日发表了一篇演说，还只有我们《解放日报》①一篇社论那样长。要是我们的老爷写起来，那就不得了，起码得有几万字。现在是在战争的时期，我们应该研究一下文章怎样写得短些，写得精粹些。延安虽然还没有战争，但军队天天在前方打仗，后方也唤工作忙，文章太长了，有谁来看呢？有些同志在前方也喜欢写长报告。他们辛辛苦苦地写了，送来了，其目的是要我们看的。可是怎么敢看呢？长而空不好，短而空就好吗？也不好。我们应当禁绝一切空话。但是主要的和首先的任务，是把那些又长又臭的懒婆娘的裹脚，赶快扔到垃圾桶里去。或者有人要说：《资本论》不是很长的吗？那又怎么办？这是好办的，看下去就是了。俗话说："到什么山上唱什么歌。"又说："看菜吃饭，量体裁衣。"我们无论做什么事都要看情形办理，文章和演说也是这样。我们反对的是空话连篇言之无物的八股调，不是说任何东西都以短为好。战争时期固然需要短文章，但尤其需要有内容的文章。最不应该、最要反对的是言之无物的文章。演说也是一样，空话连篇言之无物的演说，是必须停止的。

党八股的第二条罪状是：装腔作势，借以吓人。有些党八股，不只是空话连篇，而且装样子故意吓人，这里面包含着很坏的毒素。空话连篇，言之无物，还可以说是幼稚；装腔作势，借以吓人，则不但是幼稚，简直是无赖了。鲁迅曾经批评过这种人，他说："辱骂和恐吓决不是战斗②。"科学的东西，随便什么时候都是不怕人家批评的，因为科学是真理，决不怕人家驳。主观主义和宗派主义的东西，表现在党八股式的文章和演说里面，却生怕人家驳，非常胆怯，于是就靠装样子吓人；以为这一吓，人家就会闭口，自己就可以"得胜回朝"了。这种装腔作势的东西，不能反映真理，而是妨害真理的。凡真理都不装样子吓人，它只是老老实实地说下去和做下去。从前许多同志的文章和演说里面，常常有两个名词：一个叫做"残酷斗争"，一个叫做"无情打击"。这种手段，用了对付敌人或敌对思想是完全必要的，用了对付自己的同志则是错误的。党内也常常有敌人和敌对思想混进来，如《苏联共产党（布）历史简要读本》结束语第四条所说的那样。对于这种人，毫无疑义地是应该采用残酷斗争或无情打击的手段的，因为那

---

① ［《解放日报》］当时中共中央的机关报，1941年5月16日在延安创刊，1947年3月27日停刊。
② ［辱骂和恐吓决不是战斗］这是鲁迅的一篇文章的题目。最初发表于1932年12月15日《文学月报》第一卷第五、六号合刊上，后编入《南腔北调集》。

些坏人正在利用这种手段对付党，我们如果还对他们宽容，那就会正中坏人的奸计。但是不能用同一手段对付偶然犯错误的同志；对于这类同志，就须使用批评和自我批评的方法，这就是《苏联共产党（布）历史简要读本》结束语第五条所说的方法。从前我们那些同志之所以向这些同志也大讲其"残酷斗争"和"无情打击"，一方面是没有分析对象，一方面就是为着装腔作势，借以吓人。无论对什么人，装腔作势借以吓人的方法，都是要不得的。因为这种吓人战术，对敌人是毫无用处，对同志只有损害。这种吓人战术，是剥削阶级以及流氓无产者所惯用的手段，无产阶级不需要这类手段。无产阶级的最尖锐最有效的武器只有一个，那就是严肃的战斗的科学态度。共产党不靠吓人吃饭，而是靠马克思列宁主义的真理吃饭，靠实事求是吃饭，靠科学吃饭。至于以装腔作势来达到名誉和地位的目的，那更是卑劣的念头，不待说的了。总之，任何机关做决定，发指示，任何同志写文章，做演说，一概要靠马克思列宁主义的真理，要靠有用。只有靠了这个才能争取革命胜利，其他都是无益的。

　　党八股的第三条罪状是：无的放矢，不看对象。早几年，在延安城墙上，曾经看见过这样一个标语："工人农民联合起来争取抗日胜利。"这个标语的意思并不坏，可是那工人的工字第二笔不是写的一直，而是转了两个弯子，写成了"工"字。人字呢？在右边一笔加了三撇，写成了"人"字。这位同志是古代文人学士的学生是无疑的了，可是他却要写在抗日时期延安这地方的墙壁上，就有些莫名其妙了。大概他的意思也是发誓不要老百姓看，否则就很难得到解释。共产党员如果真想做宣传，就要看对象，就要想一想自己的文章、演说、谈话、写字是给什么人看、给什么人听的，否则就等于下决心不要人看，不要人听。许多人常常以为自己写的讲的人家都看得很懂，听得很懂，其实完全不是那么一回事，因为他写的和讲的是党八股，人家哪里会懂呢？"对牛弹琴"这句话，含有讥笑对象的意思。如果我们除去这个意思，放进尊重对象的意思去，那就只剩下讥笑弹琴者这个意思了。为什么不看对象乱弹一顿呢？何况这是党八股，简直是老鸦声调，却偏要向人民群众哇哇地叫。射箭要看靶子，弹琴要看听众，写文章做演说倒可以不看读者不看听众吗？我们和无论什么人做朋友，如果不懂得彼此的心，不知道彼此心里面想些什么东西，能够做成知心朋友吗？做宣传工作的人，对于自己的宣传对象没有调查，没有研究，没有分析，乱讲一顿，是万万不行的。

党八股的第四条罪状是：语言无味，像个瘪三①。上海人叫小瘪三的那批角色，也很像我们的党八股，干瘪得很，样子十分难看。如果一篇文章，一个演说，颠来倒去，总是那几个名词，一套"学生腔"，没有一点生动活泼的语言，这岂不是语言无味，面目可憎，像个瘪三吗？一个人七岁入小学，十几岁入中学，二十多岁在大学毕业，没有和人民群众接触过，语言不丰富，单纯得很，那是难怪的。但我们是革命党，是为群众办事的，如果也不学群众的语言，那就办不好。现在我们有许多做宣传工作的同志，也不学语言。他们的宣传，乏味得很；他们的文章，就没有多少人欢喜看；他们的演说，也没有多少人欢喜听。为什么语言要学，并且要用很大的气力去学呢？因为语言这东西，不是随便可以学好的，非下苦功不可。第一，要向人民群众学习语言。人民的语汇是很丰富的，生动活泼的，表现实际生活的。我们很多人没有学好语言，所以我们在写文章做演说时没有几句生动活泼切实有力的话，只有死板板的几条筋，像瘪三一样，瘦得难看，不像一个健康的人。第二，要从外国语言中吸收我们所需要的成分。我们不是硬搬或滥用外国语言，是要吸收外国语言中的好东西，于我们适用的东西。因为中国原有语汇不够用，现在我们的语汇中就有很多是从外国吸收来的。例如今天开的干部大会，这"干部"两个字，就是从外国学来的。我们还要多多吸收外国的新鲜东西，不但要吸收他们的进步道理，而且要吸收他们的新鲜用语。第三，我们还要学习古人语言中有生命的东西。由于我们没有努力学习语言，古人语言中的许多还有生气的东西我们就没有充分地合理地利用。当然我们坚决反对去用已经死了的语汇和典故，这是确定了的，但是好的仍然有用的东西还是应该继承。现在中党八股毒太深的人，对于民间的、外国的、古人的语言中有用的东西，不肯下苦功去学，因此，群众就不欢迎他们枯燥无味的宣传，我们也不需要这样蹩脚的不中用的宣传家。什么是宣传家？不但教员是宣传家，新闻记者是宣传家，文艺作者是宣传家，我们的一切工作干部也都是宣传家。比如军事指挥员，他们并不对外发宣言，但是他们要和士兵讲话，要和人民接洽，这不是宣传是什么？一个人只要他对别人讲话，他就是在做宣传工作。只要他不是哑巴，他就总有几句话要讲的。所以我们的同志都非学习语言不可。

党八股的第五条罪状是：甲乙丙丁，开中药铺。你们去看一看中药铺，那里的药柜子上有许多抽屉格子，每个格子上面贴着药名，当归、熟地、大黄、芒

---

① [瘪三]以前，上海人对城市中无正当职业而以乞讨或偷窃为生的游民的称呼。

硝，应有尽有。这个方法，也被我们的同志学到了。写文章，做演说，著书，写报告，第一是大壹贰叁肆，第二是小一二三四，第三是甲乙丙丁，第四是子丑寅卯，还有大ABCD，小abcd，还有阿拉伯数字，多得很！幸亏古人和外国人替我们造好了这许多符号，使我们开起中药铺来毫不费力。一篇文章充满了这些符号，不提出问题，不分析问题，不解决问题，不表示赞成什么，反对什么，说来说去还是一个中药铺，没有什么真切的内容。我不是说甲乙丙丁等字不能用，而是说那种对待问题的方法不对。现在许多同志津津有味于这个开中药铺的方法，实在是一种最低级、最幼稚、最庸俗的方法。这种方法就是形式主义的方法，是按照事物的外部标志来分类，不是按照事物的内部联系来分类的。单单按照事物的外部标志，使用一大堆互相没有内部联系的概念，排列成一篇文章、一篇演说或一个报告，这种办法，他自己是在做概念的游戏，也会引导人家都做这类游戏，使人不用脑筋想问题，不去思考事物的本质，而满足于甲乙丙丁的现象罗列。什么叫问题？问题就是事物的矛盾。哪里有没有解决的矛盾，哪里就有问题。既有问题，你总得赞成一方面，反对另一方面，你就得把问题提出来。提出问题，首先就要对于问题即矛盾的两个基本方面加以大略的调查和研究，才能懂得矛盾的性质是什么，这就是发现问题的过程。大略的调查和研究可以发现问题，提出问题，但是还不能解决问题。要解决问题，还须作系统的周密的调查工作和研究工作，这就是分析的过程。提出问题也要用分析，不然，对着模糊杂乱的一大堆事物的现象，你就不能知道问题即矛盾的所在。这里所讲的分析过程，是指系统的周密的分析过程。常常问题是提出了，但还不能解决，就是因为还没有暴露事物的内部联系，就是因为还没有经过这种系统的周密的分析过程，因而问题的面貌还不明晰，还不能做综合工作，也就不能好好地解决问题。一篇文章或一篇演说，如果是重要的带指导性质的，总得要提出一个什么问题，接着加以分析，然后综合起来，指明问题的性质，给以解决的办法，这样，就不是形式主义的方法所能济事。因为这种幼稚的、低级的、庸俗的、不用脑筋的形式主义的方法，在我们党内很流行，所以必须揭破它，才能使大家学会应用马克思主义的方法去观察问题、提出问题、分析问题和解决问题，我们所办的事才能办好，我们的革命事业才能胜利。

党八股的第六条罪状是：不负责任，到处害人。上面所说的那些，一方面是由于幼稚而来，另一方面也是由于责任心不足而来的。拿洗脸作比方，我们每天都要洗脸，许多人并且不止洗一次，洗完之后还要拿镜子照一照，要调查研究一番，（大笑）生怕有什么不妥当的地方。你们看，这是何等地有责任心呀！我们写文章，做演说，只要像洗脸这样负责，就差不多了。拿不出来的东西就不要拿出来。须知这是要去影响别人的思想和行动的啊！一个人偶然一天两天不洗脸，固然也不好，洗后脸上还留着一个两个黑点，固然也不雅观，但倒并没有什么大危险。写文章做演说就不同了，这是专为影响人的，我们的同志反而随随便便，这就叫做轻重倒置。许多人写文章，做演说，可以不要预先研究，不要预先准备；文章写好之后，也不多看几遍，像洗脸之后再照照镜子一样，就马马虎虎地发表出去。其结果，往往是"下笔千言，离题万里"，仿佛像个才子，实则到处害人。这种责任心薄弱的坏习惯，必须改正才好。

　　第七条罪状是：流毒全党，妨害革命。第八条罪状是：传播出去，祸国殃民。这两条意义自明，无须多说。这就是说，党八股如不改革，如果听其发展下去，其结果之严重，可以闹到很坏的地步。党八股里面藏的是主观主义、宗派主义的毒物，这个毒物传播出去，是要害党害国的。

　　上面这八条，就是我们申讨党八股的檄文。

　　党八股这个形式，不但不便于表现革命精神，而且非常容易使革命精神窒息。要使革命精神获得发展，必须抛弃党八股，采取生动活泼新鲜有力的马克思列宁主义的文风。这种文风，早已存在，但尚未充实，尚未得到普遍的发展。我们破坏了洋八股和党八股之后，新的文风就可以获得充实，获得普遍的发展，党的革命事业，也就可以向前推进了。

练习与思考

　　一、压缩语段，就是把内容丰富的长语段，通过筛选、提炼、整合，用简洁明了的语言概括出来。对语段内容进行概括提炼时，要弄清句与句、层与层之间的关系，再提炼要点形成完整的语句。请用一句话概括下面这个语段的主要内容，不超过30个字。

　　党八股这个形式，不但不便于表现革命精神，而且非常容易使革命精神窒息。要使革命精神获得发展，必须抛弃党八股，采取生动活泼新鲜有力的马克思列宁主义的文风。这种文风，早已存在，但尚未充实，尚未得到普遍的发展。我们破坏了洋八股和党八股之后，新的文风就可以获得充实，获得普遍的发展，党的革命事业，也就可以向前推进了。

二、通读课文，将党八股的八大罪状进行分类，说说这八大罪状是按照什么顺序排列的，以及这样排列的好处。

三、课文采用边破边立的论证方法，即从批判错误中来阐述正面的主张。请以揭露党八股第一条罪状为例，说说作者是从哪些方面分析批判"空话连篇，言之无物"的，又运用哪些典型事例来阐述"写得短些，写得精粹些"这一正面主张的。

四、课文恰当地运用了比喻、俗语、成语等，语言生动活泼、新鲜有力。请各举两个例子，并说说它们的表达作用。

五、课后阅读《反对党八股》全文，查找相关资料，理解作者发表讲演的历史背景、目的和意义，整体把握并深刻领会讲演的主要内容和精神，以及产生的影响。

十七　文学的趣味[①]

朱光潜

课文导读

"文学的趣味"是什么？在课文中是指培养高雅、广泛的文学欣赏趣味。喜好什么样的文学作品，是否具有文学趣味，是衡量一个人文学素养高低的标准之一。

本文是一篇文艺论文。作者以《论语》中的一句话开首，结合自己的经验，深入浅出地告诉我们：扩大眼界，加深知解是培养文学趣味的唯一途径。

阅读时，我们要在把握课文内容的基础上，细致分析，弄清作者在文中阐述了什么样的观点，是用什么方法来阐明观点的；仔细品味作者以喻明理的论述技巧、繁简适度的语言特点等；思考作者是怎样将深刻抽象的道理浅显化、形象化的；最后再想一想，学习本篇课文后自己产生了什么样的感悟。

孔子有言："知之者不如好之者，好之者不如乐之者[②]。"仿佛以为知、好、乐是三层事，一层深一层；其实在文艺方面，第一难关是知，能知就能好，能好就能乐。知、好、乐三种心理活动融为一体，就是欣赏，而欣赏所凭的就是趣味。许多人在文艺趣味上有欠缺，大半由于在知上有欠缺。

有些人根本不知，当然不会感到趣味，看到任何好的作品都如蠢牛听琴，不起作用。这是精神上的残疾。犯这种毛病的人将失去大部分生命的意味。

有些人知得不正确，于是趣味低劣，缺乏鉴别力，只以需要刺激或麻醉，取恶劣作品疗饥过瘾，以为这就是欣赏文学。这是精神上的中毒，可以使整个的精神受腐化。

[①] 选自《谈文学》（安徽教育出版社2006年版），有删改。朱光潜（1897—1986），美学家。
[②] ［知之者不如好之者，好之者不如乐之者］出自《论语·雍也》。（对于任何学业）懂得它的不如喜爱它的，喜爱它的不如以它为乐的。

有些人知得不周全，趣味就难免窄狭，像上文所说的，被囿①于某一派别的传统习尚，不能自拔。这是精神上的短视，"坐井观天，诬天藐小②"。

要诊治这三种流行的毛病，唯一的方剂③是扩大眼界，加深知解。一切价值都由比较得来。生长在平原，你说一个小山坡最高，你可以受原谅，但是你错误。"登东山而小鲁，登泰山而小天下④"，那"天下"也只是孔子所能见到的天下。要把山估计得准确，你必须把世界名山都游历过、测量过。研究文学也是如此，你玩索⑤的作品愈多，种类愈复杂，风格愈纷歧，你的比较资料愈丰富，透视愈正确，你的鉴别力（这就是趣味）也就愈可靠。

人类心理都有几分惰性，常以先入为主，想获得一种新趣味，往往须战胜一种很顽强的抵抗力。许多旧文学家不能欣赏新文学作品，就因为这个道理。就我个人的经验来说，起初习文言文，后来改习语体文⑥，颇费过一番冲突与挣扎。在才置信语体文时，对文言文颇有些反感，后来多经摸索，觉得文言文仍有它的不可磨灭的价值。专就学文言文说，我起初学桐城派⑦古文，跟着古文家们骂六朝文⑧的绮靡⑨，后来稍致力于六朝人的著作，才觉得六朝文也有为唐宋文所不可及处。在诗方面，我从唐诗入手，觉宋诗索然无味；后来读宋人作品较多，才发现宋诗也特有一种风味。我学外国文学的经验也大致相同，往往从笃嗜⑩甲派不了解乙派，到了解乙派而对甲派重新估定价值。我因而想到培养文学趣味好比开疆辟土，须逐渐把本来非我所有的征服为我所有。英国诗人华兹华斯⑪说道："一个诗人不仅要创造作品，还要创造能欣赏那种作品的趣味。"我想不仅作者如此，读者也须时常

---

① [囿]局限、拘泥。
② [坐井观天，诬天藐小]坐在井里看天，错怪天小。
③ [方剂]为治疗疾病由一种或多种不同剂量中药构成的药方。
④ [登东山而小鲁，登泰山而小天下]见《孟子·尽心上》。东山，即蒙山，在山东省蒙阴县南边。小，用作动词，以为小。鲁，春秋战国时诸侯国名。
⑤ [玩索]细细地体会探寻。
⑥ [语体文]白话文。
⑦ [桐城派]清代中叶出现的散文流派。因其代表人物方苞、刘大櫆(kuí)、姚鼐(nài)都是桐城（现在安徽省桐城市）人而得名。
⑧ [六朝文]泛指六朝时期内容空洞、形式华美的文章。六朝，三国的吴，晋朝的东晋，南朝的宋、齐、梁、陈，都以建康（吴名建业，今江苏省南京市）为首都，合称六朝。
⑨ [绮靡]华丽、浮艳。
⑩ [笃(dǔ)嗜]特别爱好。
⑪ [华兹华斯(1770—1850)]英国浪漫主义诗人，湖畔派代表。

创造他的趣味。生生不息①的趣味才是活的趣味，像死水一般静止的趣味必定陈腐。活的趣味时时刻刻在发现新境界，死的趣味老是囿在一个窄狭的圈子里。这道理可以适用于个人的文学修养，也可以适用于全民族的文学演进史②。

一九四三年

练习与思考

一、给下列加点的字注音。
囿（　）于　　笃（　）嗜　　绮（　）靡　　玩索（　）

二、对一组词语（主题词）展开合理的联想和想象，并运用多种表达方式和修辞手法，扩展成一句话或一段话，使语句内容更丰富、表意更明确、表达更具体，这是语句扩展的主要方法之一。如将"人生、路"这组词语，运用情景式扩展方法，可发挥、引申为："人生的路漫长而多彩，当你踏上这条路时，虽然路漫长，虽然有曲折，但只要信心在，只要执着走，你的人生前途就会充满美丽与阳光。"

请将"我、读书、修养"这组词语，以"修养"为重点，扩展成一段不少于30个字的话。

三、认真阅读课文第5自然段，仔细分析该段内容，对下列4种说法做出判断，说说哪些说法正确，哪些说法错误。

1. 作者认为要诊治文学欣赏方面"没有趣味""趣味低劣""趣味窄狭"的三种毛病的唯一方剂是欣赏者要扩大眼界，加深知解。

2. 作者引用孔子"登东山而小鲁，登泰山而小天下"主要说明欣赏文学要多玩索作品，多比较种类和风格，才能加深理解。

3. "那'天下'也只是孔子所能见到的天下"意在强调孔子尽管被后人尊称为圣人，但他也有目光短浅的时候。

---

① ［生生不息］不断地派生、发展。生生，不停地滋生。
② ［演进史］演变进化的历史。

4. 欣赏者通过多多益善的各项比较，才能掂量出价值，培养出趣味。

四、认真阅读课文第6自然段，仔细分析，找出该段的中心句。

五、某中等职业学校的学生在选择课外阅读读本时，男生大多数选择武侠小说，女生大多数偏爱言情小说。学习了《文学的趣味》后，针对上述阅读倾向，谈谈你的看法。

十八　运用之妙，存乎一心[1]

张文勋

课文导读

课文将古代文论与古典诗词鉴赏相结合，通过对生动鲜活的具体诗词的鉴赏，阐述了语言运用之妙，既有理论深度，又富有诗意美感。学习时，我们要从作者对诗词意象、意境、意趣等的细致分析中，体会古代诗人是如何巧妙运用语言文字，实现生机盎然、意趣深远的艺术境界的，从而领悟语言运用理论的内涵，把握作者的观点，领会课文的写作特色。

课文在分析、阐释的过程中，以生动的语言描绘了诗词的意境美。学习时，同学们要反复诵读相关诗句，在理解其内涵的基础上，揣摩有关意象的含义，以及和"一"字一起使用时达到的效果，体会语言运用之妙。

"运用之妙，存乎一心"，你在感受语言艺术家们点铁成金之妙时，是否也深深折服于他们"反复推敲，锤字炼句"的写作态度呢？

诗歌是语言的艺术。古今中外伟大的语言艺术家们，对文字的运用是十分重视的，我国古代许多诗人，为了写好一首诗，反复推敲，锤字炼句，使有限的字在他们笔下，花样翻新，变化无穷，创作出瑰丽多姿的艺术品来。"吟安一个字，拈断数茎须[2]"，就是为了选择最恰当的字眼，表现出最美的意境。字典上的字，每个识字的人都可以使用，但是，同一个字在不同的人的笔下，却能发挥不同的作用。在语言大师们的笔下，文字的运用，确有点铁成金之妙。

我们只要稍为留意一下，就不难发现，一些极其普通而常用的字，在诗人的笔下，往往能使之新意层出，妙趣无穷。有些字，本属抽象的数字概念，但在诗

---

[1] 选自《诗词审美》（云南人民出版社2005年版），有改动。"运用之妙，存乎一心"，出自《宋史·岳飞传》，意思是说兵法运用的巧妙，全在善于思考。作者借用为题，是说语言文字的运用之妙，在于作家的匠心独运。张文勋（1926—　），云南省洱源县人，白族，学者。
[2] ［吟安一个字，拈断数茎须］这是唐代诗人卢延让《苦吟》中的诗句。

词中却可变为生机盎然、意趣深远的艺术境界。"一"字就有如此奇妙的作用。

要说"一"字的妙用，我们很自然地就会想到"一字师"的故事：

> 郑谷①在袁州，齐己②携诗诣之。有《早梅》诗云："前村深雪里，昨夜数枝开。"谷曰："'数枝'非早也，未若'一枝'。"齐己不觉下拜。自是士林以谷为一字师。
>
> ——《诗人玉屑》卷六

所谓"一字师"就是说改了一个字，即把"数"字改为"一"字。一字之改，为什么使作者钦佩得五体投地呢？看来，其中是有妙趣的。诗题为《早梅》，写的是梅，而立意则应在早字：一场大雪下过，深深的积雪覆盖万物，但坚毅独拔的梅花，却迎风斗雪，傲然开放。诗中所写的是含苞待放的早梅，它并不因风雪摧残而萎缩凋零，反而以一种不可抗拒的力量，在深雪里绽开蓓蕾。如果是开了数枝，说明已开放了几天了，如果是一树梅花，那就更是花开已久了。"一枝开"既表现其早，还使人感到无数蓓蕾将迎着严酷的风雪，不断怒放。唯其"一枝"，才表现出坚强峭拔的品格和生命力，这样，诗的意境才符合"早梅"二字的命意。由此可见，"一"字虽属数的概念，但在表现"早梅"的意境中，却起了如此巨大的作用。当然，这并不是说，写早梅就只有这种写法，也有人以盛开的梅花描写早梅的。例如张谓③《早梅》云："一树寒梅白玉条，迥临村路傍溪桥。不知近水花先发，疑是经冬雪未销。"但这写的是另一种意境，和齐己的诗是迥然不同的。

郑谷改诗的故事，给我们以很多有益的启示。我们还可以从古典诗词中，找出"一"字的许多用法，诗人们赋予它以种种特殊的表现力。前面谈到的《早梅》诗，表现的是一种凌霜傲雪、蓓蕾初放的意境，人们在深雪覆盖之下，感到生命的力量，看到新生的象征。但是，在另外一些诗中，"一"字却被用来表现孤傲、突出的形象。例如，传说为王安石所作的"浓绿万枝红一点，动人春色不须多"就属这一类。这两句诗写的是春色，动人的春色比比皆是，作者独选择了

---

① [郑谷（约851—约910）] 唐代诗人。
② [齐己（863—937）] 唐代诗僧。
③ [张谓（？—约778）] 唐代诗人。

"浓绿万枝红一点"这样一个典型的细节，使得动人的春色集中在"红一点"上表现出来，构成非常鲜明出众的艺术形象，形成意在言外的艺术意境。好就好在这"一点"，如果是"红万点"，恐怕就没有韵味了。"动人春色不须多"，是"红一点"的说明，它也包含着深刻的美学意义：审美趣味是多样化的，百花盛开，百鸟争喧，乱云飞渡，万众高歌，这些场面会给人一种欢快热烈的美感，也许，那是属于阳刚之美吧。但是，用"一"字去表现的种种境界，却使人感到另外一种美。这种美的意境，往往使读者感到或幽静凄凉，或超群出众，或清高孤傲，或闲适雅致，也可以说是属阴柔之美。其特点是含蓄蕴藉，饶有余味，"一"字在此，具有"以少总多""一以当十"的艺术效果。下面，试分别举例论述之。

古诗词中，用"一曲""一声""一笛"以抒情写景者很多。写"一曲"者，如：

春江一曲柳千条，二十年前旧板桥。

——刘禹锡《杨柳枝》

今日听君歌一曲，暂凭杯酒长精神。

——刘禹锡《酬乐天扬州初逢席上见赠》

离歌且莫翻新阕，一曲能教肠寸结。

——欧阳修《玉楼春》

以上这些诗词，有的抒写怀旧之情，有的写饮酒欢乐，有的写离愁别绪，作者不云"数曲"而云"一曲"者，也是"动人春色不须多"之意。一曲清歌，阳关一曲，这是饱含着感情的乐曲，一曲足矣，何必言多！以"一声""一笛"抒写不尽之情者，亦不少见。例如：

一声何满子，双泪落君前。

——张祜①《宫词》

深秋帘幕千家雨，落日楼台一笛风。

——杜牧《题宣州开元寺水阁，阁下宛溪，夹溪居人》

---

① [张祜（约792—约853）]唐代诗人。

> 残星几点雁横塞，长笛一声人倚楼。
>
> ——赵嘏①《长安秋望》

所有这些诗句的情致，都在这"一"字，如果易"一"为"几"、为"数"，则兴趣索然了。"一声何满子"，就在一声中，凝结了宫女的千愁万恨，歌喉哽咽，刚发一声而双泪齐下，其情之凄切可知。至于"长笛一声"，点缀着残星皓月，哀怨之意，溢于文字之表。写情如此，言"一"足矣，亦不须多。类似的表现手法，在诗词中是很普遍的，如"潮平两岸阔，风正一帆悬②"。另本"一帆"作"数帆"，自然是"一帆"好，意境和"孤帆远影碧空尽"类似，"数帆"就一般化了。又如"白云一片去悠悠，青枫浦上不胜愁③""何人月下临风处，起一声羌笛④"等都属此类。

在我国古代诗词中，以动写静，也是为人所称道的一种艺术手法。其中以"孤鸿""一雁""一鸟"之类动态形象写静景者，也不乏其例。在这种以动写静的手法中，"一"字又起着特殊的作用，它唤起人们孤寂的感觉。杜甫《月夜忆舍弟》写诗人漂泊异乡，在一个月明露白的夜晚，怀念亲人，一开头就写道："戍鼓断人行，边秋一雁声。""一雁声"，可能就是一只孤雁的叫声，夹杂着城楼更鼓声，在夜静更深时，更显出令人难以忍受的寂静，衬托出诗人内心的孤寂。此外，如：

> 星河秋一雁，砧杵夜千家。
>
> ——韩翃⑤《酬程延秋夜即事见赠》

> 一鸟忽飞来，啼破幽绝处。
>
> ——《诗人玉屑》卷二十

> 一声啼鸟禁门静，满地落花春日长。
>
> ——《诗人玉屑》卷三

---

① [赵嘏（gǔ）（约806—约852）] 唐代诗人。
② [潮平两岸阔，风正一帆悬] 唐代诗人王湾《次北固山下》中的诗句。
③ [白云一片去悠悠，青枫浦上不胜愁] 唐代诗人张若虚《春江花月夜》中的诗句。
④ [何人月下临风处，起一声羌笛] 北宋词人柳永《倾怀》中的诗句。
⑤ [韩翃（hóng）（生卒年不详）] 唐代诗人。

这里的"一雁""一鸟"等，都表现静境，表现孤独，以动写静，倍增孤寂的感觉。

当然，"一"字的用法很多，并不一定都表现其少，有时，却具有"乘一总万""以少总多"之妙，也就是说用"一"作为众多、全体的代表。叶绍翁①《游园不值》写道：

应怜屐齿印苍苔，小扣柴扉久不开。
春色满园关不住，一枝红杏出墙来。

"春色满园"以至于"关不住"，这已经表现得很妙了，但是仅这一句并未给读者以具体的形象，再补上"一枝红杏出墙来"，就极尽其妙了。花园里的红杏，从墙上伸出一枝来，这本是平常的现象，但由于前面有"关不住"之句，这一枝红杏就具有了特殊的含义，它是满园春色的象征，由这"一枝"，读者可想象到园内万紫千红的景色和令人陶醉的浓郁春光；由这"一枝"，人们可联想到风华正茂的青春和青年们的炽烈的情怀。用"一枝红杏出墙来"透露出满园春色，比正面写"姹紫嫣红"要含蓄得多，意境更为深远，更耐人寻味。所以诗人们写秋天，则常用"一叶"表现秋色，所谓"一叶知秋"，也是类似的表现手法。例如：

淮南一叶下，自觉洞庭波。

——许浑②《早秋》

一叶落，几番秋，江南独倚楼。

——贺铸③《独倚楼》

由一而知万，这可以是数学计算的结果，但在文艺中，这个"一"必须是和某具体事物联系在一起，借助于艺术联想，才能以少总多、以一当十，获得艺术审美的效果。

---

① [叶绍翁（生卒年不详）]南宋诗人。
② [许浑（788—860）]唐代诗人。
③ [贺铸（1052—1125）]北宋词人。下文"一川烟草，满城风絮，梅子黄时雨"是其《青玉案》中的诗句。

有时候,"一"字的用法,恰恰和单一、少数的概念相反,而是"满""完全"的意思,表现出事物的饱满充实。例如形容江水河流,则云"一江春水向东流"。大家知道这是李煜著名的《虞美人》中的佳句,作者抒写的是"故国不堪回首月明中"的伤感情绪,这位亡国之君的愁和恨是没有尽头的,所以他写道:"问君能有几多愁,恰似一江春水向东流。""一江"就是满江,写的是春水,抒的是愁怀。这里的"一"字就具有其特殊的意味,它表现出抒情主人公愁之多、恨之切,而且犹如江水东流,可谓是绵绵无尽期了。又如戴叔伦①诗"燕子不归春事晚,一汀烟雨杏花寒",贺铸的词"一川烟草,满城风絮,梅子黄时雨",都是以"一汀"为"满汀"、以"一川"为"满川"。又如秦观②的词"春路雨添花,花动一山春色",说的是"满山春色"。苏舜钦③的"春阴垂野草青青,时有幽花一树明",晏几道④的"一夜西风,几处伤高怀远",等等,都是说的"满树""整夜"。而所有这些,都是以写情为主,富有感情色彩。

　　高明的语言艺术家,的确像一位魔术师,在他们的笔下,每个字都有各种妙用,花样翻新,别出新意。一个常用的"一"字,就可表现出种种不同的意境来,这也许是艺术的特殊功能吧。当然,这也并非神秘到不可知的。"一"字本身,既无形象也不能抒情言志,它必须依附于作品中所写的具体事物,才能发挥作用,具有特殊的表现力。至于"运用之妙,存乎一心",用得好不好,那就取决于作家的艺术才能了。

练习与思考

一、阅读课文,说说作者是如何围绕自己的观点展开议论的。

二、作者以"一"字在中国古代诗歌中的妙用为例,分析语言文字的运用之妙。细读课文,填写下面的表格。

---

① [戴叔伦(732—789)]唐代诗人。"燕子不归春事晚,一汀烟雨杏花寒"是其《苏溪亭》中的诗句。
② [秦观(1049—1100)]北宋词人。"春路雨添花,花动一山春色"是其《好事近》中的诗句。
③ [苏舜钦(1008—1049)]北宋诗人。"春阴垂野草青青,时有幽花一树明"是其《淮中晚泊犊头》中的诗句。
④ [晏几道(1038—1110)]北宋词人。"一夜西风,几处伤高怀远"是其《碧牡丹》中的诗句。

所选诗句	营造的艺术境界	"一"字的作用
前村深雪里，昨夜一枝开	表现出早梅坚强峭拔的品格和生命力	
		"一"字却被用来表现孤傲、突出的形象
残星几点雁横塞，长笛一声人倚楼		
	一只孤雁的叫声，夹杂着城楼更鼓声，在夜静更深时，更显得难以忍受的寂静，衬托出诗人内心的孤寂	
春色满园关不住，一枝红杏出墙来		
		"一"是"满""完全"的意思，表现事物的饱满充实

三、作者将古代文论与古典诗词鉴赏相结合，从文学鉴赏的角度，以优美的语言对诗的意象、意境、意趣等做了细致的分析。请仿照作者对"一江春水向东流"的分析，分析"燕子不归春事晚，一汀烟雨杏花寒"和"一川烟草，满城风絮，梅子黄时雨"。

四、对于郑谷改"数枝"为"一枝"，作者和历代诗评家大都认同，但也有不同意见。阅读下面的材料，说说你对改"数枝"为"一枝"的看法或提出你的修改意见。

一夜里，早开的梅花有几枝开放，这是写实，写得自然，也跟"早梅"这题目切合。把"数枝"改为"一枝"来迁就"早"字，反而显出做作的痕迹。事实上，一棵树上的花在一夜中开放时，不会只有一枝开的，改为"一枝开"，反而不真实。再说，不该为了迁就题目，把真实的描写改得不真实，所以这两句诗不必改。

(摘自《诗词例话》，江苏教育出版社2006年版，作者周振甫)

十九　音乐就在你心中[①]

陈　钢

课文导读

　　音乐是什么？这篇文艺随笔从"乐为心声""乐为多声""乐为无声"三个角度给"音乐是什么"做了新的诠释。阅读时，我们要抓住课文的中心观点，从分析课文的结构入手，厘清观点与材料之间的关系，体会课文紧扣中心观点、多方位阐述的技巧。

　　课文运用形象生动、充满激情的语言阐述观点，使人受到强烈的感染。学习时，我们要找出文中的重点语句，仔细揣摩这些语句的丰富内涵，加深对作者观点的理解认识。

　　情动于中而形于声。学习课文后，想一想：我们怎样才能在欣赏音乐时，享受音乐魅力，接受艺术熏陶，提升自我修养？

　　音乐是什么？我——懂吗？

　　当然，哪有音乐家不懂音乐之理！可我真是常常为这个问题所困惑。似乎在音乐的旅途上跋涉得越长、越久，就反而对"音乐"的定义越朦胧、越糊涂。特别是当一些理论家提着冷冰冰的解剖刀"分析"音乐（如什么是"奏鸣曲[②]"，什么是"变奏曲[③]"，什么是呈示部、发展部、再现部……）时，我就更觉得音乐顿时变得僵硬、枯干和不可亲近了。其实，音乐就在这里，就在你心中！

　　乐为心声。这是音乐最神奇的魅力。音乐，它可以像雷电一样，一闪间劈开你的心扉，让你的心颤抖，让你的心翻腾，让你的心苞绽开朵朵鲜花。音乐，它可以"捕捉到一些快乐的影子、悲伤的痕迹；听到严酷的命运之门被沉重地敲

[①] 选自《三只耳朵听音乐》（百花文艺出版社2007年版），有改动。陈钢（1935—　），上海市人，作曲家。
[②] ［奏鸣曲］乐曲形式之一，一般由三个或四个性质不同的乐章组成，用一件或两件乐器演奏。
[③] ［变奏曲］乐曲形式之一，乐曲在完成一个完整的主题陈述后，继之以若干次从头至尾的重复，但每一次重复都有新的变化。

响；嗅到从绿色田野飘来的幽香……"（朱俊：《仰视音乐》）1981年我去美国回访小提琴大师斯特恩时，特地送了他一幅摘自《乐记》①的条幅：情动于中而形于声。这个中国古训递给了我们一把解开音乐之谜的钥匙——那就是"情"。有了真情，才有美乐。

乐为多声。音乐是一个缤纷多彩的音响万花筒，它是一种宽容的艺术，一种含量特别大的艺术。特别是作为一个20世纪的现代人，我们不能只用一只耳朵听一种音乐，而是应该竖起三只耳朵来听三种不同的音乐——古典音乐、流行音乐和现代音乐。纽约就是这样一个音乐万花筒。当衣着讲究、正襟危坐②的听众在金碧辉煌的大都会歌剧院欣赏普契尼③的正歌剧时，雀跃的人流也正拥进百老汇的剧院里为那些新上演的轻歌剧喝彩——以庇隆夫人为题材的音乐剧《艾维塔》竟连演数年而不衰；当千百万青年如痴如狂地迷醉在杰克逊的歌声中时，莫扎特④、贝多芬⑤的交响曲却像空气、水流那样，轻轻地渗进了商店、办公室和人们的心中，显示出它们无限的生命力！现代音乐的上座率虽然没有那么高，但却拥有一批忠实的知音。有一次，我出席了一场现代音乐会，听众只有三四十人，但是，他们那么专注、那么热诚地倾听着每首新作。每当作品演毕，作曲家就在听众的欢呼声中与聚光灯的照射下上台谢幕。置身于如此温馨的氛围，现代作曲家一点儿也不会感到孤独与寂寞。人们既然有一颗"性格组合"的内心，那就会有"立体声、多轨道"的听觉网。不同层次、不同口味的人，会有不同的听觉选择。我们既可以走近崇高，"抛却一切烦恼的思绪，得到一份超脱与来自内心深处的协和"（《仰视音乐》）；又可以随着克莱德曼⑥演奏的《飘》的琴声，"飘到了郝思嘉的身旁"（胡欣华：《美妙的享受》），得到一种美妙的享受，这就叫"百货中百客"。但作为多面体的现代人来说，理当会同时爱好各种音乐，这又叫"三只耳朵听音乐"。我曾以此作为一篇散文的题目与这本书的书名，漫画大师丁聪还特意为我作画。

---

① [《乐记》]中国最早的一部具有比较完整体系的音乐理论著作。
② [正襟危坐]理好衣襟端端正正地坐着，形容严肃或拘谨的样子。
③ [普契尼（1858—1924）]意大利歌剧作曲家，19世纪末至第一次世界大战前真实主义歌剧流派的代表人物之一。
④ [莫扎特（1756—1791）]欧洲古典主义音乐作曲家。
⑤ [贝多芬（1770—1827）]德国著名的音乐家，维也纳古典乐派代表人物之一。
⑥ [克莱德曼]法国钢琴表演艺术家。

乐为无声。"无声"者，无言之声也！它从无中生有，生出一个千变万化的大千世界，生出一串无边无际的奇思妙想。听音乐时，它"无限的美妙"和"无穷的魅力"，给人以"无限的遐想"（孙薇：《音乐的魅力》）。无限，是音乐又一神奇的魅力。意大利现代诗人翁加雷蒂有一句有名的短诗："我用无垠／把我照亮。"无垠就是无限，无限是艺术的最高境界，而这个境界唯有你心中才有——因此，音乐就在你心中！

练习与思考

一、比较下列句子中加点的词与括号里的词，说说它们不同的表达效果。

1. 当千百万青年如痴如狂地迷醉在杰克逊的歌声中时，莫扎特、贝多芬的交响曲却像空气、水流那样，轻轻地渗进（流进）了商店、办公室和人们的心中，显示出它们无限的生命力！

2. "无声"者，无言之声也！它从无中生有（凭空捏造），生出一个千变万化的大世界……

3. 音乐是一个缤纷多彩的音响万花筒，它是一种宽容（宽广）的艺术，一种含量特别大的艺术。

二、认真研读课文第 2 自然段的内容，用自己的话，概括作者在这个自然段中阐述的观点。

三、文艺随笔介于议论文与散文之间，兼有这两种文体的特点。阅读课文，找出课文的中心观点，说说课文中心观点与材料之间的关系。

四、文艺随笔的语言形象生动、含义丰富。结合课文内容，细细品味下列句子的含义。

1. 音乐，它可以像雷电一样，一闪间劈开你的心扉，让你的心颤抖，让你的心翻腾，让你的心苞绽开朵朵鲜花。

2. 音乐，它可以"捕捉到一些快乐的影子、悲伤的痕迹；听到严酷的命运之门被沉重地敲响；嗅到从绿色田野飘来的幽香……"

3. 无限，是音乐又一神奇的魅力。

五、作者说过："不论是古典音乐、流行音乐还是现代音乐，只要是好音乐我就全爱听！"作为一名青年学生，你一定有自己喜爱的歌曲或乐曲，结合课文内容，说说你喜爱的理由，并与同学分享。

*二十　中国艺术表现里的虚和实[1]

宗白华

阅读提示

>　　"中国艺术"包括诗歌、戏曲、绘画、建筑、舞蹈等。"虚和实"是指中国艺术表现的一种手法——空间上的虚实结合、虚实相生。课文从中国绘画、书法、戏剧、建筑等方面，旁征博引，将事例与分析交融在一起，阐述了艺术中虚实相生的特征。
>
>　　我们阅读本文时，首先，借助工具书，弄懂文中所引用的文言文，以便帮助自己理解课文内容；其次，通过对课文内容的分析，找出作者的观点是什么，作者选择运用了哪些材料；最后，综合分析这些材料与观点之间的关系、材料与材料之间的关系，领会作者的论述技巧。

　　先秦哲学家荀子是中国第一个写了一篇较为系统的美学论文——《乐论》的人。他有一句话说得极好，他说："不全不粹之不足以为美也。"这话运用到艺术美上就是说：艺术既要极丰富地全面地表现生活和自然，又要提炼地去粗存精，提高、集中、更典型、更具普遍性地表现生活和自然。

　　由于"粹"，由于去粗存精，艺术表现里有了"虚"，"洗尽尘滓，独存孤迥[2]"。由于"全"，才能做到孟子所说的"充实之谓美，充实而有光辉之谓大[3]"。"虚"和"实"辩证的统一，才能完成艺术的表现，形成艺术的美。

　　但"全"和"粹"是相互矛盾的。既去粗存精，那就似乎不全了，全就似乎不应"拔萃"。又全又粹，这不是矛盾吗？

---

[1] 选自《美学散步》（上海人民出版社1981年版），有改动。宗白华（1897—1986），美学家。
[2] ［洗尽尘滓，独存孤迥（jiǒng）］清初画家恽寿平（1633—1690）的话，意思是去粗存精。孤迥，孤立、孤单，这里指少。
[3] ［充实之谓美，充实而有光辉之谓大］出自《孟子·尽心下》。意思是，充满（美好的品德）就叫作"美"，充满而且光辉地表现出来就叫作"大"。

然而只讲"全"而不顾"粹",这就是我们现在所说的自然主义①;只讲"粹"而不能反映"全",那又容易走上抽象的形式主义②的道路;既粹且全,才能在艺术表现里做到真正的"典型化",全和粹要辩证地结合、统一,才能谓之美,正如荀子在2000年前所正确地指出的。

清初文人赵执信③在他的《谈龙录》里有一段话很生动地形象化地说明了这全和粹、虚和实辩证的统一,阐释了艺术的最高成就。他说:

> 钱塘洪昉思④,久于新城⑤之门矣。与余友。一日,在司寇(渔洋)宅论诗,昉思嫉时俗之无章也,曰:"诗如龙然,首、尾、爪、角、鳞、鬣,一不具,非龙也。"司寇哂之曰:"诗如神龙,见其首不见其尾,或云中露一爪一鳞而已,安得全体?是雕塑绘画者耳!"余曰:"神龙者,屈伸变化,固无定体,恍惚望见者,第指其一鳞一爪,而龙之首尾完好,故宛然在也。若拘于所见,以为龙具在是,雕绘者反有辞矣!"

洪昉思重视"全"而忽略了"粹";王渔洋依据他的神韵说⑥看重一爪一鳞而忽视了"全体";赵执信指出一鳞一爪的表现方式更能显示龙的"首尾完好",宛然存在。艺术的表现正在于一鳞一爪具有象征力量,使全体宛然存在,不削弱全体丰满的内容,把它们概括在一鳞一爪里。提高了,集中了,一粒沙里看见一个世界。这是中国艺术传统中的现实主义的创作方法,不是自然主义的,也不是形式主义的。

但王渔洋、赵执信都以轻视的口吻说着雕塑绘画,好像它们只是自然主义地刻画现实。这是大大的误解。中国大画家所画的龙正是像赵执信所要求的,云中露出一鳞一爪,却使全体宛然可见。

---

① [自然主义]文艺创作的一种倾向。自然主义着重描写现实生活的个别现象和琐碎细节,追求事物的外在真实,忽视对生活现象的分析、概括,忽视揭示社会生活的本质方面。
② [形式主义]文艺创作中的一种错误倾向,它忽视内容,片面强调表现形式。
③ [赵执信(1662—1744)]字伸符,号秋谷,晚号饴山老人,清代益都(今山东省青州市)人,康熙年间进士。
④ [洪昉(fǎng)思(1645—1704)]名昇,字昉思,号稗畦,清初戏曲作家,钱塘(今浙江省杭州市)人,著有戏剧《长生殿》。
⑤ [新城]指王渔洋(1634—1711),名士禛,字子真、贻上,号阮亭、渔洋山人,清代文学家,新城(今山东省桓台县)人,著有《带经堂集》《渔洋诗话》《池北偶谈》等。
⑥ [神韵说]文艺创作中的一种学说。强调"兴会神到",追求"得意忘言",认为清淡闲远的风神韵致为诗歌的最高境界。

中国传统的绘画艺术很早就掌握了这虚实相结合的手法。例如近年出土的晚周帛画凤夔①人物、汉石刻人物画、东晋顾恺之②《女史箴图》、唐阎立本③《步辇图》、宋李公麟④《免胄图》、元颜辉⑤《钟馗出猎图》、明徐渭⑥《驴背吟诗》，这些赫赫名迹都是很好的例子。我们见到一片空虚的背景上突出地集中地表现人物行动姿态，删略了背景的刻画，正像中国舞台上的表演一样（汉画上正有不少舞蹈和戏剧表演）。

《步辇图》

关于中国绘画处理空间表现方法的问题，清初画家笪重光⑦在他的一篇《画筌》（这是中国绘画美学里的一部杰作）里说得很好，而这段论画面空间的话，也正相通于中国舞台上空间处理的方式。他说：

> 空本难图，实景清而空景现。神无可绘，真境逼而神境生。位置相戾⑧，有画处多属赘疣⑨。虚实相生，无画处皆成妙境。

---

① [晚周帛画凤夔(kuí)] 晚周，东周。帛画，画在丝织品上的画。凤，凤凰。夔，古代传说中一种像龙的独脚兽。
② [顾恺之(约348—409)] 字长康，东晋画家，晋陵无锡(今江苏省无锡市)人，他的"以形写神"的绘画理论，对中国画发展有重大影响。
③ [阎立本(约601—673)] 唐代画家，雍州万年(今陕西省西安市临潼区)人，工书法，尤精肖像，善于刻画人物性格。
④ [李公麟(1049—1106)] 字伯时，北宋画家，庐州舒城(今安徽省舒城县)人，擅画人物鞍马及历史故事画，用"白描"，对后世影响很大。
⑤ [颜辉(生卒年不详)] 字秋月，元吉州庐陵(今江西省吉安市)人，善画道教传说中的鬼神、人物。
⑥ [徐渭(1521—1593)] 初字文清，更字文长，号天池山人、青藤道士等，明代文学家、画家，山阴(今浙江省绍兴市)人，多才多能，诗文、书画、音乐、戏曲无不擅长，著有《四声猿》《南词叙录》等。
⑦ [笪(dá)重光(1623—1692)] 字在辛，号江上外史，句容(今属江苏省)人，清顺治进士，曾任御史，工书画，著有《书筏》《画筌》。
⑧ [位置相戾(lì)] 虚实不分，互相干扰。戾，乖张，不讲情理，这里是不守规矩的意思。
⑨ [赘疣] 比喻多余而无用的东西。

这段话扼要地说出中国画里处理空间的方法，也让人联想到中国舞台艺术里的表演方式和布景问题。中国舞台表演方式是有独创性的，我们愈来愈见到它的优越性。而这种艺术表演方式又是和中国独特的绘画艺术相通的，甚至也和中国诗中的意境相通。中国舞台上一般不设置逼真的布景（仅用少量的道具桌椅等）。老艺人说得好："戏曲的布景是在演员的身上。"演员结合剧情的发展，灵活地运用表演程式①和手法，使得"真境逼而神境生"。演员集中精神用程式手法、舞蹈行动，"逼真地"表达出人物的内心情感和行动，就会使人忘掉对剧中环境布景的要求。环境布景阻碍不了表演的集中和灵活，"实景清而空景现"，留出空虚来让人物充分地表现剧情，剧中人和观众精神交流，深入艺术创作的最深意境，这就是"真境逼而神境生"。这个"真境逼"是在现实主义的意义里的，不是自然主义里所谓逼真。这是艺术所启示的真，也就是"无可绘"的精神的体现，也就是美。"真""神""美"在这里是一体。

做到了这一点，就会使舞台上"空景"的"现"，即空间的构成，不须借助于实物的布置来显示空间，恐怕"位置相戾，有画处多属赘疣"。排除了累赘的布景，可使"无景处都成妙境"。例如川剧《刁窗》一场中虚拟的动作既突出了表演的"真"，又同时显示了手势的"美"，因"虚"得"实"。《秋江》剧里船翁一支桨和陈妙常摇曳的舞姿可令观众"神游"江上。八大山人②画一条生动的鱼在纸上，别无一物，令人感到满幅是水。我最近看到故宫陈列的齐白石画册里的一幅画上，画一根枯枝横出，站立一只鸟，别无所有，但用笔的神妙，令人感到环绕这鸟的是一个无垠的空间，和天际群星相接应，真是一片"神境"。

中国传统的艺术很早就突破了自然主义和形式主义的片面性，创造了民族的独特的现实主义的表达形式，使真和美、内容和形式高度

别无一物，令人感到满幅是水

---

① ［程式］戏剧术语，指经过艺术夸张、提炼加工而定型的格式化、规范化的表演动作。
② ［八大山人（1626—1705）］即朱耷（dā），清初画家，南昌（今属江西省）人，八大山人是他的别号。他擅长画水墨花卉禽鸟，笔墨简约，形象夸张，也画山水，意境冷寂。

地统一起来。反映这艺术发展的美学思想，是独创的宝贵的遗产，值得我们结合艺术的实践来深入地理解和汲取，为我们从新的生活创造新的艺术形式提供借鉴和营养资料。

中国的绘画、戏剧和中国另一种特殊的艺术——书法，具有共同的特点，这就是它们里面都是贯穿着舞蹈精神（也就是音乐精神），由舞蹈动作显示虚灵的空间。唐朝大书法家张旭[①]观看公孙大娘剑器舞而悟书法，吴道子[②]画壁请裴将军舞剑以助壮气。而舞蹈也是中国戏剧艺术的根基。中国舞台动作在2000年的发展中形成一种富有高度节奏感和舞蹈化的基本风格，这种风格既是美的，同时又能表现生活的真实。演员能用一两个极洗练而又极典型的姿势，把时间、地点和特定情景表现出来。例如"趟马[③]"这个动作，可以使人看出有一匹马在跑，同时又能叫人觉得是人骑在马上，是在什么情境下骑着的。如果一个演员在趟马时"心中无马"，光在那里卖弄武艺，卖弄技巧，那他的动作就是程式主义的了。——我们的舞台动作，确是能通过高度的艺术真实，表现出生活的真实的。也证明这是几千年来，广大人民运用他们的智慧，一代又一代，积累而成的优秀的民族表现形式。如果想一下子取消这种动作，代之以纯现实的，甚至是自然主义的做工，那就是取消民族传统，取消戏曲。

中国艺术上这种善于运用舞蹈形式，辩证地结合着虚和实的独特的创造手法，也贯穿在各种艺术里面。大而至于建筑，小而至于印章，都是运用虚实相生的审美原则来处理的，而表现出飞舞生动的气韵。《诗经·斯干[④]》那首诗里就是拿舞的姿势来赞美周宣王的宫室，说它"如跂斯翼，如矢斯棘，如鸟斯革，如翚斯飞[⑤]"。

由舞蹈动作延伸，展示出来的虚灵的空间，构成中国绘画、书法、戏剧、建

---

① [张旭]唐代书法家，吴（今江苏省苏州市）人，精通楷书，草书最为知名。其草书与李白诗歌、裴旻（mín）剑舞时称"三绝"，生卒年不详。
② [吴道子（约686—约760）]唐代画家，阳翟（今河南省禹州市）人，善画佛道人物，也工山水，所绘人物，尤为当时所重，有"画圣"之称。
③ [趟马]戏曲表演程式动作。通过成套的、连续的舞蹈动作，表现策马疾行。一般都是单人趟马，也有双人趟马的。
④ [斯干]《诗经·小雅》中的一首祝颂周天子宫室落成的诗。斯，此。干，同"涧"，溪涧。
⑤ [如跂斯翼，如矢斯棘，如鸟斯革，如翚（huī）斯飞]这几句是说宫殿建筑的雄伟壮观。翼，建筑物的飞檐。"如矢斯棘"，是说宫殿四隅有棱角，像箭头一样。棘，棱角。"如鸟斯革"，是说栋宇宏伟如鸟类举翅。革，鸟的羽翼。翚，五彩的山鸡。飞，指屋檐上翘，如鸟飞。

筑里的空间感和空间表现的共同特征，而造成中国艺术在世界上的特殊风格。它和西洋从埃及以来所承受的几何学的空间感有不同之处。研究我们古典遗产里的特殊贡献，可以有助于人类的美学探讨和艺术理解的进展。

问题与讨论

一、作者在文章中，将哪些材料融会贯通起来，以阐述中国绘画、书法、戏剧、建筑在表现空间方面的共同特征？

二、课文在论述中运用了举例的方法，找出两三例引文，并说说它们在阐释课文观点方面的作用。

三、作者说："大而至于建筑，小而至于印章，都是运用虚实相生的审美原则来处理的，而表现出飞舞生动的气韵。"结合自己对印章或建筑或其他艺术样式的认识，谈谈其中的虚实关系。

写 作

（一）应用文　会议纪要

【案例】

××职业学校"第二届学生技能赛"第三次筹备工作会议纪要

2017年9月25日，××职业学校汪静校长在学校办公楼三楼会议室主持召开了"第二届学生技能赛"第三次筹备工作会议。张谦副校长就学生技能赛实施方案的制订以及相关准备工作做了说明。学校中层职能管理部门相关负责人朱鑫、印向阳、张海，学校专业系（部）负责人凌晨、刘振、焦海燕、周勇参加了会议。

与会人员经过充分讨论，一致决定：

1．"第二届学生技能赛"于10月12日至10月17日在学校实训中心举行。

2．由学生处牵头，学校团委配合，充分利用学校宣传橱窗、班级黑板报做好技能赛活动前的宣传工作。活动期间，校园内要挂横幅，比赛场地要张贴宣传标语。

3．由实训处牵头，各专业系（部）配合，做好比赛场地有关实训（验）室的安全检查工作，配全、配齐技能赛所需的相关设施、材料。

…………

会议要求，各科室在各司其职的同时，要密切配合，做好活动的各项准备工作，确保活动的顺利进行。

这是一篇决议性的会议纪要。该纪要的结构由标题、正文两部分组成。标题由"会议名称＋文种"构成；正文部分的开头先后交代了会议时间、地点、主持人、会议内容、主报告人和参加人员，然后用"与会人员经过充分讨论，一致决定"作为过渡语，引出会议决议；决议事项是正文的主体部分，分门别类地对决定事项加以阐述与说明；最后提出希望。

【相关知识】

一、会议纪要的概念

会议纪要是记载、传达会议情况和议定事项所使用的公文。

二、会议纪要的特点

1. 具有较强的提要性

会议纪要不同于会议记录，不能事无巨细，有闻必录。必须对会议进行归纳整理，择取其要，提炼出精华，概括出主要精神，归纳出主要事项。

2. 具有决议的性质

会议纪要是对会议议定事项的概括和归纳，所以一经下发，便对参加单位以及有关人员产生一种指示作用和约束力，是大家共同遵循的凭证，实际上起着决议的某些作用。

3. 具有留存备查的作用

学术研讨会、座谈会等会议纪要，并非必须贯彻执行，只是为了通报会议情况，让有关人员周知，在必要时查阅。这种会议纪要成文传阅后存档，以备查用。

三、会议纪要的种类

按会议的形式可分为：工作会议纪要、座谈会议纪要、办公会议纪要、联席会议纪要、协调会议纪要等。按纪要的内容性质可分为：决议性会议纪要、部署性会议纪要、情况性会议纪要等。

四、会议纪要的结构和写法

会议纪要的格式一般比较固定，通常由标题、正文和落款三个部分组成。

1. 标题

标题通常由会议召集单位名称、会议名称和文件名称（文种）三个部分组成。写作时，标题的组合主要有以下四种形式：

（1）"会议名称＋文种"的组成形式，如《生产工作会议纪要》。

（2）"与会单位＋会议名称＋文种"的组成形式，如《××集团公司××有限公司合作协商会议纪要》。

（3）"制文单位＋会议名称"的组成形式，如《××市教育局招生工作会议纪要》。

（4）"制文单位＋会议名称＋文种"的组成形式，如《中共××市委组织部关于进一步加强基层支部建设工作会议纪要》。

除上述四种形式外，会议纪要的标题有的还由正标题和副标题组成，正标题揭示会议主题，副标题交代会议名称和文种，如《用新时代中国特色社会主义思想引领教育改革——××市部分教育工作者学习习近平新时代中国特色社会主义思想的座谈会纪要》。

2. 正文

正文通常由开头、主体、结尾三个部分组成。

（1）开头。开头即纪要的前言，一般用记叙性文字写会议概况，包括会议的背景、依据和目的；会议的名称、时间、地点；与会人员和主持者、领导人出席会议的情况；会议的议程和议题、主要活动、结果及评价等。

（2）主体。主体是纪要的核心部分，以说明性的文字写会议主要精神、研究的问题、讨论的意见、提出的任务要求等。常用的写法有以下三种：

① 综合概述法。这种写法把会议讨论研究的主要问题、与会人员统一的认识和看法、议定的有关事项综合起来，用概括叙述的方式，进行整体的阐述和说明。这种写法常用于小型会议，或讨论的问题比较单一的会议。

② 发言摘要法。这种写法是按发言顺序或内容类别加以阐述，把会议上具有典型性、代表性的发言加以整理，提炼出精华。适用于写作座谈会、讨论会、研讨会的纪要。

③ 归纳分析法。这种写法是把会议的报告、发言、讨论、决议等内容，分门别类地加以整理、归纳为几个方面，或加小标题，或分成条款。这种写法适用于大型会议，内容多，纪要的篇幅较长。

（3）结尾。根据会议的性质与目的，一般可在结尾部分指明方向，发出号召，提出希望。此外，可以用会议主持人或其他领导人的总结性讲话结尾，也可用记述正式成员、列席成员的出席情况结尾，也可不写结尾。

3. 落款

在正文右下方署会议主办单位名称（全称）或会议名称，注明日期。如果标题中已出现会议主办单位名称（全称），正文右下方可不再加署名，日期也可标注在标题下面。

【练一练】

××职业学校学生会拟举办学生艺术节，为了确保艺术节顺利举行，学生会召开了一次专题会。会议由学生会主席主持，宣传部部长就学生艺术节的举办目的、筹备情况做了专题介绍，学生会副主席、文体部部长、组织部部长先后就如何举办艺术节的问题及下一步的工作提出了有益的建议。应邀参加会议的学校团委书记在会上也做了发言，他既肯定了学生会在艺术节筹备工作中已取得的成绩，又对其存在的问题提出了自己的看法。会议最后形成了统一意见，委托文体部部长制订艺术节实施方案。

请根据上述内容，拟写一份纪要。会议时间、会议地点、与会人员姓名自拟，会议中相关人员的发言内容自定。

（二）观点与论证

【训练重点】

掌握如何确立观点、如何进行论证或阐释的方法，并应用于写作实践。

【写作指导】

一、观点

观点，在议论文中就是"论点"，即作者对议论的问题提出的见解和主张。议论文总要提出问题、分析问题、解决问题，以达到说服别人的目的。要做到这一点，作者的观点首先要正确、鲜明。所谓"正确"，就是要符合客观实际，符合科学真理；所谓"鲜明"，就是立场、态度要分明，肯定什么，否定什么，赞成什么，反对什么，都要明白清楚，不能似是而非，模棱两可。所以，在议论文中表述论点的文字必须简明、确切，不能含混、啰唆。观点含糊不清，是议论文的大忌。

如何提出观点？可以开门见山，在文章开头直接写出论点；也可以先简述一件事例，自然地引出论点。当然也可以把论点安排在文章中间或结尾处表达出来，不过这样安排，论证比较困难，初学者不易写好。

二、论证

论证，用论据证明或阐释论点的过程。包括论证结构、论证方法两个方面。

写好一篇议论文，必须合理安排它的论证结构。

合理安排论证结构，也就是要对议论文的全文进行合理的总体设计。这个总体设计的前提是认真分析和研究文章中所要阐述的观点和材料，弄清材料与观点之间的关系、材料与材料之间的联系，然后形成一个合乎逻辑的思路，进而合理安排文章的论证结构。

论证的结构没有一套固定不变的模式。在议论文中，常见的论证结构主要有以下四种：

第一，并列式。在论证中，文章的几个层次、段落之间的关系是平行的，就是并列式。这是经常使用的一种结构方式。从形式上说，为了使读者一目了然，几个并列的层次或段落，可以在前面标以"第一""第二"……或"首先""其次"等提示性词语。

第二，对照式。在论证中，把两种事物（或意思）加以对比，或者是用另一种事物（或意思）来烘托某一种事物（或意思），就是对照式。运用对照式，目的是通过两个方面的对照，突出说明其中一个方面的正确性。因此，写作中往往是对一个方面用墨多些，作为论述的重点；另一个方面虽然用笔相对较少，却起到烘托、陪衬的作用。

第三，层进式。文章各层次之间是层层深入、步步推进的关系，各层的前后顺序有严格要求，或由浅入深，或由简单到复杂，或由具体到抽象，或由抽象到具体地展开论述，这就是层进式的结构。

第四，总分式。论证的层次之间是总说和分说的关系，就是总分式的论证结构。常用的总分式的结构形式有：总说—分说，分说—总说，总说—分说—总说。

写好议论文，还要十分讲求论证方法。

所谓论证方法，就是论述和证明论点的方法。下面介绍五种容易掌握的常用论证方法。

例证法，就是用典型事例作为论据证明论点的方法，也就是常说的摆事实。如《文学的趣味》作者就是列举自己学语体文、读唐宋诗词、学外国文学等亲身经历的事实来证明人"想获得一种新趣味，往往须战胜一种很顽强的抵抗力"的观点的。

引证法，用已知的公认的道理、原则作为论据来证明个别性的论点，就是所谓的"事理论证"。引证法常常表现为引用经典性言论或名人的言论，作为自己立论的根据。除此之外，公认的原则、公理、格言、成语、俗谚等，也都可以用来作为立论的根据。

对比法，就是将两种性质截然相反或有差异的事物进行比较。这种方法有两种情况：一种是将发生在同一时期、同一区域的两种性质截然相反或有差异的事物进行比较。通过这样的对比，对错误的或者差的事物予以否定，对正确的或者好的事物予以肯定。这种对比叫"横比"。对比的另一种情况是将同一事物在不同的时间、地点的不同情况进行比较。这种对比叫"纵比"。

喻证法，是用比喻来说明道理的方法。这种方法就是用人们容易理解的浅显的事物或道理来说明不容易理解的深奥的事物或道理。一个恰到好处的比喻往往胜过长篇议论。例如《拿来主义》一文中，用一所大宅子比喻文化遗产，用"孱头""昏蛋"和"废物"比喻对文化遗产持完全错误态度的三种人，再用"鱼翅""鸦片""烟具"和"姨太太"比喻文化遗产中的精华、糟粕以及各种复杂的情况，来论证自己的观点。运用喻证法，道理讲得通俗形象，容易让人接受，并且有一定的感染力。但使用时要注意贴切、恰当。

引申法，也叫归谬法，是由反面论点引出错误结论来说明道理的方法。就是先假设对方的错误论断是"正确"的，然后从对方的论断中导出一个荒谬的结论来，从而证明对方的论断是不能成立的。这种方法多用于驳论文章。

任何方法都是为内容服务的。我们作文时，不能先确定运用什么论证方法，而后再搜集材料、确定论点、选择论据。一般来说，首先是形成文章的观点，再构思怎样去论证这个观点，并搜集材料、选择论据，然后思考运用哪些论证方法。总之，论点、论据和论证方法是统一的整体，是不能割裂开来的。

【练一练】

读万卷书，行万里路。苏联著名文学家高尔基说："热爱书吧——这是知识的源泉！只有知识才是有用的，只有它才能够使我们在精神上成为坚强、忠诚和有理智的人，成为能够真正爱人类、尊重人类劳动、衷心地欣赏人类那不间断的伟大劳动所产生的美好果实的人。"英国著名戏剧家莎士比亚说："生活里没有书籍，就好像没有阳光；智慧里没有书籍，就好像鸟儿没有翅膀。"……可见，读书可以促使我们成长与进步，书籍是我们生活中不可缺少的"阳光"，是我们实现理想的"翅膀"。

请以"读书与成长（进步）"为题，写一篇议论文。

要求：观点鲜明，论证结构安排合理，至少运用两种论证方法。不少于600字。

语文综合实践活动

问渠那得清如许，为有源头活水来
——艺术欣赏心得交流会

【活动的目的与任务】

一、通过对文学艺术作品的欣赏，提高人文素养。

二、运用"观点与论证"的相关知识撰写欣赏心得。

三、掌握"会议纪要"的写作要领。

【活动流程】

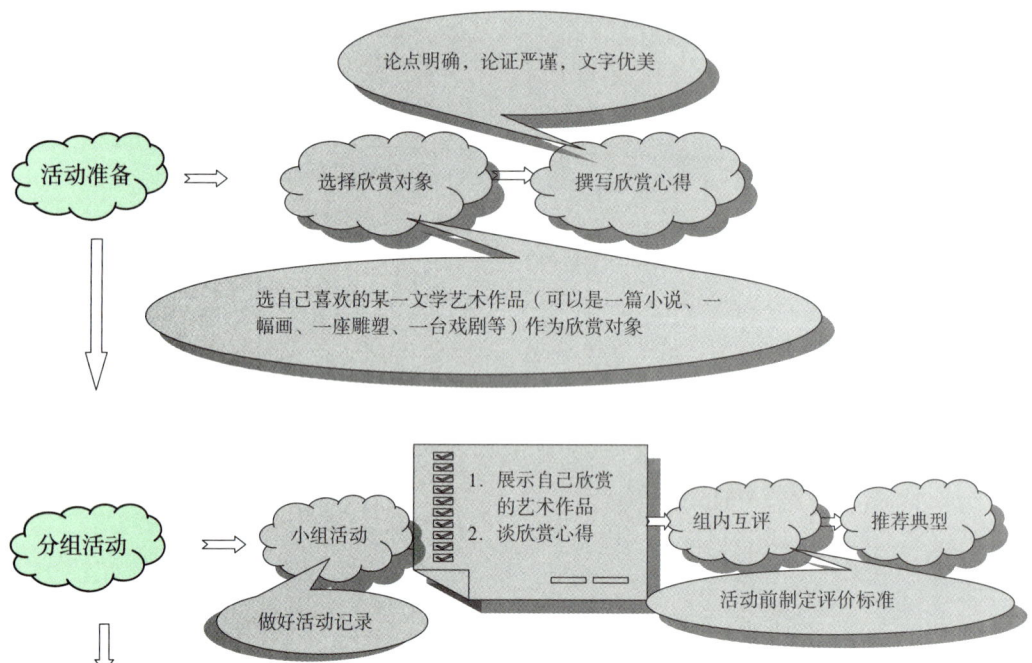

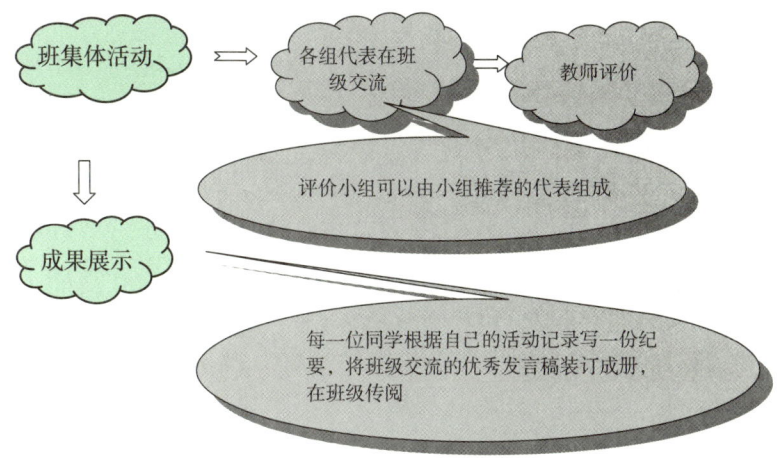

【活动指导】

一、活动准备

1. 活动前，就自己所熟悉或喜欢的某一部小说，或某一幅画（书法作品），或某一座雕塑，或某一台戏曲（剧），或某一个建筑，运用所学习到的艺术欣赏的方法，进行欣赏，并撰写一篇500字左右的欣赏心得。

2. 如果你欣赏的对象是同学们不熟悉的，应准备相应的图片、文字、音像、多媒体课件等，以便在你谈自己的欣赏心得前，向同学们做必要的介绍。

二、小组活动

在小组长的主持下，学生分别就自己欣赏的对象，谈欣赏心得；通过评议，推荐代表小组参加班级活动的人选。

三、班集体活动

1. 在教师或教师指定的主持人的主持下开展活动。

2. 班集体活动的评价由学生评价与教师评价组成。学生评价应根据先前制定的评价标准，进行定性评价；教师评价应侧重于对整个活动的评价，应是对整个活动的总结性评价。

四、成果展示

对班集体活动中发言同学的发言稿进行筛选，将优秀发言稿装订成册，并附经老师筛选过的有代表性的优秀"纪要"，在班级传阅。

五、提示

对同一部小说、同一幅书画作品，不同的人有不同的理解，也可能写出不同的欣赏心得。西方有句名言："一千个读者就有一千个哈姆莱特。"欣赏是多元化的，失去双臂的维纳斯美，千手观音也同样美！真所谓"仁者见仁，智者见智"。只要你的观点明确，论证材料和方法选择、运用得当就行。不必人云亦云。你对作品理解的见解，也许具有一定创新性，那不是更好吗？要相信自己的欣赏能力与水平一定不比别人差。

课外古代诗词诵读

桂 枝 香[①]

王安石

　　登临送目[②],正故国[③]晚秋,天气初肃[④]。千里澄江似练[⑤],翠峰如簇[⑥]。征帆去棹残阳里[⑦],背西风、酒旗斜矗[⑧]。彩舟云淡[⑨],星河鹭起[⑩],画图难足[⑪]。

　　念往昔、繁华竞逐[⑫]。叹门外楼头[⑬],悲恨相续。千古凭高对此,漫嗟荣辱[⑭]。六朝旧事随流水,但寒烟、衰草凝绿[⑮]。至今商女,时时犹唱,后庭遗曲[⑯]。

---

① 选自《全宋词》(中华书局2009年版)。
② 〔登临送目〕登上高处向远方看。
③ 〔故国〕指作者登临之地金陵(今江苏省南京市)。
④ 〔初肃〕万物刚开始凋落。肃,肃杀。
⑤ 〔千里澄江似练〕清澈的千里长江蜿蜒东下,犹如一条铺陈着的白色绸带。练,白色丝绸。
⑥ 〔翠峰如簇〕层叠的青山像是攒聚在一起。簇,相拥、攒聚。
⑦ 〔征帆去棹残阳里〕夕阳残照中船只来往往。帆、棹,代称船。
⑧ 〔背西风、酒旗斜矗〕酒旗斜斜地高挂着随着西风招展。酒旗,卖酒的布招牌。矗,竖起。
⑨ 〔彩舟云淡〕水上的小舟被轻云遮掩。彩舟,船的美称。
⑩ 〔星河鹭起〕江面上的白鹭纷飞起舞。鹭,一种水鸟。另一说认为这句不是写实,而是借长江中白鹭洲这一地名而幻想出来的虚景。
⑪ 〔画图难足〕画也难以画得出。足,完成。
⑫ 〔繁华竞逐〕争着过豪华、奢侈的生活。
⑬ 〔门外楼头〕门外,指金陵城的朱雀门外。隋文帝开皇九年(589年),隋朝大将韩擒虎统率军队打下金陵,从朱雀门进城,俘虏陈后主陈叔宝,灭掉了陈朝。楼头,指陈叔宝为宠妃张丽华建造的结绮楼。杜牧《台城曲》:"门外韩擒虎,楼头张丽华。"
⑭ 〔漫嗟荣辱〕白白地感叹着历朝历代的兴旺和衰亡。
⑮ 〔但寒烟、衰草凝绿〕只见几缕带着寒意的炊烟和一片泛出深绿色的秋草。
⑯ 〔至今商女,时时犹唱,后庭遗曲〕直到如今,那班歌女还时常在唱那过去留下的《玉树后庭花》。商女,卖唱的女子。后庭,即《玉树后庭花》,亡国之君陈叔宝作的歌曲。杜牧《泊秦淮》:"商女不知亡国恨,隔江犹唱后庭花。"

苏 幕 遮[①]

周邦彦

　　燎沉香[②]，消溽暑[③]。鸟雀呼晴，侵晓窥檐语[④]。叶上初阳干宿雨[⑤]，水面清圆，一一风荷举。

　　故乡遥，何日去？家住吴门[⑥]，久作长安旅[⑦]。五月渔郎[⑧]相忆否？小楫轻舟，梦入芙蓉浦[⑨]。

---

① 选自《片玉词》（广陵书社2015年版）。周邦彦（1056—1121），字美成，号清真居士，钱塘（今浙江省杭州市）人，北宋词人。
② ［沉香］一种香料，也叫伽南香、奇南香。
③ ［溽（rù）暑］潮湿的夏季天气。
④ ［鸟雀呼晴，侵晓窥檐语］这句的意思是说，昨夜的雨停了，天刚破晓，鸟雀们就从屋檐向外探视着、欢叫着。侵晓，破晓、天刚亮。
⑤ ［宿雨］昨夜的雨。
⑥ ［吴门］指今苏州市。
⑦ ［久作长安旅］长久在京城客居。长安，汉、唐时国都，这里借指北宋的汴京。
⑧ ［渔郎］打鱼的小伙子。
⑨ ［芙蓉浦］荷花塘。芙蓉，荷花的别称。

第五单元

单元导语

　　文化是人类生生不息的血脉，是人类的精神家园。在历史长河中，人类创造了文化，不断丰富着文化；文化也成就了人类，滋润着人类。今天，文化已成为人类共同的精神财富。随着时代进步，我们在继承中华优秀传统文化时，也要了解世界先进文化。

　　本单元所选的五篇课文，可以帮助我们接触到多元的世界文化，而且能培养我们对文化的感悟能力，提升我们的文化品位。《想北平》表现了家园之思的文化内涵，以及故土对居于斯的人的精神滋养；《世界是平的，世界是通的》展示了中华文化对世界文明丰富与繁荣做出的贡献，赞颂了新时代崛起的中国以天下为己任的胸怀与担当，体现了人类命运共同体的意识和理念；《中国画与西洋画》介绍了世界文化的重要组成部分——中西图画的有关知识；《古希腊的石头》歌颂了古希腊人创造的古希腊文化，进而赞扬现代希腊人珍惜古希腊文化，保护并尊重文化遗产的做法；《奥林匹克精神》用热情洋溢的语言阐述了奥林匹克精神的内涵与价值。

　　"学起于思，思源于疑。"问题探讨是一种有效的读书方法。对所读文本发现问题、提出质疑、进行探索，才能深入理解文本，取得新的认识成果。讨论则有助于突破固定的学习模式，打破习惯的思维定式，实现思维的碰撞，以纠正谬误，激励创新。本单元我们要学会用"问题探讨"的阅读方法研读文本，与文本对话。同学们要调动已有知识经验、生活积累，在讨论中深入思考，并学习用简明、得体、连贯的语言表达观点。

　　本单元，我们还要学习现代文写作中证明与反驳的方法，借助专项口

语交际——辩论的训练,初步掌握辩论的基本要求和一些技巧。

　　本单元的语文综合实践活动是"营造繁华还是守护真实——'圆明园是否要重建'主题辩论活动"。在辩论活动中我们将进一步思考:如何继承和发扬中华优秀传统文化?如何去汲取更多的世界先进文化的营养?

阅读与欣赏

二十一　想　北　平[①]

老　舍

课文导读

　　每个人都有自己的故乡，人们对故乡总有一种割不断的特殊情感。因为乡言土语里积淀着历史文化，蕴藏着地域精神，家乡的山川草木、风土人情，都是我们成长的精神滋养，可谓"一方水土养一方人"。故乡是生命的脐带，更是精神的归宿。

　　北平是老舍的故乡，课文开始老舍就情不自禁地说："我真爱北平。"让老舍如此眷恋的北平是怎样的？他又是如何描绘的？文中反复强调："这个爱几乎是想说而说不出的。"阅读本文，我们分明能感受并分享到老舍的那种刻骨铭心的爱，那他是怎么"说"的呢？他为什么要这样"说"？在对这些问题深入讨论后，也许我们就能真切体会到老舍对北平刻骨铭心的眷恋。

　　平凡的小事、朴素的语言却表达了老舍对故乡的深深眷恋。

　　如果让我写一本小说，以北平作背景，我不至于害怕，因为我可以捡着我知道的写，而躲开我所不知道的。但要让我把北平一一道来，我没办法。北平的地方那么大，事情那么多，我知道的真是太少了，虽然我生在那里，一直到廿七岁才离开。以名胜说，我没到过陶然亭[②]，这多可笑！以此类推，我所知道的那点只是"我的北平"，而我的北平大概等于牛的一毛。

　　可是，我真爱北平。这个爱几乎是想说而说不出的。我爱我的母亲，怎样爱？我说不出。在我想做一件事讨她老人家喜欢的时候，我独自微微地笑着；在

[①] 选自《老舍散文精选》（百花文艺出版社2009年版），有改动。老舍（1899—1966），原名舒庆春，字舍予，作家。北平，1928年6月20日至1949年9月26日这段时间北京曾使用的城市名称。
[②] ［陶然亭］位于北京市西城区陶然亭公园内。清康熙三十四年（1695），工部郎中江藻建此亭，并取白居易诗句"更待菊黄家酿熟，与君一醉一陶然"中"陶然"二字为亭命名。

197

玉泉山的塔影

我想到她的健康而不放心的时候,我欲落泪。言语是不够表现我的心情的,只有独自微笑或落泪才足以把内心表达出来。我爱北平也近乎这个。夸奖这个古城的某一点是容易的,可是那就把北平看得太小了。我所爱的北平不是枝枝节节的一些什么,而是整个儿与我的心灵相黏合的一段历史、一大块地方,多少风景名胜,从雨后什刹海①的蜻蜓一直到我梦里的玉泉山②的塔影,都积凑到一块,每一细小的事件中有个我,我的每一思念中有个北平,只是说不出而已。

真愿成为诗人,把一切好听好看的字都浸在自己的心血里,像杜鹃似的啼出北平的俊伟。但我不是诗人,我将永远道不出我的爱,一种像由音乐与图画所引起的爱。这不但是辜负了北平,也对不住我自己,因为我最初的知识与印象都得自北平,它在我的血里,我的性格与脾气里有许多地方是这个古城所赐给的。我不能爱上海与天津,因为我心中有个北平。可是我说不出来!

伦敦、巴黎、罗马与堪司坦丁堡,曾被称为欧洲的四大"历史的都城"。我知道一些伦敦的情形,巴黎与罗马只是到过而已,堪司坦丁堡根本没有去过。就伦敦、巴黎、罗马来说,巴黎更近似北平,不过,假使让我"家住巴黎",我一定会和没有家一样地感到寂苦。巴黎,据我看,还太热闹。虽然那里也有空旷静寂的地方,可是又未免太旷,不像北平那样既复杂而又有个边际,使我能摸着——那长着红酸枣的老城墙!面向着积水滩,背后是城墙,坐在石上看水中的小蝌蚪或苇叶上的嫩蜻蜓,我可以快乐地坐一天,心中完全安适,无所求也无可怕,像小儿安睡在摇篮里。是的,北平也有热闹的地方,但是它和太极拳相似,动中有静。巴黎有许多地方使人疲乏,所以咖啡与酒是必要的,以便刺激;在北平,有温和的香片茶就够了。

虽说巴黎的布置比伦敦、罗马匀调③得多,可是比起北平来还差点儿。北平在人为之中显出自然,既不挤得慌,又不太僻静,连最小的胡同里的房子也有院

---

① [什刹海]也写作"十刹海",位于北京市西城区。四周原有十座佛寺,故称"十刹海"。
② [玉泉山]位于北京颐和园西侧,是北京"三山五园"之一,因山上有玉泉而得名。
③ [匀调]匀称、谐调。

子与树,最空旷的地方也离买卖街与住宅区不远。北平的好处不在处处设备得完全,而在它处处有空儿,可以使人自由地喘气;

每一个城楼,每一个牌楼,都可以从老远就看见

不在有许多美丽的建筑,而在建筑的四周都有空闲的地方,使它们成为美景。每一个城楼,每一个牌楼,都可以从老远就看见。况且在街上还可以看见北山和西山呢!

好学的、爱古物的人们自然喜欢北平,因为这里书多古物多。我不好学,也没钱买古物,但我却喜爱北平的花多菜多果子多。花草是种费钱的玩艺,可是北平的"草花儿"很便宜,而且家家有院子,可以花不多的钱而种一院子花。墙上的牵牛,墙根的靠山竹与草茉莉,省钱省事而且会招来翩翩的蝴蝶。至于青菜、白菜、扁豆、毛豆角、黄瓜、菠菜,等等,大多数是直接由城外担来送到家门口的。雨后,韭菜叶上还往往带着雨时溅起的泥点。青菜摊子上的红红绿绿几乎有诗一般的美丽。果子有不少是从西山与北山来的,西山的沙果、海棠,北山的黑枣、柿子,进了城还带着一层白霜儿,美国包着纸的橘子遇到北平带霜儿的玉李,还不愧杀①!

是的,北平是个都城,而能有好多自己产生的花、菜、水果,这就使人更接近了自然。从它里面说,没有像伦敦的那些成天冒烟的工厂;从外面说,它紧连着园林、菜圃与农村。采菊东篱下,在这里,确是可以悠然见南山的②。像我这样的一个贫寒的人,或许只有在北平才能享受一点清福吧。

好,不再说了吧,要落泪了。真想念北平呀!

---

① [愧杀]很惭愧。
② [采菊东篱下,在这里,确是可以悠然见南山的]陶渊明《饮酒(其五)》中有诗句"采菊东篱下,悠然见南山"。

练习与思考

一、给下列词语中加点的字注音。

廿（　）七　　　黏（　）合　　　什刹（　）海　　　菜圃（　）

二、语言表达得体主要包括三个方面：合乎表达对象、合乎语言环境、合乎语体特征。联系课文，根据语境，请思考：为什么在巴黎咖啡与酒是必要的，而在北平只要"有温和的香片茶就够了"？能否换成"有柔曼的圆舞曲就够了"，或换成"有叮咚的清泉水就够了"？

三、所谓"简明"，就是用简练、明白的语言，传递尽可能多的信息，并取得最佳效果，《想北平》的语言可谓"言简意丰"。请结合课文具体语境，说说你对下面语句的理解。

1. 虽然那里也有空旷静寂的地方，可是又未免太旷，不像北平那样既复杂而又有个边际，使我能摸着——那长着红酸枣的老城墙！

2. 美国包着纸的橘子遇到北平带霜儿的玉李，还不愧杀！

四、作者在文中反复说自己对北平的爱"说不出来"，可我们分明能感受到作者的爱。细读课文，与同学讨论作者是怎么"说"的。

五、中国辽阔的土地、悠久的历史，孕育了千姿百态的地域文化，可谓"十里不同风、百里不同俗"。人们的语言、风俗、饮食等往往承载着独特的文化内涵。正因为如此，人们对家乡总有一种割不断的特殊情感。你的家乡有什么独特的文化现象吗？请结合本课的学习，以"我家乡的……"为题，写一篇300字左右的短文。

二十二　世界是平的，世界是通的[①]

李　舫

课文导读

本文从古代"丝绸之路"在促进中外文化交流中的作用和当今"一带一路"倡议起笔，赞颂了中华文化对丰富与繁荣世界文明作出的贡献，展现了新时代崛起的中国"以天下为己任"的胸怀与担当，体现了人类命运共同体的理念。阅读时，我们要在了解课文内容的基础上，通过对"'丝绸之路'对世界文明的丰富与繁荣有何贡献？""'一带一路'倡议的实质内涵是什么？"等问题的探讨，提炼课文的主旨。

本文综合运用多种修辞手法，语言优美，情感真挚。学习时，同学们要结合具体语境，体会语言的丰富内涵，体认充盈其间的对中华文化的自豪感和自信心。

作者说，"我们有责任保存好"中华文化，"并将它交给我们的后代，交给我们的未来，交给与我们共荣共生的世界"。学习时，我们要认真思考：作为新时代的青年，我们应该怎样担当起传承丝绸之路精神薪火，发展中华优秀传统文化的使命？

一

山积而高，泽积而长。

在苍莽辽阔的欧亚非大陆，有这样两"条"史诗般的商路：一条在陆路，商队翻过崇山峻岭，穿越戈壁沙漠，声声驼铃回荡在遥无涯际的漫长旅程；一条在海洋，商船出征碧海蓝天，颠簸于惊涛骇浪，点点白帆点缀在波涛汹涌的无垠海面。

这两"条"商路，一端连接着欧亚大陆东端的古中国，一端连接着欧亚大陆西端的古罗马——两个强大的帝国，串起了整个世界，踏着这千年商路，不同种

[①] 选自《丝绸之路名家精选文库》（华文出版社2017年版），有删改。李舫（1968—　），吉林省长春市人，作家。

族、不同肤色、不同语言、不同信仰、不同文化、不同理念的人们往来穿梭，把盏言欢。

正是通过这条史诗般的商路，一个又一个宗教诞生了，一种又一种语言得以升华，一个又一个雄伟的国家兴衰荣败，一种又一种文化样式不断丰富；正是通过这条史诗般的商路，中亚大草原发生的事件的余震可以辐射到北非，东方的丝绸产量无形中影响了西欧的社会阶层和文化思潮——这个世界变成了一个深刻、自由、畅通，相互连接又相互影响的世界。19世纪末，德国地质学家费迪南·冯·李希霍芬将这个蛛网一般密布的道路命名为"丝绸之路"。

几千年来，恰恰是东方和西方之间的这个地区，把欧洲和太平洋联系在一起的地区，构成地球运转的轴心。丝绸之路打破了族与族、国与国的界限，将人类四大文明——古埃及文明、古巴比伦文明、古印度文明、中华文明串联在一起，商路连接了市场，连起了心灵，联结了文明。

正是在丝绸之路上，东西方文明显示出探知未知文明样式的兴奋，西方历史学家尤其如此。古老神秘的东方文明到底孕育着人类的哪些生机？又将对西方文明产生怎样的动力？英国学者约翰·霍布森在《西方文明的东方起源》一书中，回答了这些疑问："东方化的西方"即"落后的西方"如何通过"先发地区"的东方，捕捉人类文明的萤火，一步步塑造领导世界的能力。

正是在丝绸之路上，西汉张骞[①]两次从陆路出使西域，中国船队在海上远达印度和斯里兰卡；唐代对外通使交好的国家达70多个，来自各国的使臣、商人、留学生云集长安；15世纪初，航海家郑和[②]七次下西洋，到达东南亚诸多国家，远抵非洲东海岸肯尼亚，留下了中国同沿途各国人民友好交往的佳话；明末清初，中国人民积极学习近代科技知识，欧洲天文学、医学、数学、几何学、地理学纷纷传入中国，开阔了中国人的视野。之后，中外文明交流互鉴更是频繁展开。

正是在丝绸之路上，世界其他文明也在吸取中华文明的营养之后变得更加丰富、发达。源自中国本土的儒学，早已走向世界，成为人类文明的一部分。佛教

---

① ［张骞（前164—前114）］汉中郡城固（今陕西省汉中市城固县）人，汉代外交家、旅行家、探险家。建元二年（前139），奉汉武帝之命，出使西域，打通了汉朝通往西域的道路，即丝绸之路。
② ［郑和（1371—1433）］明朝航海家、外交家。1405—1433年，郑和七次奉旨率船队远航西洋，航线从西太平洋穿越印度洋，直达西亚和非洲东岸，途经三十多个国家和地区。在世界航海史上，他开辟了贯通太平洋西部与印度洋等大洋的直达航线。

传入中国后，同儒家文化和道家文化融合发展，形成了具有中国特色的佛教文化和理论，并传播到日本、朝鲜及东南亚，对这些国家的哲学、艺术、礼仪等产生了深刻影响。中国的造纸术、火药、印刷术、指南针四大发明带动了整个世界的革故鼎新①，直接推动了欧洲的文艺复兴。中国哲学、文学、医药、丝绸、瓷器、茶叶等传入西方，渗入西方民众日常生活之中。

法国总统戴高乐评价道，中国不仅仅是一个国家或是民族，她更是一种文明，一种独特而深邃②的文明。中华文明曾长期处于世界领先地位，是世界主流文化之一，对包括西方文化在内的其他地区文化曾产生过重要影响，排他性最小，包容性又最强。我们奢侈地"日用而不觉"的，就是这样一种文化。它已与我们经济生活、社会生活和日常生活中的根本的价值取向相结合，不断地延展和衍生自己，成为最基础也最扎实的一层底色。西方学者曾经评价空前鼎盛、空前繁荣的隋唐时代；在唐初诸帝时代，中国的温文有礼、文化腾达和威力远被，同西方世界的腐败、混乱和分裂对照得那样的鲜明，以致在文明史上立刻引起一些最有意义的问题。中国由于迅速恢复了统一和秩序而赢得了这个伟大的领先。美国史学家爱德华·麦克诺尔·伯恩斯、菲利普·李·拉尔夫在《世界文明史》中写道：中国文明之所以能长期存在，有地理原因，也有历史原因。中国在它的大部分历史时期，没有建立过侵略性的政权。也许更重要的是，中国伟大的哲学家和伦理学家的和平主义精神约束了它的向外扩张。

由是，经济得以繁荣，文化得以传播，文明得以融合。

二

然而，令人痛惜的是，16、17世纪以降，丝绸之路渐次荒凉。中国退回到封闭的陆路，丝绸之路的荒凉逼迫西方文明走向海洋，从而成就了欧洲的大航海时代，推动了欧洲现代文明的发展和繁荣。

今天，作为负责任的东方大国，中国在思考，如何用文明观引导世界布局、世纪格局，这是中国应该担负的使命。

《易经》有云："往来不穷谓之通……推而行之谓之通。"雅各布·布克哈特在《意大利文艺复兴时期的文化》中说："任何一个文化的轮廓，在不同人的眼

---

① [革故鼎新] 去掉旧的，建立新的。多指改朝换代或重大变革。
② [深邃（suì）] 深奥。邃，精深。

里看来都可能是一幅不同的图景。"文明的断裂带，常常是文明的融合带。在21世纪的第二个10年，中国再次将全球的目光吸引到这条具有非凡历史意义的道路上。如果将丝绸之路比喻为中国腾飞的两只翅膀，那么互联、互通就是两只翅膀的血脉经络，随着丝绸之路的复兴，不仅是对中华优秀传统文化的重新梳理、创造性转化、创新性发展，更是东西方文明又一次大规模的交流、交融、交锋。对于骄傲的西方，神秘东方的价值恰在于此。正是在与世界其他文明持续的交流互鉴中，中华文明不断发展壮大；也正是在中华文明不断走出去的过程中，世界文明得以丰富和繁荣。

美国学者弗里德曼说，世界是平的。其实，在今天的现代化、全球化背景下，世界不仅是平的，而且是通的。毋庸讳言①，我们的全球化，还仅仅是部分国家、地区的全球化，而对于大部分国家而言，全球化还只是一个遥远的梦想。中国提出的"一带一路"倡议，不仅意味着复兴古代丝绸之路的辉煌，更体现了崛起的中国以天下为己任的胸怀与担当。在这个意义上，"一带一路"倡议不啻第二次地理大发现。

万物并育而不相害，大道并行而不相悖②。历史是一面镜子，从历史中，我们能够更好地看清世界、参透生活、认识自己；历史也是一位智者，同历史对话，我们能够更好地认识过去、把握当下、面对未来。观古今须臾，抚四海于一瞬。

作家莫言说过一句饶有趣味的话："世间的书大多是写在纸上的，也有刻在竹简上的，但有一部分关于高密东北乡的书是渗透在石头里的，是写在桥上的。"中国传统文化就如同那些镌刻在石头上的高密史诗，如同宏博阔大的钟鼎彝器③，事无巨细地将一切"纳为己有"，沉积在内心，旁通而无滞，日用而不匮。

落其实者思其树，饮其流者怀其源。中华民族生生不息绵延发展、饱受挫折又不断浴火重生，都离不开中华文化的有力支撑。中华文化不仅是个人的智慧和记忆，而且是中华民族的集体智慧和集体记忆，是我们在未来道路上寻找家园的识路地图。中华民族的子子孙孙像种子一样飘向世界各地，但是不论在哪里，不论是何时，只要我们的文化传统血脉不断、薪火相传，我们就能找到我们的同心

---

① ［毋庸（wúyōng）讳言］指用不着隐讳，可以直说。毋庸，无须。
② ［悖（bèi）］违背、违反。
③ ［彝（yí）器］中国古代青铜器中礼器的通称。彝，古代盛酒的器具，也泛指祭器。

人——那些似曾相识的面容、那些久远熟悉的语言、那些频率相近的心跳、那些浸润至今的仪俗、那些茂密茁壮的传奇、那些心心相印的瞩望,这是我们中华民族识路地图上的印记和徽号。今天,我们有责任保存好这张识路地图,并将它交给我们的后代,交给我们的未来,交给与我们共荣共生的世界。

练习与思考

一、作者在课文中使用了许多表达自己主观情感的词语,抒发了对中华文化的自豪感。结合语境,仔细推敲,如果删除下列句子中加点词语,表达的意思有什么不同。

1. 中国的造纸术、火药、印刷术、指南针四大发明带动了整个世界的革故鼎新,直接推动了欧洲的文艺复兴。

2. 中华文明曾长期处于世界领先地位,是世界主流文化之一,对包括西方文化在内的其他地区文化曾产生过重要影响,排他性最小,包容性又最强。

3. 对于骄傲的西方,神秘东方的价值恰在于此。

二、认真阅读课文,提炼课文内容,概括课文主旨。

三、恰当地运用修辞手法,可收到别具一格的艺术效果。指出下列语句运用的修辞手法,结合课文语境,理解其表达的丰富内涵。

1. 在苍莽辽阔的欧亚非大陆,有这样两"条"史诗般的商路:一条在陆路,商队翻过崇山峻岭,穿越戈壁沙漠,声声驼铃回荡在遥无涯际的漫长旅程;一条在海洋,商船出征碧海蓝天,颠簸于惊涛骇浪,点点白帆点缀在波涛汹涌的无垠海面。

2. 丝绸之路打破了族与族、国与国的界限,将人类四大文明——古埃及文明、古巴比伦文明、古印度文明、中华文明串联在一起,商路连接了市场,连起了心灵,联结了文明。

205

3. 中华民族的子子孙孙像种子一样飘向世界各地，但是不论在哪里，不论是何时，只要我们的文化传统血脉不断、薪火相传，我们就能找到我们的同心人——那些似曾相识的面容、那些久远熟悉的语言、那些频率相近的心跳、那些浸润至今的仪俗、那些茂密茁壮的传奇、那些心心相印的瞩望，这是我们中华民族识路地图上的印记和徽号。

四、散文的语言讲究韵律、节奏，讲求形式美。课文语言优美流畅，采用了许多音韵和谐、结构对仗的语句，产生一种独特的美感。请找出2~3句，细细品析。

五、课文说：中国古人开辟的"丝绸之路打破了族与族、国与国的界限，将人类四大文明——古埃及文明、古巴比伦文明、古印度文明、中华文明串联在一起，商路连接了市场，连起了心灵，联结了文明"；当今"中国提出的'一带一路'倡议，不仅意味着复兴古代丝绸之路的辉煌，更体现了崛起的中国以天下为己任的胸怀与担当"。课后查找相关资料，进一步了解"丝绸之路"的历史，加深理解"一带一路"倡议的意义，结合课文内容和自己的实际，与同学交流：你将如何"不忘本来、吸收外来、面向未来"，为实施"一带一路"倡议作出自己的贡献？

二十三　中国画与西洋画[1]

丰子恺

课文导读

绘画是运用线条、色彩和块面等元素，通过构图、造型和调色等手段，在二维空间（平面）里创造出静态的视觉形象或情境的艺术。"东西洋文化，根本不同。故艺术的表现亦异。"对于中国画与西洋画，也许我们能大致分开。但为何有如此区别呢？我们不一定说得清。那就读读此文吧！

这篇课文条理明晰，全文采用总分总的结构。课文开头先概括介绍"在绘画上，中国画重神韵，西洋画重形似"；主体部分采用比较说明方法，从线条、透视法、解剖学、背景、题材五个方面，具体阐释中国画与西洋画的区别；文末得出结论："中国画趣味高远，西洋画趣味平易。"

作者用精练、朴实的文字阐释了自己对中国画与西洋画独到的见解。学习本文，能帮助同学们理解中国画与西洋画的艺术特色，从而提高对绘画作品的鉴赏能力。

东西洋文化，根本不同。故艺术的表现亦异。大概东洋艺术重主观，西洋艺术重客观。东洋艺术为诗的，西洋艺术为剧的。故在绘画上，中国画重神韵，西洋画重形似。两者比较起来，有下列的5个异点。

（一）中国画盛用线条，西洋画线条都不显著。线条大都不是物象所原有的，是画家用以代表两物象的境界的。例如中国画中，描一条蛋形线表示人的脸孔，其实人脸孔的周围并无此线，此线是脸与背景的界

中国画盛用线条

---

[1] 选自《丰子恺论艺术》（复旦大学出版社1985年版）。丰子恺（1898—1975），散文家、画家。

西洋画很像实物

线。又如画一曲尺形线表示人的鼻头,其实鼻头上也并无此线,此线是鼻与脸的界线。又如山水、花卉等,实物上都没有线,而画家盛用线条。山水中的线条特名为"皴法①"。人物中的线条特名为"衣褶"。都是艰深的研究工夫。西洋画就不然,只有各物的界,界上并不描线。所以西洋画很像实物,而中国画不像实物,一望而知其为画。盖中国书画同源,作画同写字一样,随意挥洒,披露胸怀。19世纪末,西洋人看见中国画中线条的飞舞,非常赞慕,便模仿起来,即成为"后期印象派"(详见本书②中《西洋画简史》篇)。但后期印象派以前的西洋画,都是线条不显著的。

(二)中国画不注重透视法,西洋画极注重透视法。透视法,就是在平面上表现立体物。西洋画力求肖似真物,故非常讲究透视法。试看西洋画中的市街、房屋、家具、器物等,形体都很正确,竟同真物一样。若是描走廊的光景,竟可在数寸的地方表出数丈的距离来。若是描正面的(站在铁路中央眺望的)铁路,竟可在数寸的地方表出数里的距离来。中国画就不然,不欢喜画市街、房屋、家具、器物等立体相很显著的东西,而欢喜写云、山、树、瀑布等远望如天然平面物的东西。偶然描房屋器物,亦不讲究透视法,而任意表现。例如画庭院深深的光景,则曲廊洞房,尽行表示,好似飞到半空中时所望见的;且又不是一时间所见,却是飞来飞去,飞上飞下,几次所看见的。故中国画的手卷,山水连绵数丈,好像是火车中所见的。中国画的立幅,山水重重叠叠,好像是飞机中所看见的。因为中国人作画同作诗一样,想到哪里,画到哪里,不受透视法的拘束。所以中国画中有时透视法会弄错。但这弄错并无大碍。我们不可用西洋画的法则来批评中国画。

(三)东洋人物画不讲解剖学,西洋人物画很重解剖学。解剖学,就是对人体骨骼筋肉的表现形状的研究。西洋人作人物画,必先研究解剖学。这解剖学英

---

① [皴(cūn)法]中国画技法之一,用以表现山石和树皮的纹理。
② [本书]指作者所著《艺术修养基础》一书。

文名曰 anatomy for art students，即艺术解剖学。其所以异于生理解剖学者，生理解剖学讲人体各部的构造与作用，艺术解剖学则专讲表现形状。但也须记诵骨骼筋肉的名称，及其形状的种种变态，是一种艰苦的学问。但西洋画家必须学习。因为西洋画注重写实，必须描得同真的人体一样。但中国人物画家从来不需要这种学问。中国人画人物，目的只在表现人物的姿态的特点，却不讲人物各部的尺寸与比例。故中国画中的男子，相貌奇古，身首不称。女子则蛾眉樱唇，削肩细腰。倘把这些人物的衣服脱掉，其形可怕。但这非但无妨，却是中国画的好处。中国画欲求印象的强烈，故扩张人物的特点，使男子增雄伟，女子增纤丽，而充分表现其性格。故不用写实法而用象征法。不求形似，而求神似。

（四）中国画不重背景，西洋画很重背景。中国画不重背景，例如画梅花，一枝悬挂空中，四周都是白纸。画人物，一个人悬挂空中，好像驾云一般。故中国画的画纸，留出空白余地甚多。很长的一条纸，下方描一株菜或一块石头，就成为一张立幅。西洋画就不然，凡物必有背景，例如果物，其背景为桌子；人物，其背景为室内或野外。故画面全部填涂，不留空白。中国画与西洋画这点差别，也是由于写实与传神的不同而生。西洋画重写实，故必描背景。中国画重传神，故必删除琐碎而特写其主题，以求印象的强明。

（五）东洋画题材以自然为主，西洋画题材以人物为主。中国画在汉代以前，也以人物为主要题材。但到了唐代，山水画即独立。一直到今日，山水常为中国画的正格。西洋画自希腊时代起，一直以人物为主要题材。中世纪的宗教画，大都以群众为题材。例如《最后的审判》《死之胜利》等，一幅画中人物不计其数。直到 19 世纪，方始有独立的风景画。风景画独立之后，人物画也并不让位，裸体画在今日仍为西洋画的主要题材。

上述五条，是中国画与西洋画的异点。由此可知中国画趣味高远，西洋画趣味平易。故为艺术研究，西洋画不及中国画的精深。为民众欣赏，中国画不及西洋画的普通。

练习与思考

一、给下列加点字注音。

花卉（　　）　皴（　　）法　曲廊（　　）　解剖（　　）　骨骼（　　）

纤（　）丽　　琐（　）碎

二、依次填入下列横线上的词语，最恰当的一项是（　　）

中国画欲求印象的强烈，故____人物的特点，使男子增雄伟，女子增纤丽，而充分____其性格。

A. 表现　扩张　　B. 扩张　表现　　C. 夸张　展示　　D. 展示　夸张

三、语言表达的简明是指简洁扼要、干净明晰。请认真阅读课文，并用简明的语言概括文中中国画和西洋画五个异点的主要含义。

四、生活中，我们肯定接触过不少中国画与西洋画，结合课文的学习，请以一幅绘画作品为例，谈谈它是怎样体现中国画或西洋画的绘画风格的。

五、课文说"东西洋文化，根本不同。故艺术的表现亦异"。其实除绘画、音乐、文学外，饮食、礼仪等日常生活中的很多方面也反映出了中西文化的差异。你注意到了吗？试举例说明你所认识的中西文化差异。

二十四　古希腊的石头[1]

冯骥才

课文导读

　　古人有云："历史是写在石头上的。"在作者的眼中，"石头"就是文化的使者，作者借古希腊的石头，浮想联翩，将古希腊文明与中国文明联系在一起，表达了对历史及历史遗迹保护的深刻思考。

　　作者通过写这些记载着历史文化气息的石头——雕像、石碑、石柱等，歌颂了古希腊人的聪明智慧和他们所创造的古希腊文化。作者并没有停留在对希腊文化的欣赏上，那么他真正关注的是什么？希腊人对历史文物的保护措施很奇特，从中我们可以学到些什么？我们应该怎样对待中国灿烂的古代文化呢？我们不妨带着这些问题来学习本文。

　　每到一个新地方，首先要去当地的博物馆。只要在那里边待上半天或一天，很快就会与这个地方"神交"上了。故此，在到达雅典的第二天一早，我便一头扎进举世闻名的希腊国家考古博物馆。

　　我在那些欧洲史上最伟大的雕像中间走来走去，只觉得我的眼睛被那个比传说还神奇的英雄时代所特有的光芒照得发亮。同时，我还发现所有雕像的眼睛都睁得很大，眉清目朗，比我的眼睛更亮！我们好像互相瞪着眼，彼此相望。尤其是来自克里特岛那些壁画上人物的眼睛，简直像打开的灯！直叫我看得神采焕发！在艺术史上，阳刚时代艺术中人物的眼睛，总是炯炯有神[2]；阴暗时期艺术中人物的眼睛，多半暧昧不明。

　　我承认，希腊人的文化很对我的胃口。我喜欢他们这些刻在石头上的历史与艺术。由于石头上的文化保留得最久，所以无论是希腊人，还是埃及人、玛雅人、巴比伦人以及我们中国人，在初始时期，都把文化刻在坚硬的石头上。这些

---

[1] 选自《珍珠鸟》（作家出版社2009年版）。冯骥才（1942— ），作家、民俗文化学者。
[2] ［炯炯有神］形容目光明亮。

深深刻进石头里的文字与图像，顽强又坚韧地表达着人类对生命永恒的追求，以及把自己的一切传之后世的渴望。

然而，永恒是达不到的。永恒只是很长很长的时间而已。古希腊人已经在这时间旅程中走了三四千年。证实这三四千年的仍然是这些文化的石头。可是如今我们看到了，石头并非坚不可摧。世界上没有任何东西可以把人带到永远。在岁月的翻滚中，古希腊人的石头已经满是裂痕与缺口，有的只剩下一些残块和断片。

在博物馆的一个展厅，我看到一截石雕的男子的左臂。虽然只是这么一段残臂，却依然紧握拳头，昂然地向上弯曲着，皮肤下面的血管膨胀鼓胀，脉搏在这石臂中有力地跳动。我们无法看见这手臂连接着的雄伟的身躯，但完全可以想见这位男子英雄般的形象。一件古物背后是一片广阔的历史风景。历史并不因为它的残缺而缺少什么。残缺，却表现着它的经历、它的命运、它的年龄，还有一种岁月感。岁月感就是时间感。当事物在无形的时间历史中穿过，它便被一点点地消损与改造，并因而变得古旧、龟裂、剥落与含混，同时也就沉静、苍劲、深厚、斑驳和朦胧起来。

于是一种美出现了。

这便是古物的历史美。历史美是时间创造的，所以它又是一种时间美。我们通常是看不见时间的，但如果你留意，便会发现时间原来就停留在所有古老的事物上。比如那深幽的树洞、凹陷的老街、泛黄的旧书、磨光的椅子、手背上布满的沟样的皱纹、晶莹而飘逸的银发……它们不是全都带着岁月和时间深情的美感吗？

这也是一种文化美。因为古老的文化都具有悠远的时间的意味。

时间在每一件古物的体内全留下了美丽的生命的年轮，不信你掰开看一看！

凡是懂得这一层美感的，就绝不会去将古物翻新，甚至做更愚蠢的事——复原。

站在雅典卫城上，我发现对面远远的一座绿色的小山顶上，爽眼地竖立着一座白色的石碑。碑上隐隐约约坐着一两尊雕像。我用力盯着看，竟然很像是佛像！我一直对古希腊与东方之间雕塑史上那段奇缘抱有兴趣。便兴冲冲走下卫城，跟着爬上了对面那座名叫阿雷奥斯·帕果斯的草木葱茏的小山。

山顶的石碑是一座高大的雕着神像的纪念碑。由于历时久远，一半已然缺失。石碑上层的三尊神像，只剩下两尊，都已经失去了头颅，可是他们依然气宇轩昂①地坐在深凹的洞窟里。这时，使我惊讶的是，它竟比我刚才在几公里之外看到的更像是两尊佛像。无论是它的窟形，还是从座椅垂落下来的衣裙，乃至雕刻的衣纹，都与敦煌和云冈中那些北魏与西魏的佛像酷似！如果我们将两个佛头安装上去，也会十分和谐的！于是，它叫我神驰万里，一下子感到世纪前丝绸之路上那段早已逝去的令人神往的历史——从亚历山大东征到希腊人在犍陀罗为原本没有偶像崇拜的印度人雕刻佛像，再到佛教东渐与中国化的历史——陡然地掉转过头，五彩缤纷地扑面而来。

原来时间隧道就在希腊人的石头中间！在这隧道里，我似乎已经触摸到消失了数千年的那一段时光了。这时光的触觉，光滑、柔软、流动，还有一些神秘的凹凸的历史轮廓。我静静坐在山顶一块山石上，默默享受着这种奇异和美妙的感受，直到夕阳把整个石碑染得金红，仿佛一块烧透了的熔岩。

由此，我找到了逼真地进入希腊历史的秘密。

我便到处去寻访古老的文化的石头。从那一片片石头的遗址中找到时光隧道的入口，钻进去。

然而，我发现希腊到处全是这种石头。希腊人说他们最得意的三样东西就是：阳光、海水和石头。从德尔菲的太阳神庙到苏纽的海神庙，从埃皮达洛夫洛斯的露天剧场到迈锡尼的损毁的城堡，它们简直全是巨大的石头的世界。可是这些石头早已经老了。它们残缺和发黑，成片地散布在宽展的山坡或起伏的丘陵上。数千年前，它们曾是堆满财富的王城，聆听神谕的圣坛或人间英雄们竞技的场所。但历史总是喜新厌旧的。被时光筛子筛下来只有这些破碎的房宇、残垣败壁、断碑，兀自竖立的石柱，东一个西一个的柱头或柱础。

尽管无情的历史遗弃它，有心的希腊人却无比珍惜它。他们保护这些遗址的方式在我们看来十分奇特，他们绝不去动一动历史遁去之后的"现场"。一根石柱在1 000年前倒在哪里，今天绝不去把它扶立起来。因为这是历史的本来面目。尊重历史就是不更改历史。当然他们又不是对这些先人的创造不理不管。常常会有一些"文物医生"拿着针管来，为一些正在开裂的石头注射加固剂，或者定期清洗现代工业造成的酸雨给这些石头带来的污迹。他们做得小心翼翼。好像这些石头在他们手中依然是活着的需要呵护的生命。

---

① [气宇轩昂]形容精神饱满，气概不凡。

迈锡尼遗址给人的感受真是一种震撼

他们使我们认识到，每一块看似冰冷的古老的石头，其实并没有死亡，它们犹然带着昔时的气息。它们各自不同的形态都是历史的表情，石头上的残痕则是它们命运的印记与年龄的刻度。认识到这些，便会感到我们已身在历史中间。如果你从中发现到一个非同寻常的细节，那就极有可能是神奇的时间隧道的洞口了。

迈锡尼遗址给人的感受真是一种震撼。这座3 000多年前用巨石砌成的城堡，如今已是坍塌在山野上的一片废墟。被时光磨砺得分外粗糙的巨大的石块与齐腰的荒草混在一起。然而，正是这种历史的原生态，才确切地保留着它最后毁灭于战火时惊人的景象。如果细心察看，仍然可以从中清晰地找到古堡的布局、不同功能的房舍与纵横的甬道。1876年德国天才的考古学家谢里曼就是从这里找到了一个时光隧道的入口，从隧道里搬出了伟大的荷马说过的那些黄金财宝和精美绝伦的"迈锡尼文化"——他实际是活灵活现地搬出来古希腊一段早已泯灭了的历史。谢里曼说，在发掘出这些震惊世界的迈锡尼宝藏的当夜，他在这荒凉的遗址上点起篝火。他说这是2 244年以来的第一次火光。这使他想起当年阿伽门农王夜里回到迈锡尼时，王后克莉登奈斯特拉和她的情夫伊吉吐斯战战兢兢①看到的火光。这跳动的火光照亮了一对狂恋中的情人眼睛里的惊恐与杀机。

今天，入夜后如果我们在遗址点上篝火，一样可以看到古希腊这惊人的一幕；我们的想象还会进入那场以情杀为背景的毁灭性的内战中去。因为，迈锡尼遗址一切都是原封不动的。时光隧道还在那些石头中间。于是我想，如果把迈锡尼交给我们——我们是不是要把迈锡尼散乱的石头好好"整顿"一番，摆放得整整齐齐；再将倾毁的城墙重新砌起来；甚至突发奇想，像大声呼喊着"修复圆明园"一样，把迈锡尼复原一新。如若这样，历史的魂灵就会一下子逃离而去。

珍视历史就是保护它的原貌与原状。这是希腊人给我们的启示。

那一天，天气分外好。我们驱车去苏纽的海神庙。车子开出雅典，一路沿着爱琴海，跑了3个小时。右边的车窗上始终是一片纯蓝，像是电视的蓝屏。

海神庙真像在天涯海角。它高踞在一块伸向海里的险峻的断崖上。看似三面

---

① [战战兢兢]形容因害怕而微微发抖的样子。

环海，视野非常开阔。这视野就是海神的视野。而希腊的海神波塞冬就同中国人的海神妈祖一样，护佑着渔舟与商船的平安。但不同的是，波塞冬还有一个使命是要庇护战船。因为波斯人与希腊人在海上的争雄，一直贯穿着这个英雄国度的全部历史。

可是，这座世纪前的古庙，现今只有石头的庙基和两三排光秃秃的多里克石柱了。石柱上深深的沟槽快要被时光磨平。还有一些断柱和建筑构件的碎块，分散在这崖顶的平台上，依旧是没人把它们"规范"起来。没有一个希腊人敢于胆大包天地修改历史。这些质地较软的大理石残件，经受着2 000多年的阵阵海风吹来吹去，正在一点点变短变小，有几块竟然差不多要湮没在地面中了；一些石头表面还像流质一样起伏，这是海风在上边不停地翻卷的结果。可就是这样一种景象，使得分外强烈的历史感一下子把我包围起来。

纯蓝的爱琴海浩无际涯，海上没有一只船，天上没有鹰鸟，也没有飞机。无风的世界了无声息，只有明媚的阳光照耀着古希腊这些苍老而洁白的石头。天地间，也只有这些石头能够解释此地非凡的过去。甚至叫我们想起爱琴海的名字来源于爱琴王——那个悲痛欲绝的故事。爱琴王没有等到出征的王子乘着白色的帆船回来，他绝望地跳进了大海。这大海是不是在那一瞬变成这样深浓而清冷的蓝色？爱琴王如今还在海底吗？他到底身在哪里？在远处那一片闪着波光的"酒绿色的海心"吗？

等我走下断崖时，忽然发现一间专门为游客服务的商店。它故意盖在侧下方的隐蔽处。在海神庙所在的崖顶的任何地方，都是绝对看不见这家商店的。当然，这是希腊人刻意做的。他们绝对不让我们的视野受到任何现代事物的干扰，为此，历史的空间受到了绝对与纯正的保护！

我由衷地钦佩希腊人！

希腊人告诉我们，保护古代文明遗产，需要的是对历史的深刻理解与崇拜、科学的方法、优雅的美感和高尚的文化品位。因为历史文明是一种很高的意境。

创造古希腊的是历史文明，珍惜古希腊的是现代文明。而懂得怎样珍惜它，才是一种很高层次的文明。

练习与思考

一、给下列加点的字注音。

粗糙（　）　庇（　）护　　泯（　）灭　苍劲（　）　聆（　）听

隧（　）道　神谕（　）　　亢（　）奋　篝（　）火　葱（　）茏

呵（　）护　磨砺（　）　　甬（　）道　掰（　）开　兀（　）自

暧昧（　）　战战兢（　）兢　坍（　）塌

二、下列句子表述不当的一项是（　　）

A. 我在那些欧洲史上最伟大的雕像中间走来走去，只觉得我的眼睛——被那个英雄时代所特有的比传说还神奇的光芒照得发亮。

B. 世界上没有任何东西可以把人带到永远。在岁月的翻滚中，古希腊人的石头已经满是裂痕与缺口，有的只剩下一些残块和断片。

C. 站在雅典卫城上，我发现对面远远的一座绿色的小山顶上，爽眼地竖立着一座白色的石碑。

D. 希腊人说他们最得意的三样东西就是：阳光、海水和石头。

三、理解句子中词语的特殊含义，一是要注意词语本身的意义；二是要联系上下文，把握具体的语言环境。有的词语还要注意分析其比喻意。

1. 对"时间隧道就在希腊人的石头中间"这句话，你是怎样理解的？

2. 文中说，古老的石头"各自不同的形态都是历史的表情"。你是怎样理解"历史的表情"的？

四、课文中作者对古希腊石头的欣赏，也就是对希腊文化的欣赏。但从全文来看，作者并没有停留在对希腊文化的欣赏上，那么他真正关注的是什么？

五、你的家乡有些什么古代文化遗产？它们的保护现状怎样？我们可以从希腊人对历史文物的保护中学到些什么呢？请以"古代文化的保护"为话题，联系实际，展开讨论，发表看法。

*二十五　奥林匹克精神[1]

[法国]顾拜旦

阅读提示

《奥林匹克宪章》基本原则第一条指出："现代奥林匹克主义是皮埃尔·德·顾拜旦提出的。"1919年，瑞士洛桑金色演讲厅内，正在举行庆祝奥林匹克运动恢复25周年的纪念大会，在热烈的掌声中，顾拜旦走上了演讲台，开始了他最为经典的一次演说。

在演说中，顾拜旦用诗歌般的语言阐述奥林匹克精神的内涵与价值，畅想美好前景，确信奥林匹克精神必将如阳光普照大地，拥有沉甸甸的收获。顾拜旦为什么要致力于恢复奥林匹克运动？他又是如何将奥林匹克精神变为现实的？奥林匹克精神的内涵究竟是什么？

奥林匹克精神正逐渐为青年所崇尚，让我们用奥林匹克精神激励、提升自己吧！

联邦主席先生，女士们，先生们：

5年前，来自世界各国的代表聚会在巴黎——1894年宣布恢复奥林匹克运动会的地方——同我们一起庆祝恢复奥林匹克运动会20周年。在过去这5年内，世界崩溃了[2]。虽然奥林匹克精神经历了这一切，但是，她没有恐惧，没有成为这场劫难的牺牲品。豁然开朗的前景证明，一个崭新的重要角色正等待着她。

奥林匹克精神逐渐为青年所崇尚。奥林匹克精神同纯粹的竞技精神是有区别的，奥林匹克精神包括但又超越了竞技精神。我想对这一不同之处做出详细阐述。运动员欣赏自己做出的努力。他喜欢施加于自己肌肉和神经上的那种紧张感，而且因为这种紧张感，即使他不能获胜，也会给人以胜利在望的感觉。

---

[1] 选自《中外名人演讲精粹·欧洲卷》（中国书籍出版社1999年版），有改动。顾拜旦（1863—1937），法国教育家，现代奥林匹克运动的创始人。

[2] [在过去这5年内，世界崩溃了]指到作者演讲时为止的5年，这期间即1914—1918年爆发了第一次世界大战。

但这种乐趣保留在运动员内心深处，在某种程度上只是自得其乐。现在，让我们设想一下另一种情况，当这种内心的悦乐向外突发与大自然的乐趣和艺术的奔放融合在一起，当这种悦乐为阳光所萦绕，为音乐所振奋，为带圆柱形门廊的体育馆所珍藏时，该是怎样的情景呢？这就是很久以前诞生在阿尔弗斯河岸边的古代奥林匹克精神绚丽的梦想。在过去几千年里，正是这一迷人的梦想使世界凝聚在一起。

现在，我们正处于历史的转折关头。人类渴望进步，但又常常误入歧途。青少年往往为陈旧、复杂的教学方法，愚蠢和严厉相交替的说教以及拙劣肤浅的哲学所束缚而失去平衡。我想这就是为何要敲响重开奥林匹克时代钟声的原因。我们把盎格鲁－撒克逊人①的运动功利主义同古希腊留传下来的高尚、强烈的观念结合起来，开辟奥林匹克新时代。在对纽约和伦敦举办奥运会的现实可能性做出评估后，我为这一意外的合成物向不朽的希腊祈求一剂理想主义的良药。先生们，这就是我们的杰作——刚才你们还向她表达了敬意。如果你们的赞美之词是向为之工作的人说的，我将感到羞愧。这个人没有意识到他应受这样的赞扬，因为他仅仅是凭一种比其意识还强大的直觉在行事。但他愉快地接受对奥林匹克理想的赞美之词，他是这一理想的第一个信徒。

我刚才回忆起 1914 年 6 月的庆典。当时，我们似乎是在为恢复奥林匹克的理想变成现实而庆祝。今天，我觉得又一次目睹她由含苞而怒放，因为从现在起，如果只有少数人关心她的话，我们的事业将一事无成。在那时，有这些人也许就够了，但今天则不然，需要怀有共同兴趣的大众。凭什么该把大众排除在奥林匹克精神之外呢？

面对一个需要整顿的全新世界，人类必须吸收古代留传下来的全部力量来构筑未来。奥林匹克精神是这种力量之一。虽然奥林匹克精神不足以确保社会和平，不能更加均衡地为人类分配生产和消费物质必需品的权利，甚至也不能够为青少年提供免费接受智力培训的机会，使他们能够保持自己的天赋，而不是停留在其父母生活的那种境况，但是，奥林匹克精神将

奥林匹克精神将依然为人类所需要

---

① ［盎格鲁－撒克逊人］古代日耳曼人中的盎格鲁、撒克逊、朱特等部落集团，现多泛指英吉利人、苏格兰人，以及他们在北美、澳大利亚、南非等地的移民。

依然为人类所需要。强健的肌肉是欢乐、活力、镇静和纯洁的源泉。奥林匹克精神必将以现代产业发展所赋予的各种形式为地位最低下的公民所享受。这就是完整、民主的奥林匹克精神。今天我们正在为她奠定基础。

这次庆祝仪式是在极为祥和欢乐的气氛中举行的。古老的赫尔维希亚联邦最高委员会及其尊敬的主席、被上天和人类所爱的沃州地区的资深代表、这个最慷慨和热情好客的城市的领导人士、享誉世界的歌星以及一支精心挑选的朝气蓬勃的体育队伍聚集在这里,为这次盛会树立了历史性、公民精神、自然性、青春和艺术性五重声誉。

目前的时势依然很严峻。即将破晓的黎明是暴风雨过后的那种黎明。但待到日近中天时,阳光会普照大地。黄褐色的玉米又将沉甸甸地压在收获者的双臂上。

问题与讨论

一、顾拜旦在文中说:"奥林匹克精神同纯粹的竞技精神是有区别的。"两者的"区别"具体表现在哪里?

二、仔细阅读文章的第4、5自然段,概括顾拜旦倡导的奥林匹克精神的内涵。

三、顾拜旦提议设计的奥运五环标志,是世界范围内最为人们广泛认知的奥林匹克运动会标志。请查阅有关资料,了解奥运五环的由来与含义。

表达与交流

口语交际

辩　论

【案例】

文学特长生能否特招

[论辩背景]

某中学一名高三学生，把自己在网络上受到很高评价的小说和正式发表的教育论文结集出版，声称出此书的目的是被著名高校特招，一时引起广泛关注，进而引发了一场"文学特长生能否特招"的辩论。

[观点陈述]

甲：自1977年恢复虽历经改革却仍然维持其主要原则的高考制度，可以说是中国社会中最为公平的一项制度，也是最受中国老百姓信赖的一项制度。毫无疑问，这项制度在其发展过程中出现了许多薄弱环节，比如不同地区的不平等的录取分数线、特殊人群的加分、保送生和特招生，等等。它们之所以成为高考制度易受攻击的软肋，正在于它们与高考制度所以立足的"分数面前人人平等"的公正平等原则直接冲突。

不过，这些附加规则因为仍然有比较明确的标准和严格的限制，所以从一定程度上来说，仍然处在可以控制的范围内，尽管不可避免地带来一些消极的后果。如果在现有的高考制度之下，人们扩大这些附加规则的内容，比如扩大特招生的范围和保送生的数量，那么就无异于努力促使这些薄弱环节溃决。如果具有文学特长的人应当特招，那么具有经济特长的人是否也应当特招？与此同理，具有管理特长的人也应当特招，具有政治特长的人、具有电脑特长的人，一概都在应当特招之列。在人们越来越平等地看待一切合法职业的今天，每一种才能和职业的特长都有其独特的价值，都应当受到社会的尊重，但如果它们因此而成为某些人应当为大学特招的理由，现行的整个高考制度就会因此而崩溃。如果每一个希望获得特招机会的人都希望将这种特权限制在包括自己在内的少数人之内，它就不算特例而成为一个通例，也就不再有其必要了。

乙：但实际上，理科特长生、体育特长生不都作为"特例"而被特招了吗？为什么文学特长生就偏偏不能呢？可能体育特长生、文艺特长生、其他特长生，有一个可以量化的、硬性的标准。说我在国际上拿了金牌回来了，这个金牌是无可非议的。问题是文学很难量化呀。这位高三学生的书写得好，一些看过这本书的教授、学者、作家，都有这个共同的认识。他阅读了大量的学术著作，然后用形象化的办法，编在他的小说里了。他对人事沧桑的感慨、对语言的运用、调动语言的机敏，这些的确是很多中文系毕业生也达不到的。你觉得没法量化就不特招，对那些真正有文学天才的人来说，是不是一种不公平呀？

丙：中国的科举制度延续了1500多年，千锤百炼，可以说已经成为世上最完美的人才选拔制度。即使考试方法略有不妥，但通过考试来选拔人才比其他任何方式都要来得公正、来得合理。唯有考试制度使得所有人都站在同一条起跑线上，从而实现了公正。

大学的目的是培养知识分子，大学要向社会输送高素质的人才。而素质是什么？考察古今中外人才的状况，我得出一个结论：从智商的方面说，素质应是指一个人智力水平的发达程度、思维方式的完善程度、掌握知识量的多少及其体系化的程度。素质这种东西必须经过长期的培养，短短的大学四年是无法造就一个德、智、体、美、劳全面发展的人才的，所以大学一定要对入学的学生进行严格选拔。中小学的课程就是为了培养学生的素质，不能够达到一定的培养要求，显而易见就不具备大学入学的考核条件。

平等是公正最大的敌人。优胜劣汰、适者生存是一切竞争游戏的根本法则，不论对于自然界还是社会领域来说都是如此。平等从表面上看是道德的，它似乎体现了对于弱势群体的同情，然而它又是最不道德的，因为它破坏了人类赖以存在的最基本的潜规则——诚信。这位同学妄图凭着一本小说绕开游戏规则，正是极不诚信的表现。小小年纪就如此，他的将来还堪问吗？凡是尊重规则的人必然同时是一个诚信的人，是一个不知道投机的人。

丁：丙认为"平等是公正最大的敌人""实际它又是最不道德的"。不知道这是在哪所高校学到的公正平等观。平等在丙那里已经是一个贬义词了。按照丙的逻辑，那么也可以说"公正是平等最大的敌人"。我没有工夫给丙上语文课，还是请你自己买几本词典，好好查查平等和公正的来龙去脉吧。

丙根据这位同学想被特招的事，就断定他"极不诚信"，真是泰山压顶、雷霆万钧。这不但堵死了他上大学的路，而且把他的整个人品都公开否定了。但是，你没有真凭实据就断定一个不熟识的人"极不诚信"，那么，你的诚信又在哪里呢？对一个即将走进高考考场的少年人如此妄加指斥，你的良知何在？

[选自《立场》(中国城市出版社 2003 年版)，余培侠主编，有改动]

案例中，甲、乙、丙、丁四人，就"文学特长生能否特招"展开了辩论。甲、丙都持"文学特长生不能特招"的观点。甲在正面阐说自己的观点后，还采用假设的方法归谬，从反面论证了自己的观点。相对于甲而言，丙的立论比较片面，有的观点显得偏颇，推论也比较武断，尤其是后面指责的话语，显然有失公允。乙的辩驳从事实存在着的"特例"切入，并从甲立论的基点上进行反驳。而丁并没有对辩题表明观点，只是回击丙的只言片语，辩驳也不甚恰当。可见辩论，不仅是信息的交流，也是思想的碰撞，需要智慧，也需要技巧、气度。

【相关知识】

辩论是双方就同一问题，采取公开对立或基本对立的立场，否定或反驳对方的主张，同时证明和强化自己观点的口语交际方式。在希腊文中，"辩论"一词的意思是"对真理的共同探讨"，马克思也说过，真理是由争论确立的。自古以来，辩论作为一种判断真伪、探求真理的口头交流方式，在人类生活中发挥着重要作用。在我们所处的当代社会中，大到联合国会议上有关国际事务的争辩，小到日常生活中人们在意见相左时的争论，这些都涉及辩论，可以说辩论已经渗透到人类生活的方方面面。辩论能积累丰富人们的知识，提高表达复杂思想的言语能力，训练缜密明锐的思维能力，培养以理服人、以礼待人的良好道德风范。

辩论的两大要素是"论"与"辩"。"论"就是"立"——正面论证己方观点的正确；"辩"就是"破"——辩驳对方的错误。

辩论有以下一些基本要求。

第一，论点鲜明，论据确凿，论证符合逻辑。辩论一开始就应该鲜明地亮出自己的观点。辩论过程中，要自始至终围绕论题展开论述，做到中心突出、逻辑合理、条理分明、层层深入、说清说透，使自己立于不败之地。

第二，仔细听辩，迅速分析判断，抓住对方破绽予以反驳。反驳是辩论中重要的一环，驳倒了对方的论点，实际上就是确立了自己的论点。辩论时，要全神贯注倾听对方的发言，从中发现破绽和缝隙，如观点错误、论据不足、偷换论题、不合逻辑等，并以此为突破口进行反击。

第三，控制情绪，把握分寸，保持良好的仪表风度。辩论中往往会出现情绪激动、措辞激烈、各不相让的局面。在这种情况下，必须注意既要据理力争，又要防止意气用事、语言行动失去控制。要有冷静的头脑、从容的态度以及必要的幽默感。不能为了面子而言辞失控、举止失态。

第四，讲究方法，重视技巧，努力掌握主动权。在辩论中除了直言陈述自己的观点，或者引经据典、借助比喻、正反比较来证明自己的观点外，还有一些辩论的方法和技巧。辩论中正视自己的弱点，勇于承认事实，分析、利用事实中对自己有利的因素，就能化被动为主动，以弱胜强，这在舌战谋略上叫"劣势转化法"。古人云："与其扬汤止沸，不如釜底抽薪。"辩论中如能运用釜底抽薪法，就能推翻对方立论的依据和凭借。先假设对方论点是正确的，然后加以合理的引申，推导出荒谬的结果，从而证明对方观点是错误的或是虚假的，这通常称为"归谬法"。总之，在辩论中如能恰当地使用一些技巧，往往能收到事半功倍的效果。

【练一练】

一、分析讨论下面辩词运用了什么辩论技巧。

在一次宴会上，俄国著名作家赫尔岑很厌烦那些轻佻的音乐，就用双手捂住耳朵。主人见状解释说："演奏的是流行乐曲。"赫尔岑反问道："流行的乐曲就一定高尚吗？"主人反驳说："不高尚的东西怎么能流行呢？"赫尔岑笑笑说："那么，流行性感冒也是高尚的了！"

二、下面是一场以"温饱是不是谈道德的必要条件"为题的辩论，假如你是正方，请设计出正方辩论的整体框架（可参考以下提供的反方辩论框架的逻辑结构）。

反方：温饱不是谈道德的必要条件

1. 正方论证的是"没有温饱，就绝对不能谈道德"；我方只需证明"没有温饱也能谈道德"。

2. 道德产生于人类调节人际关系的需要。有了人类，有了人际关系，就有了道德规范。

3. 既然如此，有理性的人类存在，才是谈道德的必要条件。

4. 所以，人类无论处于什么状态，贫穷、温饱、富裕，都应当而且能够谈道德。尽管在温饱条件下，可能给道德提供一些方便，但温饱已不是必要条件了。

三、从下面的参考辩题中选择一个，设计一段辩词。要求语言简明，有论有辩，正、反方分别发言3~5次。

1. 网聊有聊/网聊无聊；
2. 逆境有利于成才/逆境不利于成才；
3. 人类应加大对南极的开发/人类应限制对南极的开发；
4. 吸收外来文化利大于弊/吸收外来文化弊大于利。

写 作

证明与反驳

【训练重点】

学会用证明或反驳的方法写议论文。

【写作指导】

说理贵在服人。那么，如何让你的说理令人信服呢？除了要有正确鲜明的观点和确凿充分的论据外，还要有严密有力的论证。论证就是作者运用论据证明论点的过程。在议论文中，论证是解决"如何证明"的问题。论证包括证明和反驳两种方式，即人们常说的立论和驳论。

证明就是作者正面阐述自己的观点，用可靠的材料和符合逻辑的推理，来确定观点的真实性和正确性。一般来说，证明是由论点、论据和论证构成的。论点就是作者的观点和见解，是议论性文章的统帅和核心，要正确、鲜明，要经得起推敲。如鲁迅在《拿来主义》一文中，精辟地阐述了拿来主义的基本内涵，提出了"我们要运用脑髓、放出眼光，自己来拿"这一中心论点。论据是支撑论点的理由和依据。它可以是具体的事例，可以是统计数字，可以是经典性的论述，可以是科学的公论、定理，也可以是生动形象的比喻等。

反驳是作者设法证明对方论点的虚假或错误，从而驳倒对方，证明自己观点、见解的正确。一个虚假的证明也是由论点、论据并通过论证组成的。因此，反驳时可以根据实际情况分别从反驳论点、反驳论据和反驳论证入手。反驳论点就是针对错误的论点进行反驳，即用事实或理论论据，驳斥对方论点的虚假与错误。反驳论据就是揭露对方论据的荒谬，用作论据的材料是片面的或虚假的。推翻对方论据的目的在于驳倒对方的论点。反驳论证就是指出对方论证上的逻辑错误，论点与论据之间没有必然的逻辑关系，论据无法证明论点。

无论是证明还是反驳，都要做到周到、严密。在议论文中，证明与反驳常常相互联系，交替使用。《拿来主义》一文在正面阐释"拿来主义"之前，先批判了"闭关主义"和"送去主义"，这就是先"破"后"立"、欲"立"先"破"，在否定错误做法的过程中，论述自己的观点，从而使论证严密有力，把道理说得更加透彻，文章更有说服力。

有了鲜明的论点和充足的论据，我们还必须在合乎逻辑地进行论证的同时，恰到好处地运用一定的论证方法，以增强说理的效果。常见的论证方法有举例论证、比喻论证、对比论证、引用论证，等等。在具体论证的过程中，常常交替使用几种方法。鲁迅在《拿来主义》中批判"送去主义"时，列举了一组"学艺"上的典型事例。客观事例的列举，使文章具有无可辩驳的力量。在文中，鲁迅还非常成功地运用了比喻论证。把文化遗产比喻为大宅子，把对待大宅子的不同做法比喻为对待文化遗产的不同态度，用"鱼翅""鸦片""烟枪烟灯""姨太太"等比喻不同价值的部分，借助形象的比喻，把"如何对待文化遗产"这个重大问题阐述得轻松自如、通俗易懂。

不管是写证明的议论文，还是写反驳的议论文，都要以理服人，论证严密，注意用语，坚持以科学的论证证明自己的正确观点或反驳错误的观点。

【练一练】

从以下两个题目中选择一题作文。

一、心底无私天地宽

要求：

1. 用证明的方式写一篇议论文。

2. 不少于600字。

二、班门弄斧是不自量力吗

要求：

1. 对"班门弄斧是不自量力"的观点进行反驳，并要有自己鲜明的观点。

2. 不少于600字。

营造繁华还是守护真实

——"圆明园是否要重建"主题辩论活动

【活动的目的与任务】

一、关注圆明园，进而关注其他历史遗迹。

二、培养自主学习、团队合作的能力。

三、训练敏捷的思维能力和快速的应变能力。

四、在活动中，进一步掌握"证明与反驳"的方法。

【活动流程】

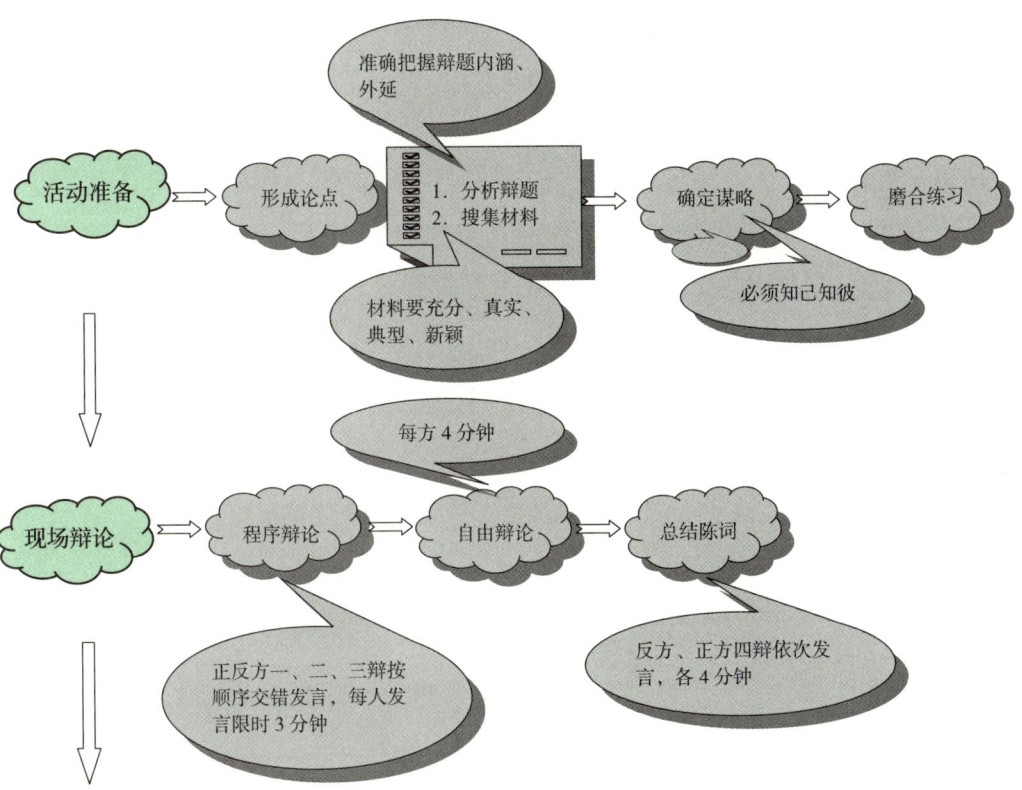

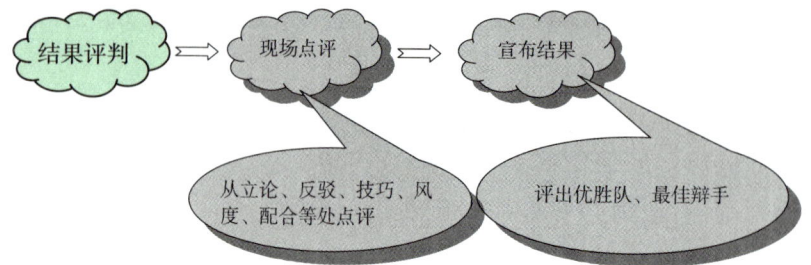

【活动指导】

一、活动准备阶段

1. 首先要研究辩题，正确理解题意，弄清分歧所在，广泛收集论据。

2. 确定谋略，主要是安排攻守策略，必须做到知己知彼。

3. 要充分进行磨合练习。

二、现场辩论阶段

1. 程序辩论阶段，3位辩手的任务要有所分工。

2. 自由辩论阶段，辩手在4分钟内可自由地答辩。

3. 总结陈词阶段，一般由反方先发言。

三、结果评判阶段

评判组一般由5或7人组成，参赛队员不得出任评委。评议后，选出代表进行现场评述，通过打分或投票的方式判定优胜队和最佳辩手。

课外古代诗词诵读

【双调】夜行船·秋思[①]

马致远

百岁光阴一梦蝶[②]，重回首往事堪嗟。今日春来，明朝花谢，急罚盏夜阑灯灭[③]。

【乔木查】想秦宫汉阙[④]，都做了衰草牛羊野。不恁[⑤]么渔樵无话说。纵荒坟横断碑，不辨龙蛇[⑥]。

【庆宣和】投至狐踪与兔穴，多少豪杰。鼎足虽坚半腰里折[⑦]，魏耶？晋耶？

【落梅风】天教你富，莫太奢。无多时好天良夜。富家儿更做道你心似铁，争辜负锦堂[⑧]风月。

【风入松】眼前红日又西斜，疾似下坡车。不争镜里添白雪，上床与鞋履相别。休笑鸠巢计拙[⑨]，葫芦提[⑩]一向装呆。

【拨不断】名利竭，是非绝。红尘不向门前惹，绿树偏宜屋角遮，青山正补墙头缺，更那堪竹篱茅舍。

---

① 选自《全元散曲》(中华书局1964年版)。双调，宫调名。夜行船，曲牌名。这是套曲，有多个曲牌，下面的"乔木查""庆宣和""落梅风"等都是曲牌名。马致远(约1251—约1321年至1324年间)，元代大都(今北京市)人，戏曲作家。
② [梦蝶]《庄子·齐物论》："昔者庄周梦为蝴蝶，栩栩然蝴蝶也。……俄然觉，则蘧蘧然周也。"用以形容人生就像一场幻梦。
③ [急罚盏夜阑灯灭]赶快行令罚酒，直到夜深灯熄。夜阑，夜将尽。
④ [秦宫汉阙]秦汉的宫殿。
⑤ [不恁(nèn)]不如此、不这般。
⑥ [龙蛇]古人常以龙蛇比喻笔势的飞动。这里指刻在碑上的文字。
⑦ [鼎足虽坚半腰里折]魏、蜀、吴三国鼎立的形势，到中途就夭折了。
⑧ [锦堂]即"昼锦堂"，北宋韩琦堂名。这里泛指富贵人家的宅邸。韩琦出将入相，是一代名臣。欧阳修《相州昼锦堂记》："公(指韩琦)在至和中，尝以武康之节，来治于相，乃作昼锦之堂于后圃。"相州，今河南省北部安阳市和河北省临漳县一带。
⑨ [鸠巢计拙]指不善于经营生计。《诗经·召南·鹊巢》："维鹊有巢，维鸠居之。"朱熹注："鸠性拙不能为巢，或有居鹊之成巢者。"
⑩ [葫芦提]糊糊涂涂。

【离亭宴煞】蛩①吟罢一觉才宁贴，鸡鸣时万事无休歇。争名利何年是彻？看密匝匝蚁排兵，乱纷纷蜂酿蜜，闹攘攘蝇争血。裴公绿野堂②，陶令白莲社③。爱秋来时那些：和露摘黄花，带霜烹紫蟹，煮酒烧红叶，想人生有限杯，浑几个重阳节？人问我顽童记者：便北海④探吾来，道东篱醉了也。

破 阵 子⑤

晏 殊

燕子来时新社⑥，梨花落后清明。池上碧苔三四点，叶底黄鹂一两声，日长飞絮轻。

巧笑⑦东邻女伴，采桑径里逢迎。疑怪昨宵春梦好，元是今朝斗草⑧赢，笑从双脸⑨生。

---

① [蛩（qióng）]蟋蟀。
② [裴公绿野堂]唐代的裴度历事德宗、宪宗、穆宗、敬宗、文宗五朝，眼见宦官当权，国事日非，便在洛阳修了两座别墅，取名"绿野堂"，与白居易、刘禹锡在那里饮酒赋诗。
③ [陶令白莲社]陶潜因曾经做过彭泽令，所以被称为陶令。相传他曾经参加晋代的慧远法师在庐山虎溪东林寺组织的白莲社。
④ [北海]指东汉的孔融。他曾出任过北海相，所以后世称为孔北海。他常说："座上客常满，樽中酒不空，吾无忧矣。"
⑤ 选自《二晏词笺注》（上海古籍出版社2009年版）。晏殊（991—1055），字同叔，谥元献，抚州临川（今江西省抚州市）人，北宋词人。
⑥ [新社]即春社。古人在农历二月春分前后祭社神，祈祷农事的丰收。
⑦ [巧笑]美丽的笑容。《诗经》："巧笑倩兮。"
⑧ [斗草]古代一种游戏，又名"斗百草"，在端午节举行。把各种草用来互相比赛，决其胜负，但比赛方法今已不详。杜牧诗："斗草怜香蕙，簪花间雪梅。"刘禹锡诗："若共吴王斗百草，不如应是欠西施。"
⑨ [双脸]指脸颊。

第六单元

单元导语

没有文化的滋养，就没有高素质的民族；没有文明的传承，就没有昌盛的国家。中国是诗文的国度，古代诗文蕴含着中国古代文明的精神，润泽至今；今天，只要我们仔细地欣赏、品味，也定然会感受到那恒久的魅力，得到深深的启迪。

本单元的五篇课文都是我国古代典籍中的精华，不仅能激发我们学习古诗文的兴趣，还会使我们受到优秀传统文化的熏陶。《六国论》通过探讨六国灭亡的原因，讽谏宋朝统治者要以史为鉴，勿蹈覆辙；《游褒禅山记》在记游的基础上说理，叙议结合，观点发人深省；《国殇》是诗人屈原为壮烈牺牲的爱国将士写的一首祭歌，是咏唱爱国精神的英雄赞歌；《孔雀东南飞》是古乐府民歌的代表作之一，也是保存下来的我国最早的长篇叙事诗，情节哀婉动人；《陈情表》写于晋朝，陈述的祖孙之情悲恻动人。

本单元学习的重点是培养阅读中的质疑能力。宋代理学家朱熹说："读书无疑者，须教有疑。有疑者无疑，至此方是长进。"清代学者刘开说："君子之学，必好问，问与学，相辅而行者也，非学无以致疑，非问无以广识。好学而不勤问，非真能好学者也。"可见学与疑从来就有须臾不可分离的关系。质疑能力即提出疑问的能力，包含"于何处质疑"和"怎样质疑"。在阅读中，我们要善于挖掘字句当中的隐含信息，深入思索，从不同方向、不同途径、不同角度去质疑。

本单元我们要学习正确起草、修改文章的方法，要注意培养自觉修改文章的意识和习惯，还要掌握写作简报的方法。

本单元语文综合实践活动是"编写行业简报"。请同学们注意搜集与本专业相关的行业最近半年内的有关信息，以小组为单位出一期简报，并进行修改实践，以提高语文应用能力。

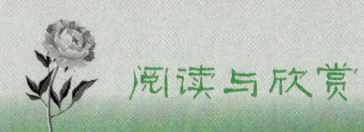

二十六 六 国 论[①]

苏 洵

课文导读

赏析古诗文，只有弄清作品的时代背景和作者的写作目的，才能正确理解作品的思想内容。

北宋中期，国势日弱，民族矛盾十分严重。为求苟安，北宋每年都得向契丹、西夏纳币输帛，结果极大地削弱了国力，带来了无穷的祸患。针对这种情况，苏洵写了此文进行讽谏。

阅读课文后请思考：文章在一开始提出了"六国破灭，非兵不利，战不善，弊在赂秦"的中心论点后，是从哪些方面展开论述证明论点的？作者分析六国败亡的教训，其用意是什么？文中哪句话点明了作者的写作意图？

文章针砭时弊，切中要害，自成一家之言。读过之后，还可以想一想，六国破灭，是否还有更深层次的原因。

六国破灭，非兵不利，战不善，弊在赂秦[②]。赂秦而力亏，破灭之道也。或曰：六国互丧[③]，率赂秦耶？曰：不赂者以赂者丧。盖失强援，不能独完[④]。故曰，弊在赂秦也。

秦以攻取之外，小则获邑，大则得城。较秦之所得，与战胜而得者，其实百倍；诸侯之所亡，与战败而亡者，其实亦百倍。则秦之所大欲，诸侯之所大患，

[①] 选自《中国历代文学作品选》中编第2册（上海古籍出版社1979年版）。苏洵（1009—1066），北宋散文家，唐宋八大家之一，与儿子苏轼、苏辙并称"三苏"。此文为苏洵史论文章《权书》中的第八篇。苏洵对北宋屈辱苟安的政策十分不满，于嘉祐元年（1056）写下此文。文章以古讽今，告诫统治者如果像六国那样贪图苟安，必然会像六国那样最终走向覆亡。

[②] ［赂秦］贿赂秦国。

[③] ［互丧］相继灭亡。

[④] ［独完］独自保全。

固不在战矣。

　　思厥先祖父①，暴霜露，斩荆棘，以有尺寸之地。子孙视之不甚惜，举以予人，如弃草芥。今日割五城，明日割十城，然后得一夕安寝。起视四境，而秦兵又至矣。然则，诸侯之地有限，暴秦之欲无厌，奉之弥繁，侵之愈急，故不战而强弱胜负已判矣。至于颠覆，理固宜然。古人云："以地事秦，犹抱薪救火，薪不尽，火不灭。"此言得之。

　　齐人未尝赂秦，终继五国迁灭②，何哉？与嬴③而不助五国也。五国既丧，齐亦不免矣。燕赵之君，始有远略，能守其土，义不赂秦。是故燕虽小国而后亡，斯用兵之效也。至丹以荆卿为计，始速祸焉④。赵尝五战于秦，二败而三胜。后秦击赵者再，李牧⑤连却之。洎⑥牧以谗诛，邯郸为郡⑦，惜其用武而不终也。且燕赵处秦革灭殆尽之际，可谓智力孤危，战败而亡，诚不得已。向使三国⑧各爱其地，齐人勿附于秦，刺客不行，良将犹在，则胜负之数，存亡之理，当与秦相较，或未易量。

　　呜呼！以赂秦之地封天下之谋臣，以事秦之心礼天下之奇才，并力西向⑨，则吾恐秦人食之不得下咽也。悲夫！有如此之势，而为秦人积威之所劫⑩，日削月割，以趋于亡。为国者无使为积威之所劫哉！

　　夫六国与秦皆诸侯，其势弱于秦，而犹有可以不赂而胜之之势。苟以天下之大，下而从六国破亡之故事⑪，是又在六国下矣。

---

① [思厥先祖父] 厥，其，指六国之国君。先祖父，这里指六国的开国之君。
② [迁灭] 灭亡。古时一个国家破灭后，其传国重器都会被迁走，故称为"迁灭"。
③ [与嬴] 帮助秦国。与，帮助。嬴，这里指秦国，因秦王姓嬴，故以"嬴"指代秦国。
④ ["至丹"二句] 公元前227年，燕太子丹派遣荆轲刺杀秦王嬴政，未能成功，反而激起秦王的大怒，发兵伐燕，次年攻下燕都。燕王喜逃往辽东，杀太子丹以平息秦愤。公元前222年，燕为秦所灭。事见《史记·燕世家》及《史记·刺客列传》。
⑤ [李牧] 赵国名将，封武安君。
⑥ [洎(jì)] 等到。
⑦ [邯郸为郡] 邯郸变成秦国一个郡。邯郸，故址在今河北省邯郸市西南，当时是赵国国都。
⑧ [三国] 指楚、韩、魏三个与秦接壤的国家。
⑨ [并力西向] (六国)齐心协力向西(抗击秦国)。
⑩ [劫] 胁迫。
⑪ [故事] 旧事。

练习与思考

一、文言文中的某些实词可以在一定的语言环境中临时改变它的词性和用法，这就是活用。翻译时要抓住活用词语的临时含义。试找出下列各句中词类活用的词并指出其用法。

1. 日削月割
2. 小则获邑，大则得城
3. 义不赂秦
4. 以事秦之心礼天下之奇才
5. 不能独完
6. 李牧连却之

二、"以"表示动作、行为所用或所凭借的工具、方法及其他，可视情况译为"用""拿""凭借""依据""按照""用（凭）什么身份"等。请分析下列各句中"以"的用法。

1. 不赂者以赂者丧

2. 秦以攻取之外

3. 以地事秦

4. 洎牧以谗诛

5. 至丹以荆卿为计

6. 以赂秦之地封天下之谋臣

7. 苟以天下之大，下而从六国破亡之故事

8. 暴霜露，斩荆棘，以有尺寸之地

235

9. 子孙视之不甚惜，举以予人

三、古代汉语的词义，有的沿用至今未变，有的字形相同而意义用法已经不同，这就是古今异义词。试比较下边句子中加点的古今异义词与现代汉语常用的意义有什么不同。

1. 下而从六国破灭之故事

2. 较秦之所得，与战胜而得者，其实百倍

3. 至于颠覆，理固宜然

4. 而犹有可以不赂而胜之之势

四、文言文中变式句时常出现，有主谓倒置、定语后置、介词结构后置、宾语前置等多种类型。翻译时要注意分辨句式，调整好语序，并注意补充省略的句子成分。试辨别下列文言句式，并进行翻译。

1. 六国破灭，非兵不利，战不善，弊在赂秦

2. 赂秦而力亏，破灭之道也

3. 而为秦人积威之所劫

4. 洎牧以谗诛

5. 赵尝五战于秦

五、要提高文章阅读能力，就要敢于质疑，即提出问题。质疑水平的高低能够说明一个人思考能力的强弱。只有深入钻研，才能增强质疑的能力。下边的短文选自苏辙的同名论著《六国论》，在见解与风格上，与苏洵的《六国论》互有

同异，读后请回答文后的问题。

夫韩魏不能独当秦，而天下之诸侯，藉之以蔽其西，故莫如厚韩亲魏以摈秦。秦人不敢逾韩魏，以窥齐楚燕赵之国；而齐楚燕赵之国，因得以自完于其间矣。以四无事之国佐当寇之韩魏，使韩魏无东顾之忧，而为天下出身以当秦兵。以二国委秦，而四国休息于内，以阴助其急。若此可以应夫无穷，彼秦者将何为哉？不知如此，而乃贪疆场尺寸之利，背盟败约，以自相屠灭，秦兵未出，而天下诸侯已自困矣。至于秦人得伺其隙以取其国，可不悲哉！

1. 两篇《六国论》都论及了六国破灭的原因，但作者所持观点不尽相同，表现在哪里？
2. 比较两篇文章，你认为哪一篇见解更为精到？

二十七　游褒禅山记[①]

王安石

课文导读

　　中国古代的诗文表达相对含蓄，情感常隐含在叙述描写中，这就要求我们在赏析时要借助相关知识，多角度剖析，把握其主旨。

　　本文写于宋仁宗至和元年（1054）七月某日，是作者与他的两位朋友及两个胞弟同游褒禅山后所写。这是一篇记叙与议论相结合的散文，与一般游记不同，独具特色。正如《古文观止》的编者所说："一路俱是记游，按之却俱是论学。古人诣力到时，头头是道。川上山梁，同一趣也。"

　　阅读时请思考，本文是怎样把治学的道理寓于记游的过程中的？本文第3自然段中，古人"求思之深而无不在"才能有所得的事实，引发了作者深入的思考。依他看来，"求思"应具备哪些条件？其中哪个条件起决定作用？你认为起决定作用的因素是什么呢？

　　褒禅山亦谓之华山。唐浮图[②]慧褒[③]始舍[④]于其址[⑤]，而卒葬之[⑥]；以故[⑦]其后名之曰"褒禅"。今所谓慧空禅院[⑧]者，褒之庐冢[⑨]也。距其院东五里，

---

① 选自《王安石集》（凤凰出版社2006年11月版）。王安石（1021—1086），字介甫，号半山，封荆国公，世人又称王荆公，北宋杰出的政治家、思想家、文学家，唐宋八大家之一。褒禅山，旧名华山，在安徽省含山县东北，山峦起伏，有泉有洞，风景秀美。宋仁宗至和元年（1054）四月，王安石从舒州（今安徽省潜山县）通判任上辞职，在回家探亲途中游览了此山，同年七月以追记形式写下此文。
② [浮图]梵（fàn）语（古印度语）音译词，也写作"浮屠"或"佛图"，本意是佛或佛教徒，这里指和尚。
③ [慧褒]唐代高僧。
④ [舍]建舍定居，这里用作动词。
⑤ [址]地基、基部、基址，这里指山脚。
⑥ [之]指褒禅山麓。
⑦ [以故]因为（这个）缘故，译为"因此"。
⑧ [慧空禅院]寺院名。
⑨ [庐冢（zhǒng）]古时为了表示孝敬父母或尊敬师长，在他们死后的服丧期间，为守护坟墓而盖的屋舍，也称"庐墓"。这里指慧褒弟子在慧褒墓旁盖的屋舍。庐，屋舍。冢，坟墓。

所谓华山洞①者，以其乃②华山之阳③名之也。距洞百余步，有碑仆道④，其文漫灭⑤，独其为文犹可识，曰"花山"⑥。今言"华"如"华实"之"华"者，盖音谬也⑦。

其下平旷，有泉侧出⑧，而记游⑨者甚众，——所谓前洞也。由山以上五六里，有穴窈然⑩，入之甚寒，问其深，则其好游者不能穷也，——谓之后洞。余与四人拥火⑪以入，入之愈深，其进愈难，而其见⑫愈奇。有怠⑬而欲出者，曰："不出，火且⑭尽。"遂与之俱出。盖余所至，比好游者尚不能十一⑮，然视其左右，来而⑯记之者已少。盖其又深，则其至又加少矣⑰。方是时⑱，余之力尚足以入，火尚足以明⑲也。既⑳其出，则或咎㉑其欲出者，而余亦悔其随之而不得极㉒夫游之乐也。

所谓华山洞者，以其乃华山之阳名之也

---

① [华山洞]南宋王象之《舆地纪胜》中写作"华阳洞"，看正文下句，应作"华阳洞"。
② [乃]表示判断，有"为""是"的意思。
③ [阳]山的南面。古代称山南为"阳"，山北为"阴"。
④ [仆道]"仆(于)道"的省略，倒在路旁。
⑤ [其文漫灭]碑文模糊。文，碑文。
⑥ [独其为文犹可识，曰"花山"]独，唯独、只有。其，指代石碑。文，文字，这里指的是碑上残存的文字。犹，还、仍。
⑦ [今言"华"如"华实"之"华"者，盖音谬也]汉字最初只有"华(huā)"字，没有"花"字，后来有了"花"字，"华""花"分家，"华"才读为huá。这句话中第一个"华"读huā，第二、三个"华"读huá。这里说的不是五岳中的"华(huà)山"。言，说。盖，承接上文，解释原因，有"大概因为"的意思。谬，错误。
⑧ [侧出]从旁边涌出。
⑨ [记游]指在洞壁上题诗文留念。
⑩ [窈(yǎo)然]深远幽暗的样子。
⑪ [拥火]拿着火把。拥，持、拿。
⑫ [见]见到的景象。
⑬ [怠]懈怠。
⑭ [且]将要。
⑮ [不能十一]不及十分之一。不能，不及、不到。
⑯ [而]并且，而且。
⑰ [则其至又加少矣]那么那些到(的人)更加少了。则，那么。至，到达的人。加，更、更加。
⑱ [方是时] 正当这个时候。方，当、正在。是时，指决定从洞中退出的时候。
⑲ [明]照明。
⑳ [既]已经。
㉑ [咎(jiù)]责怪。
㉒ [极]尽，这里有尽情享受的意思。

于是①余有叹焉。古人之观于天地、山川、草木、虫鱼、鸟兽，往往有得②，以其求思之深而无不在也③。夫夷以近④，则游者众；险以远，则至者少。而世之奇伟、瑰怪、非常之观⑤，常在于险远⑥，而人之所罕至焉⑦，故非有志者不能至也。有志矣，不随以止也，然力不足者，亦不能至也。有志与力，而又不随以怠⑧，至于⑨幽暗昏惑⑩而无物以相⑪之，亦不能至也。然力足以至焉⑫，于人为可讥⑬，而在己为有悔；尽吾志也而不能至者，可以无悔矣，其⑭孰能讥之乎？此余之所得也。

余于仆碑，又以悲⑮夫古书之不存，后世之谬⑯其传⑰而莫能名⑱者，何可胜道⑲也哉！此所以⑳学者㉑不可以不深思而慎取㉒之也。

四人者：庐陵萧君圭君玉㉓，长乐王回深父㉔，余弟安国平父、安上纯父㉕。至和元年七月某日，临川王某记㉖。

---

① [于是]对于这种情况。
② [得]心得、收获。
③ [以其求思之深而无不在也]以，因为。求思，探求、思索。无不在，无所不在。
④ [夷以近](路)平而近。夷，平坦。以，而且、并且。
⑤ [观]景象、景观。
⑥ [险远]险远的地方。
⑦ [焉]兼词，相当于"于此"。
⑧ [怠]懈怠。
⑨ [至于]这里是抵达、到达的意思。
⑩ [幽暗昏惑]幽深昏暗，叫人迷乱(的地方)。昏惑，迷乱。
⑪ [相(xiàng)]帮助、辅助。
⑫ [焉]兼词，相当于"于此"。这一句在"焉"后面省略了"而不至"。
⑬ [于人为可讥]在别人(看来)是可以嘲笑的。为，是。
⑭ [其]难道。
⑮ [悲]叹惜。
⑯ [谬]使……错，弄错。
⑰ [传]流传的文字。
⑱ [名]说出、说明，指识其本名。
⑲ [何可胜道]哪能说得完。胜，尽。
⑳ [此所以]这(就是)……的原因。
㉑ [学者]做学问的人。现在说"学者"是指学有专长的人，古今不同。
㉒ [慎取]谨慎地采取。
㉓ [庐陵萧君圭君玉]庐陵的萧君圭，字君玉。
㉔ [长乐王回深父]长乐的王回，字深父。父，同"甫"，下文的"平父""纯父"的"父"同。
㉕ [余弟安国平父、安上纯父]王安国，字平父。王安上，字纯父。
㉖ [临川王某记]王某，王安石。古人作文起稿，写到自己的名字，往往只作"某"，或者在"某"上冠姓，以后在誊写时才把姓名写出。根据书稿编的文集，也常常保留"某"的字样。

练习与思考

一、下列句子中的加点词语古今意义相同的是哪几句？试加以辨析。

1. 然力足以至焉。
2. 于是余有叹焉。
3. 古人之观于……往往有得。
4. 非常之观，常在于险远。
5. 至于幽暗昏惑而无物以相之。
6. 此所以学者不可以不深思而慎取之也。
7. 比好游者尚不能十一。

二、文言文中的"其"可用作人称代词，用在名词前，可译为"他的""它的"（包括复数）；用在动词或形容词之前，可译为"他""它"；还可译为指示代词"那""那个""那些""其中的"。"其"还可作语气副词，放在句首或句中，和句末语气助词配合，译为"大概""难道""还是"，或不译。试翻译下列各句中的"其"。

1. 以故其后名之曰"褒禅"。
2. 既其出，则或咎其欲出者。
3. 以其乃华山之阳名之也。
4. 独其为文犹可识，曰"花山"。
5. 其下平旷，有泉侧出，而记游者甚众。
6. 问其深，则其好游者不能穷也。
7. 然视其左右，来而记之者已少。
8. 其孰能讥之乎？
9. 事不目见耳闻，而臆断其有无，可乎？
10. 而余亦悔其随之而不得极夫游之乐也。

三、翻译下列文言句子。

1. 既其出，则或咎其欲出者，而余亦悔其随之而不得极夫游之乐也。

241

2. 而世之奇伟、瑰怪、非常之观，常在于险远，故非有志者不能至也。

3. 于是余有叹焉。古人之观于天地、山川、草木、虫鱼、鸟兽，往往有得，以其求思之深而无不在也。

四、弄清文中"志""力""物"的具体含义，再举一反三，由游山联系到学习、做事，谈谈自己阅读课文后的体会。

五、默写"余于仆碑……不可以不深思而慎取之也"。

二十八　国　殇[①]

屈　原

课文导读

> 赏析古诗词可从标题突破，标题是诗的眼睛，从中能了解作品的内容、线索、感情基调；也可从诗词所选取的意象突破，特定的意象往往表达了内心独特的情感；还可从关键词、含有诗眼的句子、诗词中典故的含义突破；作者的人生经历、作品的写作背景也是赏析古诗词的突破口。
>
> 赏析《国殇》可从标题入手。"国殇"一词大有深意。这是一首追悼为国捐躯将士的挽歌，也是一首咏唱爱国精神和英雄主义的颂歌。诗人赞美他们活着是人中的英雄，死了是鬼中的豪杰。这首诗尽管是直赋其事，但既有比喻，又有想象，把强烈的英雄主义色彩和积极的浪漫主义精神融会在全诗之中。风格悲壮，情调激昂，是一篇很有特色的作品。

操吴戈[②]兮被犀甲[③]，车错毂[④]兮短兵[⑤]接。旌[⑥]蔽日兮敌若云，矢交坠[⑦]兮士争先。凌余阵兮躐余行[⑧]，左骖殪兮右刃伤[⑨]。霾[⑩]两轮兮絷[⑪]四马，援玉枹[⑫]兮

---

① 选自《诗经楚辞选评》（上海古籍出版社2002年版）。屈原（约前340—前278），名平，战国时楚国人，曾任楚国的左徒（官名）。其政治主张和活动触犯了腐朽贵族集团的利益，受到诬陷、排挤、流放。公元前278年，楚都郢城被秦军攻陷。屈原看到祖国山河破碎，痛感国家政治黑暗，自己的理想无法实现，于农历五月初五，怀着满腔忧愤，投汨罗江自杀。国殇，指为国战死的将士。殇，夭折或在外而死。
② [操吴戈]操，拿着。吴戈，战国时吴国制造的一种特别锋利的戈。
③ [被犀甲]被，同"披"。犀甲，犀牛皮制作的铠甲。
④ [车错毂]指双方激烈交战，兵车来往交错。毂是车轮中心插轴的地方。
⑤ [短兵]指刀剑一类的短兵器。
⑥ [旌]用羽毛装饰的旗子。
⑦ [矢交坠]流箭交错，纷纷坠落。矢，箭。
⑧ [凌余阵兮躐余行]凌，侵犯。躐，践踏。行，行列。
⑨ [左骖殪（cān yì）兮右刃伤]古代战车用四匹马拉，中间的两匹马叫"服"，左右两边的叫"骖"。殪，倒地而死。右，指右骖。刃伤，为兵刃所伤。
⑩ [霾（mái）]同"埋"，这里是陷没的意思。
⑪ [絷（zhí）]绊住。
⑫ [援玉枹（fú）]援，拿着。枹，鼓槌。

243

击鸣鼓。天时坠兮威灵怒①，严杀尽兮弃原野②。出不入兮往不反③，平原忽④兮路超远。带长剑兮挟秦弓⑤，首身离兮心不惩⑥。诚⑦既勇兮又以⑧武，终⑨刚强兮不可凌。身既死兮神以灵⑩，子魂魄兮为鬼雄⑪。

练习与思考

一、解释下列句中加点的词。

1. 凌余阵兮躐余行

2. 平原忽兮路超远

3. 首身离兮心不惩

4. 诚既勇兮又以武

二、翻译是在读懂、弄通的基础上进行的，其原则是"信、达、雅"。试根据此原则翻译下列诗句。

1. 操吴戈兮被犀甲，车错毂兮短兵接。

2. 身既死兮神以灵，子魂魄兮为鬼雄。

---

① [天时坠兮威灵怒]天时，天意。坠，怨恨。一作"怼"。威灵怒，鬼神震怒。
② [严杀尽兮弃原野]严杀，酣战痛杀。弃原野，指骸骨弃在战场上。
③ [出不入兮往不反]是说战士抱着义无反顾的必死决心。
④ [忽]指原野宽广无际。
⑤ [挟(xié)秦弓]携，拿。秦弓，战国秦地所造的弓(因射程较远而著名)。
⑥ [首身离兮心不惩]首身离，头和身子分离，指战死。惩，恐惧、悔恨。
⑦ [诚]果然是、诚然。
⑧ [以]句中助词。
⑨ [终]始终。
⑩ [神以灵]指精神永不泯灭。
⑪ [子魂魄兮为鬼雄]你的魂灵也是群鬼中的英雄。子，你，指殇者。

三、体会本诗场面描写与细节描写相结合的写作特点。场面描写如两军对阵、短兵相接的场面；细节描写如"霾两轮兮絷四马，援玉枹兮击鸣鼓"。想一想，这两句诗塑造了战场上怎样的形象？

四、背诵这首诗。

五、阅读下面一首汉乐府，理解赏析不恰当的一项是（　　）

长 歌 行

青青园中葵，朝露待日晞。
阳春布德泽，万物生光辉。
常恐秋节至，焜黄华叶衰。
百川东到海，何时复西归。
少壮不努力，老大徒伤悲。

A．一、二句表现了植物茂盛的园圃里充满生机。但末尾"晞"字，暗寓着时光将一去不返的微妙意思。

B．三、四句写温煦的春天传播着光和热，以德惠恩泽施予万物，从而使大自然呈现出欣欣向荣的景象。

C．五、六句写出了大自然的另一面，由盛而衰，由生长而消亡。但其中也暗含第二年春天一到，它们又会蓬勃地生长。

D．七、八两句用百川东流入海不再西归为喻，既将道理加深，也加强了说服力，从表现上是一种"蓄势"，水到渠成地点出主题。

二十九　孔雀东南飞（并序）[①]

课文导读

> 汉乐府民歌是古代诗歌宝库中一颗璀璨的明珠，其真实反映社会现实的精神和伟大的艺术成就，对后世诗歌的发展产生了巨大的影响。
>
> 《孔雀东南飞》是汉乐府中最有名的诗篇，也是我国文学史上第一部长篇叙事诗，与北朝的《木兰诗》并称"乐府双璧"。它取材于东汉献帝年间发生在庐江郡的一桩婚姻悲剧，长诗通过刘兰芝、焦仲卿的爱情悲剧，控诉了封建礼教、家长制的罪恶，表达了青年男女追求婚姻自由的愿望。
>
> 赏析这首叙事诗，可以从人物性格的解读及时代局限性入手。自古以来，关于这一婚姻悲剧的原因众说纷纭，有人说，是焦母太霸道；有人说，是仲卿太软弱；有人说，是时代造成的悲剧。你怎么看呢？

汉末建安中[②]，庐江[③]府小吏焦仲卿妻刘氏，为仲卿母所遣[④]，自誓不嫁。其家逼之，乃投水而死。仲卿闻之，亦自缢[⑤]于庭树。时人伤之，为诗云尔[⑥]。

孔雀东南飞，五里一徘徊[⑦]。

"十三能织素[⑧]，十四学裁衣，十五弹箜篌[⑨]，十六诵诗书[⑩]。十七为君妇，心中常苦悲。君既为府吏，守节情不移[⑪]；贱妾留空房，相见常日稀。鸡鸣入机织，夜

[①] 选自《汉魏六朝诗文精华》（人民文学出版社2000年版）。《孔雀东南飞（并序）》选自《玉台新咏》，原题为《古诗为焦仲卿妻作》，这里沿用后人常用的题目。作者不详。
[②] 〔建安中〕建安年间（196—219）。建安，汉献帝年号。
[③] 〔庐江〕汉郡名，在现在安徽省潜山市一带。
[④] 〔遣〕休，女子被夫家赶回娘家。
[⑤] 〔缢(yì)〕吊死。
[⑥] 〔时人伤之，为诗云尔〕当时的人哀悼他们，写了这样一首诗。云尔，句末的语气助词。
[⑦] 〔孔雀东南飞，五里一徘徊〕孔雀向东南飞，每飞五里，就徘徊一阵。徘徊，犹疑不决。汉人诗常以鸿鹄徘徊比喻夫妇离别，此诗开头也有这个意思。用这两句诗引起下边的故事，古代民歌中常用这种写法。
[⑧] 〔十三能织素〕十三岁就能织精美的白绢。这以下的话是焦仲卿妻对仲卿说的。
[⑨] 〔箜篌(kōnghóu)〕古代的一种弦乐器，23弦或25弦，分卧式、竖式两种。
[⑩] 〔诗书〕原指《诗经》和《尚书》，这里泛指一般经书。
[⑪] 〔守节情不移〕遵守府里的规则，专心不移。

夜不得息。三日断五匹①,大人故嫌迟②。非为织作迟,君家妇难为③!妾不堪驱使,徒留无所施④,便可白公姥⑤,及时相遣归。"

府吏得闻之,堂上启⑥阿母:"儿已薄禄相⑦,幸复得此妇,结发同枕席,黄泉共为友⑧。共事二三年,始尔未为久⑨,女行无偏斜,何意致不厚⑩?"阿母谓府吏:"何乃太区区⑪!此妇无礼节,举动自专由⑫。吾意久怀忿⑬,汝岂得自由⑭!东家有贤女,自名秦罗敷,可怜体无比⑮,阿母为汝求。便可速遣之,遣去慎莫留⑯!"府吏长跪告:"伏惟启阿母⑰,今若遣此妇,终老不复取⑱!"阿母得闻之,槌床⑲便大怒:"小子无所畏,何敢助妇语!吾已失恩义,会不相

府吏长跪告

---

① [断五匹] 断,(织成一匹)截下来。一匹是四丈。
② [大人故嫌迟] 婆婆还是嫌我织得慢。大人,指婆婆。
③ [非为织作迟,君家妇难为] (其实)并不是织得慢,你家的媳妇难做啊!
④ [妾不堪驱使,徒留无所施] 意思是,我既然担当不了你家使唤,白白地留着也没有什么用。不堪,不能胜任。驱使,使唤。施,用。
⑤ [便可白公姥(mǔ)] 你就可以禀告婆婆。白,告诉、禀告。公姥,公公婆婆。这里专指婆婆。
⑥ [启] 告诉、禀告。
⑦ [儿已薄禄相] 我已经没有做高官、享厚禄的福相。古人迷信,以一个人相貌来断定他的命运。
⑧ [结发同枕席,黄泉共为友] 年少的时候结为夫妇,相亲相爱地过活;死后在地下,也相依为伴。结发,古时候的人到了一定的年龄(例如男子20岁、女子15岁)要把头发结起来,算是到了成年,可以结婚了。黄泉,黄土下的泉水,指人死后埋葬的地方。
⑨ [共事二三年,始尔未为久] (我们)在一起过日子不过两三年,(结婚生活)才开头,还不算很久。
⑩ [女行无偏斜,何意致不厚] 这个女子的行为并没有什么不正当,哪里想到会(使母亲)不满意呢?偏斜,不端正。何意,岂料。致,得。
⑪ [区区] 小。这里指见识小。
⑫ [举动自专由] 一举一动完全凭(她)自己的意思。
⑬ [吾意久怀忿] 我早就憋了一肚子气。忿,怒。
⑭ [自由] 自作主张。
⑮ [可怜体无比] 姿态可爱无比。可怜,可爱。体,姿态。
⑯ [遣去慎莫留] 打发(她)走,千万不要留(她)。
⑰ [伏惟启阿母] 启禀母亲。伏惟,下级对上级或小辈对长辈说话表示恭敬的口气。
⑱ [终老不复取] 终身不再娶妻。取,同"娶"。
⑲ [槌床] 用拳头敲着床。在古代,坐具也叫"床",小的只能坐一个人。

从许①！"

府吏默无声，再拜还入户②，举言谓新妇，哽咽不能语③："我自不驱卿④，逼迫有阿母。卿但暂还家，吾今且报府⑤。不久当归还，还必相迎取⑥。以此下心意⑦，慎勿违吾语。"新妇谓府吏："勿复重纷纭⑧。往昔初阳岁⑨，谢家来贵门⑩。奉事循公姥，进止敢自专⑪？昼夜勤作息⑫，伶俜萦苦辛⑬。谓言⑭无罪过，供养卒大恩⑮；仍更被驱遣，何言复来还！妾有绣腰襦⑯，葳蕤自生光⑰；红罗复斗帐，四角垂香囊⑱；箱帘六七十，绿碧青丝绳⑲，物物各自异，种种在其中。人贱物亦鄙，不足迎后人⑳，留待作遗施㉑，于今无会因㉒。时时为安慰，久久莫相忘！"

---

① [吾已失恩义，会不相从许] 我（对她）已经没有恩情了，当然不能答应你的要求。会，有"当"的意思。
② [再拜还入户] 对母亲拜了两拜，回到自己房里。
③ [举言谓新妇，哽咽不能语] 张嘴对妻子说话，却哭得连话也说不成句。举言，发言。新妇，指妻子（不是指新嫁娘）。哽咽，悲伤过度而气塞不能发声。
④ [卿] 这里是丈夫对妻子的爱称。
⑤ [报府] 赴府。到庐江太守府里去办事。
⑥ [迎取] 迎接你回家。
⑦ [以此下心意] 为了这个，你就受些委屈吧。下心意，有耐心受委屈的意思。
⑧ [勿复重（chóng）纷纭] 不必添麻烦吧。也就是说，不必再提接她回来的话了。
⑨ [初阳岁] 冬至以后，立春以前。
⑩ [谢家来贵门] 离开自己的家，嫁到你府上来。谢，辞别。
⑪ [奉事循公姥，进止敢自专] 一切行事都顺着公婆的意思，一举一动哪里敢自作主张？
⑫ [勤作息] 勤劳地工作。作息，原意是工作和休息，这里只是工作的意思。
⑬ [伶俜（pīng）萦苦辛] 孤孤单单，受尽辛苦折磨。伶俜，孤单的样子。萦，缠绕。
⑭ [谓言] 总以为。
⑮ [供养卒大恩] 终生侍奉公婆，报答大恩。
⑯ [绣腰襦] 绣花的、齐腰的短袄。
⑰ [葳蕤（wēiruí）自生光] 袄上很美的刺绣发出光彩。葳蕤，繁盛的样子。这里形容刺绣的花叶繁多而美丽。
⑱ [红罗复斗帐，四角垂香囊] 红色纱罗做的小帐子，四角挂着香袋。复，双层。斗帐，帐子像倒置的斗的样子，所以叫作"斗帐"。
⑲ [箱帘六七十，绿碧青丝绳] 盛衣物的箱子有六七十只，都用碧绿的青丝绳捆着，帘，同"奁（lián）"。六七十，形容多。
⑳ [不足迎后人] 不配送给后来的人。后人，指府吏将来再娶的妻子。
㉑ [留待作遗施] 留着作纪念吧。遗施，赠送、施与。
㉒ [于今无会因] 从此没有再见面的机会了。

鸡鸣外欲曙,新妇起严妆①。著我绣夹裙,事事四五通②。足下蹑丝履,头上玳瑁光③。腰若流纨素,耳著明月珰④。指如削葱根,口如含朱丹⑤。纤纤作细步,精妙世无双。上堂谢阿母,阿母怒不止。"昔作女儿时⑥,生小出野里⑦,本自无教训,兼愧贵家子⑧。受母钱帛⑨多,不堪母驱使。今日还家去,念母劳家里⑩。"却与小姑别⑪,泪落连珠子⑫。"新妇初来时,小姑始扶床⑬;今日被驱遣,小姑如我长。勤心养公姥,好自相扶将⑭。初七及下九⑮,嬉戏莫相忘。"出门登车去,涕落百余行。

府吏马在前,新妇车在后,隐隐何甸甸⑯,俱会大道口。下马入车中,低头共耳语:"誓不相隔卿⑰,且暂还家去;吾今且赴府,不久当还归,誓天不相

出门登车去,涕落百余行

---

① [严妆]打扮得整整齐齐。以下几句描述她小心打扮。
② [事事四五通]每穿戴一件衣饰,都更换四五次。通,遍。
③ [足下蹑(niè)丝履,头上玳瑁(dàimào)光]脚上穿着绸鞋,头上戴着闪闪发光的玳瑁首饰。蹑,踏(穿鞋)。玳瑁,一种同龟相似的水生物,甲壳黄黑色,有黑斑,有光泽,可制装饰品。
④ [腰若流纨素,耳著明月珰(dāng)]腰间束着白绢带,光彩像水波一样流动;耳朵戴着用明月珠做的耳坠。纨素,洁白的绸子。流,是说纨素的光像水流动。著,戴。珰,耳坠。
⑤ [指如削葱根,口如含朱丹]手指白嫩纤细,像削尖的葱根;嘴唇红润,像含着红宝石。葱根,葱白。朱丹,一种红色的宝石。
⑥ [昔作女儿时]这以下八句是仲卿妻对焦母说的。
⑦ [生小出野里]从小生长在乡间。
⑧ [兼愧贵家子]同您家少爷结婚,更感到惭愧。
⑨ [钱帛]指聘礼。
⑩ [念母劳家里]记挂婆婆在家里操劳。
⑪ [却与小姑别]回头再同小姑告别。小姑,丈夫的妹妹。
⑫ [泪落连珠子]眼泪像连串的珠子般落下来。
⑬ [始扶床]刚能扶着床走。按"新妇初来时,小姑始扶床;今日被驱遣,小姑如我长",兰芝在焦家只有二三年,小姑不可能长得这么快。这是夸张写法,极言时光的快。
⑭ [好自相扶将]好好服侍老人家。扶将,这里是服侍的意思。
⑮ [初七及下九]七月七日和每月的十九日。初七,指农历七月七日,旧时妇女在这晚上乞巧(用针做各种游戏)。下九,古人以每月的二十九为上九,初九为中九,十九为下九。在汉朝时候,每月十九日是妇女欢聚的日子。
⑯ [隐隐何甸甸]隐隐、甸甸,都是车声。何,副词,何等。
⑰ [誓不相隔卿]指天发誓,绝不会对不起你。这句以下的五句,是府吏对兰芝说的。

负！"新妇谓府吏："感君区区①怀！君既若见录②，不久望君来。君当作磐石③，妾当作蒲苇，蒲苇纫④如丝，磐石无转移。我有亲父兄⑤，性行⑥暴如雷，恐不任我意，逆以煎我怀⑦。"举手长劳劳⑧，二情同依依。

入门上家堂，进退无颜仪⑨。阿母大拊掌⑩，不图子自归⑪："十三教汝织，十四能裁衣，十五弹箜篌，十六知礼仪，十七遣汝嫁，谓言无誓违⑫。汝今何罪过，不迎而自归？"兰芝惭阿母⑬："儿实无罪过。"阿母大悲摧⑭。

还家十余日，县令遣媒来。云有第三郎⑮，窈窕世无双，年始十八九，便言多令才⑯。阿母谓阿女："汝可去应之⑰。"阿女含泪答："兰芝初还时，府吏见丁宁⑱，结誓不别离。今日违情义，恐此事非奇⑲。自可断来信，徐徐更谓之⑳。"阿母白媒人："贫贱有此女，始适还家门㉑。不堪㉒吏人妇，岂合令郎君？幸可广问讯㉓，不得便相许。"

---

① [区区]这里是忠诚相爱的意思，与上文"何乃太区区"的"区区"不同。
② [君既若见录]既然蒙你记着我。录，记。
③ [磐（pán）石]厚而大的石头。
④ [纫]同"韧"，柔软而结实，不容易断。
⑤ [亲父兄]即同胞兄。
⑥ [性行]性情和行为。
⑦ [逆以煎我怀]想到将来，我心里像煎熬一般。逆，逆料，想到将来。
⑧ [举手长劳劳]举手告别，惆怅不止。劳劳，怅惘若失的状态。
⑨ [进退无颜仪]上前退后都觉得没脸面。意思是说，不论怎样都觉得惭愧。仪，容貌。
⑩ [拊掌]拍手。这里表示惊异。
⑪ [不图子自归]想不到女儿自己回来了。意思是，没料到女儿竟遭驱遣回家。古代女子出嫁以后，一定要母亲得到婆家的同意，派人迎接，才能回母家。下文"不迎而自归"，也是按这种规矩说的责备的话。子，女。
⑫ [谓言无誓违]总以为你不会有什么过失。誓，或是"愆"（qiān）之误，是"愆"的古字。愆违，过失。
⑬ [兰芝惭阿母]兰芝很惭愧地对母亲说。
⑭ [悲摧]悲痛。摧，伤心、断肠。
⑮ [云有第三郎]（媒人）说，县令家有个三少爷。
⑯ [便言多令才]口才很好，又多才能。便言，很会说话。令，美好。
⑰ [应之]答应他。
⑱ [丁宁]嘱咐，也作"叮咛"。
⑲ [恐此事非奇]恐怕这事这样做不合适。非奇，不宜。
⑳ [自可断来信，徐徐更谓之]可以回绝来做媒的人，以后慢慢再谈吧。断，回绝。信，使者，指媒人。之，它，指再嫁的事。
㉑ [始适还家门]刚出嫁不久就被休回娘家。适，出嫁。
㉒ [不堪]这里是"不能做"的意思。
㉓ [幸可广问讯]意思是，希望你多方面打听打听。

媒人去数日，寻遣丞请还，说有兰家女，承籍有宦官①。云有第五郎，娇逸②未有婚。遣丞为媒人，主簿通语言③。直说太守家，有此令郎君，既欲结大义④，故遣来贵门。阿母谢媒人："女子先有誓，老姥岂敢言！"阿兄得闻之，怅然心中烦，举言谓阿妹："作计何不量⑤！先嫁得府吏，后嫁得郎君，否泰如天地⑥，足以荣汝身。不嫁义郎体，其往欲何云⑦？"兰芝仰头答："理实如兄言。谢家事夫婿，中道还兄门⑧。处分适兄意⑨，那得自任专！虽与府吏要⑩，渠会永无缘⑪。登即相许和⑫，便可作婚姻。"

媒人下床去⑬，诺诺复尔尔⑭。还部白府君⑮："下官⑯奉使命，言谈大有缘⑰。"府君得闻之，心中大欢喜。视历复开书，便利此月内⑱，六合⑲正相应⑳。良吉㉑

---

① [媒人去数日……承籍有宦官] 这里可能有文字脱漏或错误，因此这四句没法解释清楚。有人认为"说有兰家女，承籍在宦官"两句当在"阿母谢媒人"之后，是阿母辞谢媒人的话。意思是兰家之女，出身于官宦人家，可配太守之子，而自己的女儿出身微贱，不能相配。但这两句后边，恐仍有脱漏之句。个别字义解释如下：寻，过了些时候。丞，郡丞，辅助太守的官。宦官，就是官宦，做官的人。
② [娇逸] 娇美文雅。
③ [遣丞为媒人，主簿通语言] 请郡丞去做媒人，（这是）主簿传达（太守）的话。主簿，太守的属官。
④ [结大义] 指结为婚姻。
⑤ [作计何不量] （你）打这样的主意多么缺乏考虑啊！量，思量、考虑。
⑥ [否(pǐ)泰如天地] 运气的好坏，相差像天上地下一样。否，坏运气。泰，好运气。
⑦ [不嫁义郎体，其往欲何云] 这样仁义的人都不嫁，往后（你）打算怎么样呢？义郎，仁义的郎君，指太守的儿子。其往，其后、将来。
⑧ [中道还兄门] 中间又回哥哥家里。
⑨ [处分适兄意] 怎样处理，完全照哥哥的主意吧。适，适合、依照。
⑩ [要(yāo)] 约。
⑪ [渠会永无缘] 同他（指府吏）永远没机会见面了。渠，他。
⑫ [登即相许和] 立刻就答应这门亲事吧。登，立刻。许和，应许。
⑬ [下床去] 从座位上起来。
⑭ [诺诺复尔尔] 连声说"是，是，就这样办，就这样办"。尔尔，如此如此。
⑮ [还部白府君] 回到府里报告太守。部，府署。府君，太守。
⑯ [下官] 郡丞自称。
⑰ [言谈大有缘] 这句的意思是说，说媒说得很成功。缘，缘分。
⑱ [视历复开书，便利此月内] 翻看历书，婚期定在这个月内就很吉利。
⑲ [六合] 古时候迷信的人，结婚要选好日子，要年、月、日的干支（干，天干；支，地支。年、月、日的干支合起来共六个字，如甲子年、乙丑月、丙寅日）都相适合，这叫"六合"。
⑳ [相应] 合适。
㉑ [良吉] 好日子。

三十日，今已二十七，卿可去成婚①。交语速装束，络绎如浮云②。青雀白鹄舫，四角龙子幡③，婀娜④随风转。金车玉作轮，踯躅青骢马⑤，流苏金镂鞍⑥。赍⑦钱三百万，皆用青丝穿。杂彩⑧三百匹，交广市鲑珍⑨。从人⑩四五百，郁郁登郡门⑪。

阿母谓阿女："适⑫得府君书，明日来迎汝。何不作衣裳？莫令事不举⑬！"阿女默无声，手巾掩口啼，泪落便如泻。移我琉璃榻⑭，出置前窗下。左手持刀尺，右手执绫罗。朝成绣夹裙，晚成单罗衫。晻晻日欲暝⑮，愁思出门啼。

府吏闻此变，因求假暂归。未至二三里，摧藏马悲哀⑯。新妇识马声，蹑履相逢迎。怅然遥相望，知是故人来。举手拍马鞍，嗟叹使心伤："自君别我后，人事不可量⑰。果不如先愿，又非君所详。我有亲父母⑱，逼迫兼弟兄⑲，以我应他人，君还何所望！"府吏谓新妇："贺卿得高迁！磐石方且厚，可以卒千年；蒲苇一时纫，便作旦夕间⑳。卿当日胜贵㉑，吾独向黄泉！"新妇谓府吏："何意

---

① [卿可去成婚]这是太守叫郡丞去刘家订好结婚日期。
② [交语速装束，络绎如浮云]大家说"赶快收拾、准备吧"，人来人往，像天上的浮云一样接连不断。交语，互相告语。络绎，接连不断。
③ [青雀白鹄舫，四角龙子幡]画着青雀、白鹄的船，四角挂着龙子幡。舫，船。龙子幡，旗帜名。
④ [婀娜]这里是轻轻飘动的样子。
⑤ [踯躅(zhízhú)青骢马]毛色青白相杂的马缓缓地走。踯躅，原意是缓慢不进。
⑥ [流苏金镂鞍]马鞍周围垂着缨子，上面有镂刻的金饰。流苏，下垂的缨子，是五彩羽毛或丝线做的。
⑦ [赍(jī)]赠送。
⑧ [杂彩]各色绸子。
⑨ [交广市鲑(xié)珍]从交州、广州(现在广东省、广西壮族自治区一带)采办的山珍海味。鲑，这里是鱼类菜肴的总称。珍，美味。
⑩ [从人]仆人。
⑪ [郁郁登郡门]郁郁，繁盛的样子。这里是形容人马物品之多。登郡门，是说齐集在府门前面。
⑫ [适]刚才。
⑬ [莫令事不举]别让婚事办得不像样! 不举，原意是"不成"。
⑭ [琉璃榻]镶嵌着琉璃的榻。琉璃，一种半透明的类似玻璃的东西。榻，坐具，即上文的"床"。
⑮ [晻(yǎn)晻日欲暝]阴沉沉地，天快晚了。晻，日色昏暗无光的样子。暝，日暮。
⑯ [未至二三里，摧藏马悲哀]还没到(刘家，大约相隔)二三里地，人伤心，马也哀鸣。摧藏，摧折心肝、伤心。藏，同脏，脏腑。一说，摧藏就是"凄怆"。
⑰ [不可量]料想不到。
⑱ [父母]这里指母。
⑲ [逼迫兼弟兄]逼迫我的还有哥哥。弟兄，这里指兄。
⑳ [便作旦夕间]就只能保持很短的时间。旦夕，形容时间短。
㉑ [卿当日胜贵]你将会一天天富贵起来。

出此言！同是被逼迫，君尔妾亦然①。黄泉下相见，勿违今日言！"执手分道去，各各还家门。生人作死别，恨恨那可论②？念与世间辞，千万不复全③！

府吏还家去，上堂拜阿母："今日大风寒，寒风摧树木，严霜结庭兰④。儿今日冥冥⑤，令母在后单⑥。故作不良计⑦，勿复怨鬼神！命如南山石，四体康且直⑧！"阿母得闻之，零泪应声落："汝是大家子，仕宦于台阁⑨，慎勿为妇死，贵贱情何薄⑩！东家有贤女，窈窕艳城郭⑪，阿母为汝求，便复在旦夕。"府吏再拜还，长叹空房中，作计乃尔立⑫。转头向户里，渐见愁煎迫。

其日牛马嘶⑬，新妇入青庐⑭。奄奄⑮黄昏后，寂寂人定初⑯。"我命绝今日，魂去尸长留！"揽裙脱丝履，举身赴清池。府吏闻此事，心知长别离，徘徊庭树下，自挂东南枝。

中有双飞鸟，自名为鸳鸯

---

① [君尔妾亦然] 你这样，我也这样。尔、然，都是"这样"的意思。
② [恨恨那可论] 心里的愤恨哪里说得尽呢？恨恨，愤恨到极点。
③ [念与世间辞，千万不复全] 想到他们将要永远离开人世，无论如何不能再保全了。这两句和前面两句，都是作者叙述的话。
④ [严霜结庭兰] 院子里的兰花上结满了浓霜。
⑤ [儿今日冥冥] 你的儿子从今将不久于人世。日冥冥，原意是日暮，这里拿太阳下山来比喻生命的终结。
⑥ [令母在后单] 使得母亲今后很孤单。
⑦ [故作不良计] 我是有意做这不好的打算（指自杀）。故，故意。
⑧ [命如南山石，四体康且直]（愿您的）寿命像南山的石头一样长久，（愿你的）身体永远康强。四体，这里指身体。直，意思是腰板儿硬。
⑨ [仕宦于台阁] 意思是在中央任官职。仕宦，任官职。台阁，原指尚书台，这里泛指大的官府。
⑩ [贵贱情何薄]（你和她）贵贱不同，（离弃了她）哪里就算薄情呢！贵，指仲卿。贱，指兰芝。何薄，何薄之有。
⑪ [窈窕艳城郭]（她的）美丽在这城里是出名的。郭，外城。
⑫ [作计乃尔立]（自杀的）主意这样打定了。乃尔，这样。
⑬ [其日牛马嘶]（结婚）这一天牛马乱叫的时候。嘶，马叫。
⑭ [新妇入青庐] 新妇进了青布篷帐。新妇，指兰芝。青庐，用青布搭成的篷帐，行婚礼的地方，东汉至唐有这种风俗。
⑮ [奄奄] 暗沉沉的。
⑯ [寂寂人定初] 静悄悄的，人们开始安歇了。人定，古时计算时间以地支分为12个时辰，人定是亥时（相当于现在夜里9点到11点），这里指夜深人静的时候。

两家求合葬，合葬华山傍①。东西植松柏，左右种梧桐。枝枝相覆盖，叶叶相交通。中有双飞鸟，自名为鸳鸯，仰头相向鸣，夜夜达五更。行人驻足听②，寡妇起彷徨③。多谢后世人，戒之慎勿忘④！

练习与思考

一、给下列加点的字注音。

公姥（　）伶俜（　）腰襦（　）葳蕤（　）聘（　）礼 磐（　）石 拊（　）掌 否（　）泰 赍（　）钱 踯躅（　）摧藏（　）仕宦（　）

二、偏义复词是文言实词运用的一种特殊现象，只有一个字表示意义，另一个字只做陪衬。常见的偏义复词有两种形式：两个语素意义相对或相反，两个语素意义相近或相关。请运用这些知识，找出下列句子中的偏义复词并解释。

1. 便可白公姥
2. 昼夜勤作息
3. 我有亲父兄
4. 逼迫兼弟兄
5. 其日牛马嘶

三、写出下面各组句子中加点词的含义。

1. 为 ｛ 为诗云尔 / 始尔未为久 / 时时为安慰 ｝　　｛ 非为织作迟 / 阿母为汝求 / 自名为鸳鸯 ｝

---

① ［合葬华山傍］一起葬在华山旁边。合葬，（把两人）合葬在一个坟墓里。华山，庐江境内的一个小山。
② ［驻足］停步。
③ ［寡妇起彷徨］寡妇（听见了），从床上起来，心里很不安定。
④ ［多谢后世人，戒之慎勿忘］这是作者加入的话，目的在于忠告后人，要从这个故事里吸取教训。多谢，多多劝告的意思。

2. 故 { 大人故闲迟　　　故遣来贵门
　　　故作不良策　　　知是故人来

3. 举 { 举言谓新妇　　　举手拍马鞍
　　　莫令事不举　　　举手长劳劳

4. 令 { 县令遣媒来　　　岂合令郎君
　　　便言多令才　　　莫令事不举

5. 意 { 何意出此言
　　　恐不任我意

四、要学好文言文，除了需要掌握一些古汉语知识外，还需要了解一些必要的古代文化史知识。本诗涉及大量的古代文化史常识，其中包括古代的称谓、官职、历法、器物等。请查阅相关资料，解释句中加点的词语。

1. 遣丞为媒人，主簿通语言。
2. 初七及下九，嬉戏莫相忘。
3. 便利此月内，六合正相应。
4. 移我琉璃榻，出置前窗下。

五、阅读《乐府民歌》中的《上邪》，回答问题。

上邪！我欲与君相知，长命无绝衰。山无陵，江水为竭，冬雷震震，夏雨雪，天地合，乃敢与君绝！

1. 诗歌中的"我"是一个怎样的人物？请结合具体诗句分析。
2. 诗歌中的"我"希望"与君相知，长命无绝衰"，却又从反面设誓，开列了"与君绝"的条件，体会这种写法的好处。

255

*三十 陈 情 表[①]

李 密

阅读提示

> 晋武帝征召李密为官,李密不愿应诏,就写了这篇文章表达自己不能应诏的苦衷。文章从自己幼年的不幸遭遇写起,说明自己与祖母相依为命的特殊感情,叙述委婉,辞意恳切,语言简洁生动,富有表现力与感染力。相传晋武帝看了此文后很受感动,特赏赐给李密奴婢二人,并命郡县按时给其祖母供养。
>
> 学习本文,我们要悉心体会文中所陈之"情",并在积累文言词语的同时领悟文言翻译"信、达、雅"的原则。

臣密言[②]:臣以险衅[③],夙遭闵凶[④]。生孩六月,慈父见背[⑤];行年四岁[⑥],舅夺母志[⑦]。祖母刘愍[⑧]臣孤弱,躬亲抚养。臣少多疾病,九岁不行,零丁孤苦,至于成立[⑨]。既无伯叔,终鲜兄弟。门衰祚[⑩]薄,晚有儿息[⑪]。外无期功强

---

① 选自《中国古代文学作品选读》(江西人民出版社1984年版)。陈,陈述。表,古代奏章的一种,多用于臣向君主陈说请求和愿望。李密(224—287),一名虔,字令伯,父早亡,母改嫁,由祖母刘氏抚养长大。
② [臣密言]开头先写明上表人的姓名,是表文的开头格式。当时的书信也是这样的格式。
③ [险衅(xìn)]灾难祸患。指命运坎坷。
④ [夙(sù)遭闵凶]夙,早。这里指幼年时。闵凶,忧患。
⑤ [背]背弃。指死亡。
⑥ [行年四岁]年纪到了四岁。行年,经历的年岁。
⑦ [舅夺母志]指由于舅父的意志侵夺了李密母亲守节的志向。
⑧ [愍(mǐn)]悲痛、怜惜。
⑨ [成立]长大成人。
⑩ [祚(zuò)]福泽。
⑪ [儿息]儿子。

近之亲①，内无应门五尺之僮②，茕茕孑立③，形影相吊④。而刘夙婴⑤疾病，常在床蓐⑥，臣侍汤药，未曾废离⑦。

逮奉圣朝，沐浴清化⑧。前太守⑨臣逵察臣孝廉⑩，后刺史⑪臣荣举臣秀才⑫。臣以供养无主，辞不赴命。诏书特下，拜臣郎中⑬，寻⑭蒙国恩，除臣洗马⑮。猥⑯以微贱，当侍东宫⑰，非臣陨首⑱所能上报。臣具以表闻，辞不就职。诏书切峻⑲，责臣逋慢⑳；郡县逼迫，催臣上道；州司㉑临门，急于星火。臣欲奉诏奔驰，则刘病日笃㉒；欲苟顺㉓私情，则告诉不许：臣之进退，实为狼狈。

---

① [期功强近之亲]指比较亲近的亲戚。古代丧礼制度以亲属关系的亲疏规定服丧时间的长短，服丧一年称"期"，九月称"大功"，五月称"小功"。
② [应门五尺之僮]指照管客来开门等事的小童。
③ [茕(qióng)茕孑(jié)立]生活孤单无靠。
④ [吊]安慰。
⑤ [婴]纠缠。
⑥ [蓐(rù)]同"褥"，褥子。
⑦ [废离]废养而远离。
⑧ [清化]清明的政治教化。
⑨ [太守]郡的地方长官。
⑩ [察臣孝廉]察，考察。这里是推举的意思。孝廉，当时推举人才的一种科目，"孝"指孝顺父母，"廉"指品行廉洁。
⑪ [刺史]州的地方长官。
⑫ [秀才]当时地方推举优秀人才的一种科目，由州推举，与后来经过考试的秀才不同。
⑬ [拜臣郎中]拜，授官。郎中，官名。晋时各部有郎中。
⑭ [寻]不久。
⑮ [除臣洗马]除，任命官职。洗马，官名。太子的属官，在宫中服役，掌管图书。
⑯ [猥]辱。自谦之词。
⑰ [东宫]太子居住的地方。这里指太子。
⑱ [陨(yǔn)首]丧命。
⑲ [切峻]急切严厉。
⑳ [逋慢]回避怠慢。
㉑ [州司]州官。
㉒ [日笃]日益沉重。
㉓ [苟顺]姑且迁就。

伏惟①圣朝以孝治天下，凡在故老②，犹蒙矜育③，况臣孤苦，特为尤甚。且臣少仕伪朝④，历职郎署⑤，本图宦达，不矜⑥名节。今臣亡国贱俘，至微至陋，过蒙拔擢，宠命优渥⑦，岂敢盘桓，有所希冀。但以刘日薄西山，气息奄奄，人命危浅，朝不虑夕。臣无祖母，无以至今日；祖母无臣，无以终余年。母、孙二人，更相为命。是以区区⑧不能废远。臣密今年四十有四，祖母刘今年九十有六，是臣尽节于陛下⑨之日长，报刘之日短也。乌鸟私情⑩，愿乞终养。

臣之辛苦，非独蜀之人士及二州牧伯所见明知⑪，皇天后土⑫实所共鉴。愿陛下矜愍愚诚⑬，听⑭臣微志，庶刘侥幸，保卒余年。臣生当陨首，死当结草⑮。

臣不胜犬马⑯怖惧之情，谨拜表以闻。

---

① 〔伏惟〕旧时奏疏、书信中下级对上级常用的敬语。
② 〔故老〕遗老。
③ 〔矜育〕怜惜抚育。
④ 〔伪朝〕指蜀汉。
⑤ 〔历职郎署〕指曾在蜀汉官署中担任过郎官职务。
⑥ 〔矜（jīn）〕矜持爱惜。
⑦ 〔宠命优渥〕宠命，恩命。指拜郎中、洗马等官职。优渥（wò），优厚。
⑧ 〔区区〕形容感情恳切。
⑨ 〔陛下〕对帝王的尊称。
⑩ 〔乌鸟私情〕相传乌鸦能反哺，所以常用来比喻子女对父母的孝养之情。
⑪ 〔非独蜀之人士及二州牧伯所见明知〕二州，指益州和梁州。益州治所在今四川省成都市，梁州治所在今陕西省勉县东，二州区域大致相当于蜀汉所统辖的范围。牧伯，刺史。上古一州的长官称牧，又称方伯，所以后代以牧伯称刺史。
⑫ 〔皇天后土〕犹言天地神明。
⑬ 〔愚诚〕愚拙的至诚之心。
⑭ 〔听〕听许、同意。
⑮ 〔结草〕据《左传·宣公十五年》记载，晋国大夫魏武子临死的时候，嘱咐他的儿子魏颗，把他的遗妾杀死以后殉葬。魏颗没有照他父亲说的话做。后来魏颗跟秦国的杜回作战，看见一个老人把草打了结把杜回绊倒，杜回因此被擒。到了晚上，魏颗梦见结草的老人，他自称是没有被杀死的魏武子遗妾的父亲。后来"结草"就有了"报恩"的意思。
⑯ 〔犬马〕作者自比，表示谦卑。

问题与讨论

一、李密为什么"辞不就职"呢?大致有哪些原因?

二、你认为打动晋武帝的是李密在文中表达的怎样的情感?

三、文学史上,臣属给皇帝的奏议,以倾诉情真意切、肺腑感人为评价标准,常把诸葛亮的《出师表》和李密的《陈情表》并提;以获得帝王认可难度高,但又终获认可为评价标准,则常把李斯的《谏逐客书》和李密的《陈情表》同论。请利用课余时间对这三篇文章进行比较阅读。

表达与交流

写 作

（一）应用文 简报

【案例】

公司供热系统通用机械培训班简报

按照公司"打造优势年"活动安排，为建设一支高素质的经营管理人才队伍，提高公司中层干部驾驭生产、经营管理工作的能力，结合公司生产实际及中层干部的专业特点，公司于20××年××月××日举办了供热系统通用机械培训班。

本次培训班的举办有以下几个特点。

一、高度重视，严密组织，做好培训准备工作

一是各级领导高度重视。公司经理亲自过问培训内容、培训形式，明确指示培训要突出针对性、实效性，要编制并下发培训讲义，重点是做好泵、风机、阀门的使用、维护、检修及故障处理等方面培训。各分公司提供了不同型号的碟阀、闸阀、止回阀和球阀等实物教具，保证了培训班的顺利开办。

二是培训部门严密组织。自控信息服务中心按照公司领导"求精管用，注重实效"的指示，从培训的内容、培训方式、讲义编写、教师选聘、联系培训场地等方面入手，进行了周密安排。

三是各分公司广泛参与。各分公司从经理、副经理到队长、技术员都能够克服各自的困难，抽出宝贵时间参加培训学习，认真听讲。

二、立足生产、突出重点，确保培训实效性

一是目的明确，增强培训的针对性。本期培训班是针对公司夏检验收中发现的问题而举办的，参加培训的人员为各生产单位经理、生产经理、主任工程师、队长、副队长、技术员，共计×××人。对这些同志加强通用机械知识的培训，对于今后公司供暖生产管理水平的提高具有重要意义。

二是按需施教，增强培训的实用性。为编制符合实际的培训讲义，培训教师

多次深入生产一线进行调研，本着"缺什么补什么"的原则编写讲义。

三是结合实际，增强培训的灵活性。为了增强培训效果，培训老师收集了不同型号的碟阀、闸阀、止回阀、截止阀，在讲课的过程中现场解体展示，组织学员们一起对现场解体阀门各部件的内部结构及工作原理进行了热烈讨论。

三、严谨认真，相互促进，培训效果显著

一是进一步提高了基层干部学习的自觉性。参加培训的公司基层干部普遍感到收获较大，纷纷表示要在今后的工作当中将本次培训学到的知识和技能加以充分运用，要加强自身各方面知识和技能的学习，"在工作中学习，在学习中工作"，以适应集团化、专业化管理的要求。

二是进一步提高了基层干部的工作能力。本次培训，对于促进基层供暖工作的开展具有积极意义。基层干部对于通用机械方面的知识增长了，对于热网管道及附属设备的各种性能了解了，处理故障的能力增强了，机泵、阀门故障发生的可能性降低了。

本次培训虽然时间短，但是培训效果显著。全体参加培训人员增长了知识，开阔了思路，取得了预期培训效果。

这是一份介绍企业培训情况的工作简报。简报具体介绍了该公司举办供热系统通用机械培训班的情况，强调了培训的对象、培训的内容、培训的成效，归纳了培训的特色。该简报既向相关部门通报了培训工作情况，又向其他单位介绍了培训工作经验，实现了汇报工作、反映情况、交流经验的目的。

【相关知识】

简报是传递某方面信息的简短的内部小报，又称动态、简讯、工作通讯、情况交流等。它具有简、精、快、新、实、活和连续性等特点。

一、简报的特点

1. 内容专业性强

简报一般由有关单位、部门主办，专业性十分明显。如《人口普查简报》《计划生育简报》《水利工程简报》《招生简报》等，由主办单位组织专人撰写，传递该项工作的各种信息。对有关工作人员来说，能使他们了解工作的进展情况，增强责任感；对部门的领导机关来说，可通过简报掌握情况，以便处置有关问题。

2. 篇幅简短

"简"是简报最显著的特点。一期简报甚至只登一篇文章、几段信息。简报的语言必须简明精练。

3. 限于内部交流

简报一般在编报机关管辖范围内各单位之间交流，不宜甚至不能公开传播。有的简报往往是专给某一级领导人看的，有一定的保密要求，不能任意扩大阅读范围。

二、简报的分类

简报按时间分，有定期的简报、不定期的简报；按性质分，有工作简报、生产简报、学习简报、会议简报；按内容分，有综合反映情况的简报和反映特定情况的专题简报。

日常工作简报又称业务简报。这是一种反映本地区、本系统、本部门日常工作或问题的经常性简报。它常以定期或不定期的形式出现，在一定范围内发行。

中心工作简报又称专题简报。这是一种阶段性的简报，往往是针对机关工作中某一时期的中心工作、某项中心任务办的简报。

会议简报是会议期间反映会议情况的简报。这是一种临时性的简报，内容包括会议中的情况、发言及会议决定等。规模较大、时间较长的会议常要编发多期简报；小型会议一般是一会一期简报，常常在会议结束后，写一期较全面的总结性的简报反映情况。

动态简报包括情况动态和思想动态。这类简报的时效性、机密性较强，要求迅速编发，发送范围有一定限制，在某一个时期、某一阶段要保密。

三、简报的写法

简报一般由报头、正文、报尾三部分组成。

1. 报头

报头包括简报的名称、编号、编发单位、印发日期等内容。简报名称一般用套红印刷的大号字体。如有特殊内容而又不必另出一期简报时，就在名称或期数下面注明"增刊"或"××专刊"字样。秘密等级写在左上角，也有的写"内部文件"或"内部资料，注意保存"等字样。编号可写在名称下一行，用括号括上。编印单位应写全称，写在编号下面左侧。印发日期写在与编印单位平行的右侧，用一道横线将报头与正文隔开。

2. 正文

正文即简报所刊的内容。简报的写法是多种多样的，因此，它的形式也较灵活。这里介绍以消息报道为主的简报写法。它的主要内容包括标题、导语、主体、结果和穿插在叙述中的背景材料。

标题类似新闻的标题，要揭示主题，简短醒目。

导语通常用简明的一句话或一段话概括全文的主旨或主要内容，给读者一个总的印象。导语的写法多种多样，有提问式、结论式、描写式、叙述式等。导语一般要交代清楚谁（某人或某单位）、什么时间、干什么（事件）、结果怎样等内容。

主体用足够的、典型的、有说服力的材料，把导语的内容加以具体化。

结尾或指明事情发展趋势，或提出希望及今后打算。如果主体部分已经把事情说清楚，那就不必再加尾巴了。

背景即对人物、事件起作用的环境条件和历史情况。背景可以穿插在各个部分。

3. 报尾

报尾在简报最后一页下部，用一横线与正文隔开，横线下左边写明发送范围，在平行的右侧写明印刷份数。

【练一练】

选择学校曾组织过的一次活动（如艺术节、运动会、技能比赛等），写一份专题简报。要求结构完整、格式正确。

（二）文章的起草与修改

【训练重点】

一、了解起草、修改的基本知识。
二、掌握起草、修改文章的基本方法。

【写作指导】

　　起草就是运用书面的语言将我们的构思表达出来的过程。这是写作的重要环节。修改是根据要表达的主旨，对文章进行删改、增补、调整，是提高作文质量的必经途径。掌握正确的起草、修改方法，并自觉养成起草和修改习惯，对我们提高写作能力有着十分重要的意义。

　　一、起草
　　怎样起草文章呢？
　　第一，要确定好文章的主题。"意得则舒怀以命笔"，要"胸有成竹"。怎样开头，怎样展开，写几个层次，各层之间怎样衔接，以及怎样前后照应，怎样结尾等都大致考虑好。这一切工作都做好了，便可围绕主题，拟定提纲开始起草。
　　第二，写作时要注意一气呵成。要趁着写作热情高涨时，在一个较短的时间内酣畅淋漓地把构思的结果表达出来。至于表达准确与否，文章语言如何，则不必特别费心。否则，写写停停，就会影响感情的表达，写出的文章便会缺少生气，甚至会支离破碎，难以形成完善的整体。记叙类、抒情类的文章，尤其适合采用这种方法起草。
　　第三，起草过程中要注意格式，正确使用标点符号。文章是由段组成的，写好每一段是基础。分段要注意单一性和完整性，凡表现相对独立意思的，要自成一段。正确使用标点符号，可以更好地表情达意；注意了格式，可以使文章眉目更加清楚。
　　第四，起草完毕要认真检查。要校对引文，查对引用的数字等。文中所引用的材料要做到准确无误。

　　二、修改
　　修改通常是指文章定稿以前对已经写成的文稿的集中性修正加工，是写作的最后一道工序。说"最后"这仅仅是从理论分析角度说的，就具体的写作活动而言，修改贯穿于整个写作过程。文章修改的目的是使文章的内容和形式最终达到完美统一，以最恰当的方式向读者传达作者所要表达的内容，以收到预期的效果。修改是一个再认识、再提高的过程，是必不可少的重要步骤，是提高文章质量的有效措施。前人说："文章不厌百回改""善作不如善改""文章是改出来的"。这些话都颇有道理。

文章可以从内容和形式两个方面修改。

从内容方面说，可以从主题、材料方面进行修改。可以直接深化变动文章的主题，也可删除过多的堆砌材料，使主题突出、中心明确。

从形式方面说，可以从结构、语言，以及格式、标点符号等方面修改。调整段落或层次的顺序，可以使文章结构更紧凑、逻辑更严密；推敲语言，可以使文章用语准确、简明、生动。

文章修改的情况有两种，一种是大修大改，需要全篇重写或部分重写；一种是小修小改，采用增、删、换、调等方法进行。修改前一般应先把文章多看几遍，以便对思想内容和全文布局有一个完整的印象，然后再逐段、逐句、逐字进行加工。局部修改要从全局出发。要把字、词、句、段放在整篇文章的具体语言环境中考查。要善于发现"改之未尽"处，不要放过小的毛病。

修改时，可以边读边改。有时候，文章只是一味地看，并不能发现问题所在，但是只要一读，问题就有可能表现出来。所以，可以边默读边修改。

【练一练】

1. 根据提纲写一篇600字左右的文章。

作文题：生活需要宽容

提纲：

（1）宽容是中华民族的传统美德，是中华文明发展的重要构件。（千里修书只为墙，让他三尺又何妨）

（2）宽容是人与人友好交往的桥梁，是人们心灵沟通的桥梁。（以廉颇与蔺相如的故事来论证）

（3）宽容是一个人文明素养的具体体现，也是事业成功的保证。（联系现实生活中人与人交往的实例来论证）

（4）缺少了宽容，人们将在斤斤计较中与人结怨，在睚眦必报中与人结仇，在水火不容中与人同归于尽。（以唐太宗容忍魏徵的事例来论证）

2. 运用文章修改的方法修改自己最近的一篇作文。

编写行业简报

【活动的目的与任务】

一、掌握简报的写法。

二、提高搜集信息、整理资料的能力。

三、通过写作实践掌握修改文章的方法。

【活动流程】

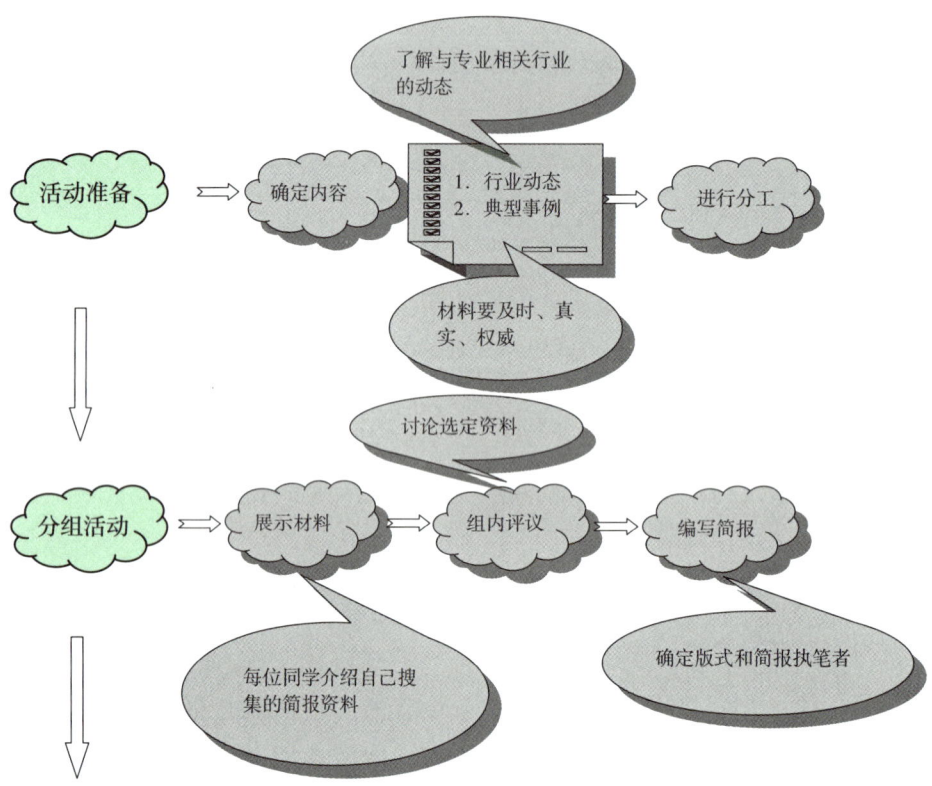

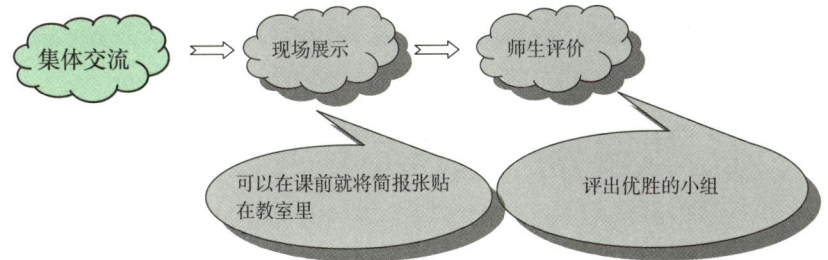

【活动指导】

一、以小组为单位进行活动准备，明确组内分工。

二、材料的搜集渠道有：

1. 互联网。通过互联网搜集行业的有价值的信息，速度快，整理方便。

2. 报纸杂志。通过该渠道搜集的资料具有权威性。

3. 走访座谈。通过和行业人士接触，可以搜集到行业的最新动态，编写出来的简报有及时性、针对性、实用性。

三、以小组为单位，编写简报。在此基础上，教师指导大家对简报进行修改。

四、开展简报的展示和评比活动。

五、教师对展示的简报进行质量点评。

课外古代诗词诵读

长亭送别（节选）[1]

王实甫

【正宫】【端正好】碧云天，黄花地[2]，西风紧，北雁南飞。晓来谁染霜林醉[3]？总是离人泪。

长 相 思[4]

纳兰性德

山一程，水一程，身向榆关[5]那畔行，夜深千帐灯[6]。
风一更，雪一更，聒[7]碎乡心梦不成，故园[8]无此声。

---

[1] 选自《西厢记》（上海古籍出版社1996年版），王实甫著，王季思校注，有修改。王实甫，名德信，字实甫，大都（今北京市）人，元代戏曲作家，生卒年不详。《西厢记》，全名《崔莺莺待月西厢记》，共五本二十一折。剧情梗概是：书生张珙（gǒng）在普救寺和前相国的女儿崔莺莺一见倾心。为了能与莺莺亲近，他寓居于普救寺的西厢房。叛将孙飞虎率兵包围普救寺，要抢莺莺。老夫人当众宣布：谁能退贼兵，就把女儿莺莺嫁给谁。张珙写信请好友白马将军杜确来营救。杜将军杀退孙飞虎，老夫人却违约赖婚。张珙因失望而病倒。莺莺在侍女红娘的帮助下，毅然与他私订终身。夫人得知后大怒，却无计可施，被迫许嫁，但须张珙应试得官才能成亲。最后，张珙中了状元，与莺莺正式成婚。

[2] [碧云天，黄花地]由范仲淹《苏幕遮》词"碧云天，黄叶地"演化而来。黄花，指菊花。

[3] [谁染霜林醉]形容经霜的叶子像喝醉了酒一样红。

[4] 选自《纳兰词》（岳麓书社2012年版）。这首词是纳兰性德于康熙二十一年（1682）春，扈从（随行伴驾）康熙东巡时所作。长相思，词牌名。

[5] [榆关]即山海关，今属河北省秦皇岛市。

[6] [千帐灯]皇帝出巡临时住宿的行帐的灯火。千帐言军营之多。

[7] [聒（guō）]声音嘈杂，这里作动词。

[8] [故园]故乡，这里指北京。

郑重声明

高等教育出版社依法对本书享有专有出版权。任何未经许可的复制、销售行为均违反《中华人民共和国著作权法》，其行为人将承担相应的民事责任和行政责任；构成犯罪的，将被依法追究刑事责任。为了维护市场秩序，保护读者的合法权益，避免读者误用盗版书造成不良后果，我社将配合行政执法部门和司法机关对违法犯罪的单位和个人进行严厉打击。社会各界人士如发现上述侵权行为，希望及时举报，我社将奖励举报有功人员。

反盗版举报电话　（010）58581999　58582371
反盗版举报邮箱　dd@hep.com.cn
通信地址　北京市西城区德外大街4号　高等教育出版社法律事务部
邮政编码　100120

读者意见反馈

为收集对教材的意见建议，进一步完善教材编写并做好服务工作，读者可将对本教材的意见建议通过如下渠道反馈至我社。

咨询电话　400-810-0598
反馈邮箱　zz_dzyj@pub.hep.cn
通信地址　北京市朝阳区惠新东街4号富盛大厦1座
　　　　　高等教育出版社总编辑办公室
邮政编码　100029

防伪查询说明

用户购书后刮开封底防伪涂层，使用手机微信等软件扫描二维码，会跳转至防伪查询网页，获得所购图书详细信息。

防伪客服电话　（010）58582300

学习卡账号使用说明

一、注册/登录

访问http://abook.hep.com.cn/sve，点击"注册"，在注册页面输入用户名、密码及常用的邮箱进行注册。已注册的用户直接输入用户名和密码登录即可进入"我的课程"页面。

二、课程绑定

点击"我的课程"页面右上方"绑定课程"，在"明码"框中正确输入教材封底防伪标签上的20位数字，点击"确定"完成课程绑定。

三、访问课程

在"正在学习"列表中选择已绑定的课程，点击"进入课程"即可浏览或下载与本书配套的课程资源。刚绑定的课程请在"申请学习"列表中选择相应课程并点击"进入课程"。

如有账号问题，请发邮件至：4a_admin_zz@pub.hep.cn。